儿童教养中的细节

南方 著

东南大学出版社
SOUTHEAST UNIVERSITY PRESS
·南京·

内容简介

儿童保健一直是家长困扰的问题，直接影响到孩子的情绪、心理和学习与生活。本书从儿童的生理与心理保健方面入手，通过作者在从医三十多年中积累的一个个临床经验，用生动形象的小故事进行案例分析，从家庭的环境和家长的教育理念、模式及方式方法等，到儿童心理的咨询与家庭干预工作、儿童成长过程中可能出现的诸多细小问题及父母存在的教养误区等方面，全方位细致入微地阐述了如何帮助有不同生理与心理问题的孩子和他们的家庭走出烦恼与困惑，是一本实践性很强的儿童保健指导用书。

图书在版编目（CIP）数据

儿童教养中的细节/南方著.—南京：东南大学出版社，2017.9

ISBN 978-7-5641-7199-5

Ⅰ.①儿… Ⅱ.①南… Ⅲ.①儿童教育—家庭教育 Ⅳ.①G782

中国版本图书馆 CIP 数据核字（2017）第 127454 号

东南大学出版社出版发行
（南京四牌楼 2 号　邮编 210096）
出版人：江建中
网　　址：http://www.seupress.com
电子邮件：press@seupress.com
新华书店经销　江苏扬中印刷有限公司印刷
开本：787 mm×1092 mm　1/32　印张：10.25　字数：315 千字
2017 年 9 月第 1 版第 1 次印刷
ISBN 978-7-5641-7199-5
定价：38.00 元

（凡因印装质量问题，可直接与营销部调换。电话：025-83791830）

序

——天下为己任，中年铸经典

人到中年，诸事烦杂，还有疾病缠身。南主任全然不顾这些，仍孜孜不倦地投身于儿童身心健康的研究。她集多年的丰富临床经验，潜心研究，几易其稿，终成此书，我由衷地敬佩她。

人的一生，在儿童时期的教养是非常重要的阶段，特别是生命初期的1 000天（从受精卵到孩子2岁阶段），每一种营养素的摄入都关系到孩子的身心健康发展；家长教育的每一个细节都会影响到孩子的未来发展，家长不可忽视！

南主任的书系统介绍了儿童时期，从生理到心理健康养育过程中家长特别容易忽视的细节教育，有精彩的大小故事，有简易的分析及通俗易懂、由浅入深的道理，还有非常重要的建议及结论，真的是非常好的一部育儿经典书籍！

广大儿童工作者及家长们通过研读她的大作，不仅可以见识到她的广博知识和精湛医术，让广大家长能够学习运用科学育儿的方法教养好孩子；更会感受到一代儿科、儿保（心理）医生的精益求精的严谨工作作风和以天下为己任的博大情怀。衷心希望南主任的大作广传天下，为一代又一代的儿童带来健康的福音。

戴耀华

2017.6.1 于北京

戴耀华，研究员，首都儿科研究所博士生导师，享受国务院政府特殊津贴，目前担任中国儿童卫生保健疾病防治指导中心主任、世界卫生组织儿童卫生合作中心主任、中华预防医学会儿童保健分会主任委员等职务。并担任《中国实用儿科杂志》《中国妇幼健康研究》《中国生育健康杂志》编委等职务。

作者的话

我是一名有着三十多年从医经验的儿科医生，主要从事儿童保健、儿童特殊疾病的诊治、儿童心理咨询与心理治疗及（家庭）干预等工作。

三十四年前，我毕业于宁夏医科大学（医疗专业），成为了一名儿内科医生，在最初几年的儿科临床工作中，我亲眼目睹了许多孩子生病后打针吃药时痛苦的表情，亲身体会到家长们在孩子生病时的焦急心情以及在孩子生病过程中的无奈、惆怅、烦躁的心理……每当我值班时，都会遇到许多家长带着发烧的孩子前来就诊，听到孩子在治疗时的大声哭喊，看到家长们无助、焦虑的表情，我心里既有同情也有焦急与无奈之情。

一天，我问我的导师黄娇英主任（资深儿科主任）："有没有什么方法，让孩子不生病或少生病呢？"黄主任微笑着说："让孩子少生病是可以做到的，那就是要做好儿童保健，儿童保健工作做好了，孩子就会少生病了。"我听了很兴奋，激动地说："那么我想做儿童保健工作，让孩子少生病，那样不是很好吗？"黄主任说："现在没有多少人重视儿童保健工作，你是大学本科毕业，你情愿只做儿童保健工作吗？这可是一条没有鲜花的道路。"我坚定地说："我愿意！只要是对孩子的身心健康有好处的工作，我就愿意做！"这段对话深深地烙在我的脑海里，当时我只有二十多岁，我并不知道当时的一念发心，让我从此走上了这条儿童保健的道路；我也没想到，这一走就是三十多年；更没有想到，一开始无人问津的儿童保健，随着社会的发展，人们观念的更新，越来越被大众认可和接受，以至于现在儿童保健的路越走越宽，越走越顺利。

当年，人们认为儿童保健无非就是给孩子测量各种身体指标，我离开了颇受重用的儿内科，亲自给孩子们测量体重、身高，开始有意识地收集各种儿童健康资料，从指导家长给孩子添加辅食、如何进行营养搭配、促进动作发育到后来的心理健康发展、早期教育，这样默默地一做就是几十年。

在三十多年的辛勤工作中，我结识了许许多多的家长朋友，送走了一批批的孩子上大学、出国深造，而我自己也慢慢从一个青涩懵懂的医学院毕业生，成为受到许多家长欢迎和喜爱的"主任专家"。我以自己的专业知识、以满腔的热情和真诚的心去关心每一个孩子和每一个家庭，切身体谅家长，帮助了很多的孩子和家庭。

在近十年的工作过程中，我深深体会到儿童保健工作固然很重要，但是，孩子们的心理健康更加重要。有一个健康的身体并不是很难做到，然而，如果孩子的心理不健康，在当下以及将来就会出现很多问题，这些问题会直接影响到孩子的情绪、心理，影响到孩子的学习、生活，更会给孩子及整个家庭、社会带来困扰。

儿童的身心问题都不是一朝一夕形成的，家庭环境、教育理念、模式及方式方法等因素的影响非常重要，直接影响到儿童的生理、心理发展。因此，近十多年来，我又着重研究儿童心理，做儿童心理的咨询与家庭干预工作，接待了许许多多的家长和不同年龄段的孩子，帮助了众多有不同心理问题的孩子和他们的家庭走出了烦恼与困惑。

我的职业格言是："能够用我的专业知识，解除家长和孩子的问题，就是我最大的快乐！"

自己虽然已近花甲年龄，但我依然继续耕耘着，并且快乐着。在这里，我愿意把自己三十多年来的部分案例积累，分类归纳整理后分享给所有的父母以及儿童保健工作者，希望用自己微薄之力，为儿童保健工作做出一些贡献。

儿童是祖国的未来、家庭的希望，每一位家长都殷切地希望自己的孩子有所作为，成为建设国家的栋梁之才。随着时代及社会文明的不断进步和发展，人们生活水平日益提高，家长们对孩子的期望值也越来越高。望子成龙、成凤的家庭比比皆是。但是，我在长期的工作实践中发现，许多家长在培养和教育下一代的过程中，常常会不自主地走入一些教养误区，忽略教育的细节培养，过于精心呵护，以至于心力交瘁、身心疲惫，然而却培养出了一些有违初愿的孩子。

有教育学家说过："培养一个天才需要三代人的努力"、"你从孩子出生后两天开始教育，你就已经晚了48小时！"俗话说："十年树木，百年树人。"可见培养人才的艰辛。其实，我们培养孩子的过程，也是一个不断学习完善自我的过程，我们的教养理念不仅仅要跟得上时代，更重要的是我们的方式方法要正确，要符合孩子的生长发育规律及孩子的个性特点发展的需要，不能千篇一律的方法地教育每个孩子，要因人而异，这就需要教育者不断地学习，用心体会自己的孩子。

年轻的父母们应该意识到，原生家庭的教育及环境等因素，对一个人的成长有极大的影响，这段时间，孩子的脑细胞快速发展，生理、心理等方面都需要最优质的教育；在生命初期的1000天（从受精卵形成到宝宝出生后2周岁），是奠定人生最重要的关键时期。我们培养的是21世纪的接班人，那么，我们肯定不能用陈旧的、封建的教养方法来培养孩子，我们的教育理念必须更新。当然，我们应该继承传统方法中的优良精华，但决不能生搬硬套，要看到，有些传统的育儿方法未必科学，如果完全不改变，势必会培养出身心发展有欠缺的孩子，特别是在儿童生长发育的早期阶段，正是孩子脑发育、各种行为及习惯养成的关键期，是为孩子的一生打下良好基础的最重要阶段。本书中罗列了一些案例，也许正发生在你的身上，希望能对你有警示作用，最后，殷切地希望家长们能够重视儿童教养，注意细节的培养，使我们的孩子身心健康成长。

在这本书里，我从儿童的生理健康与心理健康两个方面来分析，所有的案例都是鲜活、真实的，也许你能在这里看到你自己孩子的影子或别人孩子的影子，通过这些平常的故事，也许你能够看到，在养育孩子的过程中有哪些教养的细节没有注意到，这些欠妥的养育方式方法会怎样影响着孩子的生理和心理发展。

当然，为了保护隐私，书中人物均是化名。

最后，衷心希望家长们在教养孩子的过程中注重每一个细节，用有效、正确的爱来滋养自己的孩子，也使自己在陪伴孩子的过程中，有更多的收获。

目 录

序——天下为己任，中年铸经典

作者的话

儿童生理篇

01/ 过于安静的环境	002
02/ 过于暖和的家	004
03/ 宝宝一哭闹就给吃（奶）	005
04/ 过多或过少地抱宝宝	008
05/ 过早或过晚添加辅助食品	010
06/ 宝宝湿疹	013
07/ 宝宝频繁吐奶	015
08/ 宝宝大便不规律	016
09/ 宝宝皮纹不对称	017
10/ 宝宝不爱吃奶	018
11/ 宝宝夜里经常哭醒	019
12/ 宝宝黄疸	020
13/ 过早地给宝宝添加盐、油和鸡蛋清	022

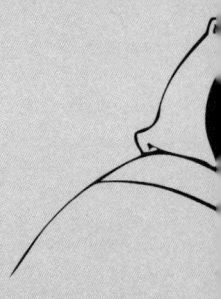

14/ 宝宝的过敏　　　　　　　　　023
15/ 不许宝宝吃手　　　　　　　　025
16/ 忽略宝宝的爬行　　　　　　　027
17/ 不相信科学的育儿方法　　　　030
18/ 不按照生长发育规律训练宝宝　032
19/ 忽略生长关键期培养　　　　　034
20/ 盲目添加各种营养素　　　　　036
21/ 过早使用"学步车"　　　　　038
22/ 用奶替代各种食物　　　　　　040
23/ 不让孩子自己做自己的事　　　041
24/ 经常给孩子吃单一的食物　　　043

25/ 特别依赖"保健品"　　　　　　045
26/ 强行洗掉宝宝头皮上的"脏东西"　047
27/ 经常不给宝宝穿内裤　　　　　048
28/ 焦虑宝宝的饮食减少　　　　　050
29/ 常给宝宝皮肤擦很多粉　　　　052
30/ 常给孩子玩超前的玩具　　　　053
31/ 常常给宝宝掏耳朵　　　　　　055
32/ 忽视孩子的"尿床"问题　　　057
33/ 忽视宝宝的"断奶"期　　　　060
34/ 宝宝抵抗力差　　　　　　　　062
35/ 宝宝睡觉总是摇头　　　　　　063
36/ 纸尿裤一直用到3岁多　　　　064
37/ 忽略宝宝的感官刺激　　　　　066

38/ 忽略与宝宝的表情"交流"　　　　　068
39/ 用多种方言（语言）和孩子讲话　　069
40/ 孩子不肯独自睡觉　　　　　　　　072
41/ 不允许孩子乱画　　　　　　　　　074
42/ 不允许孩子用左手　　　　　　　　076
43/ 不让孩子自己做事　　　　　　　　078
44/ 从不让孩子玩沙和水　　　　　　　080
45/ 不给孩子吃硬的食物　　　　　　　082
46/ 给孩子一次玩很多玩具　　　　　　084
47/ 替代孩子做事　　　　　　　　　　086
48/ 忽略孩子五官出现的"小问题"　　090
49/ 过分关注孩子的体格成长　　　　　091
50/ 不重视孩子的"睡眠问题"　　　　093
51/ 孩子随地大小便　　　　　　　　　094
52/ 孩子的"轻度贫血"　　　　　　　096
53/ 孩子不好好吃饭　　　　　　　　　098

54/ 经常给孩子喝各种饮料　　　　　　100
55/ 孩子晚睡觉的问题　　　　　　　　102
56/ 孩子的"手工作业"训练　　　　　104
57/ 对孩子"眨眼、耸肩"等"坏习惯"经常斥责　105
58/ 让孩子一次吃得很多　　　　　　　107
59/ 过早地让孩子练习写字　　　　　　109
60/ 孩子的"口吃"问题　　　　　　　110

儿童心理篇

01/ 宝宝进幼儿园前该怎么办？	116
02/ 温顺、乖巧的孩子好吗？	118
03/ 凡事依着孩子	120
04/ 过早地把孩子从幼儿园接回来	122
05/ 重智商，轻情商	124
06/ 总是让孩子自己玩耍	126
07/ 经常帮助孩子整理东西	128
08/ 把孩子当成木偶	129
09/ "不用操心"的孩子	131
10/ "不听话"的孩子是"坏孩子"吗？	133
11/ 偏重于一方的教育	135
12/ 孩子的"反抗期"	137
13/ "一本正经"地教育孩子	139
14/ "好动"的孩子	141
15/ 常给孩子讲恐怖故事	142
16/ 父母的教育意见不统一	144
17/ 给孩子玩过于"超前"的玩具	146
18/ 用"武力"教育孩子	147
19/ 宣扬孩子的弱点、缺点	149
20/ 从来不肯定孩子	151
21/ 敷衍孩子的提问	153
22/ 爱动的孩子就是"多动症"吗？	155
23/ 孩子注意力不集中	158

24/ 经常说"不行!""不要动!" 160
25/ 从不拥抱孩子 162
26/ 从不惩罚孩子 164
27/ 不给孩子讲故事 166
28/ 遇事不和孩子商量 168
29/ 不问孩子想什么 170
30/ 不更新玩具 172
31/ 孩子"说谎"的问题 174
32/ 不能以身作则 176

33/ 满足孩子的一切要求 177
34/ 很少带孩子到大自然中去 179
35/ 吃饭时"教育"孩子 180
36/ 在孩子面前说话不注意 182
37/ 夫妻常常争吵 184
38/ 明显偏袒另一个孩子 185
39/ 孩子不尊重长辈 187
40/ 不让孩子受累和吃苦 188
41/ 哄孩子"读书,写字" 190
42/ 家里太脏乱 192
43/ 逼迫孩子学习某种"技能" 193
44/ 经常用刻薄的语言说孩子 196
45/ 把在单位的不愉快带回家 198
46/ 经常在孩子面前抱怨 199
47/ 用"知识性的谎言"回应孩子 201

48/ 忽略孩子的语言问题	202
49/ 忽视孩子"胆小"的问题	205
50/ 对孩子"矫枉过正"	206
51/ 孩子的"网瘾"问题	208
52/ 忽视孩子"社会性低下"的问题	210
53/ 对孩子的期望值过高	212
54/ 孩子"羞耻心"的培养	214

55/ 孩子"德商"的培养	216
56/ 孩子长大了就会好吗?	219
57/ 培养孩子的气质	221
58/ 让孩子学会分享	224
59/ 让长辈承担孩子的教育	227
60/ 不让孩子参与做家务	228
61/ 帮助孩子解决所有问题	230
62/ "教育孩子"不分场合	233
63/ 强行"断掉"孩子所有的电子产品瘾	234
64/ 过早地让孩子学习认知	236
65/ 孩子与异性过于亲昵	238
66/ 不和孩子过多地交流	240
67/ 入学前学习很多"知识"与"技能"	242
68/ 忽略孩子交往能力的培养	244
69/ 实施"复制"教育	246
70/ 过分强调学校"教育"	248
71/ 强调"结果"不看"过程"	249

72/ 事情只看"表象" 251
73/ 忽略孩子情绪的异常表现 253
74/ 不能冷静对待孩子的发火 255
75/ 面对孩子的"不坚强" 257
76/ 忽视孩子的情绪问题 259
77/ 不许孩子"哭" 260
78/ 总要孩子做到最好 263
79/ 不能正确认识孩子的"说谎" 265
80/ 忽略家庭中"无声的语言"教育 267
81/ 对孩子太严厉 272
82/ 孩子在学校里被"孤立" 274
83/ 把孩子当"宠物"养 276
84/ 经常训斥孩子没出息 277
85/ 家庭成员之间的正常关系 279
86/ 男孩女孩不同的教育方式 281
87/ 孩子 AQ（挫折商）的培养 286
88/ 立刻满足孩子的要求 288
89/ 事后也要"诸葛亮" 289
90/ 家长的"分工教育"过于清楚 291
91/ 言行过分地"引逗孩子" 293
92/ 孩子胆子小 295
93/ 不经常让孩子独处 298
94/ 孩子的"完整教育" 299

结束语 302
读后感 305

生理健康是指人体各个生理功能上的健康状态。"生理健康"是当今"新健康教育"的一个重要成分。儿童生理健康，是人一生"健康"的重要组成部分。

　　特别是早期的婴幼儿身体健康，在人的一生中占有很重要的位置，是为成年后的健康打基础的关键期；早期的家庭环境、教育者的育儿理念及教养的方式方法等都会直接影响着孩子的健康发展，培养孩子"良好有序的生活规律及生活习惯"会使孩子们受用一生。但是，如果家长不注重孩子成长过程中的细节培养，就有可能使孩子的生理甚至心理发展出现问题。

　　下面，我们看看家长有哪些做法可能会对孩子的生理健康产生影响呢？南医生在这里用生活中真实的案例指导并帮助家长们如何从教育孩子的细节入手，走出养育孩子的一些细节"误区"。

儿童生理篇

01 过于安静的环境

隔壁李阿姨家里新添了个大孙子,全家人都很开心。可是几天下来,我却从未听到宝宝的哭声,正在纳闷呢,李阿姨来造访了,她说:"也不知道怎么搞的,宝宝这几天莫名其妙地就会打喷嚏、流鼻水,还会烦躁不安,经常哼哼唧唧的。宝宝吃喝都很好啊,这到底是怎么回事呢?"我仔细询问了情况,宝宝出生时一切都很好的,回到家里的温度及湿度也都控制得很好。于是我问道:"家里来的人多吗?你们给宝宝什么刺激了?环境是否安静呢?"李阿姨立刻回答:"家里来的人是不少,不过都在另一个房间,从来都没有吵着宝宝,我们没有给宝宝任何刺激,全家人都悄悄地走路,悄悄地说话,家里静悄悄的,不敢有一点儿声音吵着宝宝。"

分析:

问题就出在这里——过于安静的环境,家庭环境过于安静不利于孩子的身心发育。

宝宝一出生,家庭环境中就缺失了"正常"的各种刺激,家里十分的安静,这样宝宝的神经系统自然得不到正常的刺激,宝宝的自主神经功能发育就受到了影响,宝宝自然就会出现"莫名其妙地就会打喷嚏、流鼻水,还会烦躁不安,经常哼哼唧唧"的问题了。

宝宝出生后,我们应该创造一个愉快、和谐、开朗的家庭环境,略为嘈杂一些不怕,但是绝不能过于安静。可以定时地给宝宝听愉快舒缓轻松的音乐,刺激孩子的听觉系统,不要以为宝宝还小什么都听不到、听不懂、不明白,家长就不和宝宝讲话了;随着宝宝的长大,还要给宝宝视觉上的刺激,定时给宝宝看各种鲜艳的物品，如红色气球、黑白卡片等；还可以给宝宝尝试不同的味道，酸甜苦辣刺激宝宝的味觉感受；如果每天只是默默地给宝宝喂奶、换尿布，全家人安静得连大气都不敢出，宝宝就会缺失外界的刺激，特别是孩子在生长发育的早期阶段，脑神经细胞如果缺失信息刺激，那么，孩子在反应能力等方面都有可能会落后于同龄儿。

刚出生的宝宝是需要各方面的刺激的，这样才能够使孩子的大脑神经等各个方面得到较好的反应和发展，这些刺激包括视觉、听觉、触觉、味觉、嗅觉等，如果不给予宝宝任何的刺激，整天让孩子除了吃奶就是静静地躺着，其结果往往会导致孩子的神经系统得不到刺激，自主神经功能失调，孩子就会莫名其妙地打喷嚏、流鼻水，甚至烦躁不安。久而久之，这种过于枯燥、单调、安静的环境还会对孩子的个性发展造成不良的影响。

另外，在缺乏和谐、愉快、开朗的气氛中成长的孩子，肾上腺素的分泌会较差，而副肾上腺皮脂激素的分泌会随之恶化，造成交感神经机能的减退，成为引发孩子湿疹或气喘等过敏体质的诱因。再者，宝宝初生时脑神经细胞数与成人大致相同，出生后脑神经细胞的数量需要不断增加、分化、联结、完善各级功能，这些会在孩子3~5岁完成，8岁基本结束。

给宝宝适当刺激的小贴士：

1. 家里不能过于安静，大人之间正常说话、做事；
2. 在宝宝睡眠时，要减少各种声音的刺激；
3. 宝宝的房间或附近要避免嘈杂的噪音产生；
4. 要避免突然大声和宝宝讲话；
5. 可以给宝宝播放舒缓轻松的音乐；
6. 要注意家长与宝宝的目光、声音及表情的交流；

7. 要适当给予宝宝不同的视觉、听觉、嗅觉、触觉及味觉的刺激；
8. 和谐的家庭气氛对宝宝的脑神经发育十分有利；
9. 家里装修的色彩要温馨，特别是孩子的房间，色彩不能太多。

02 过于暖和的家

邻居张家的宝宝在冬天时出生了，但是体重不达标，宝宝出生后几天还挺好，但是没过几天宝宝就生病了，全家人焦急万分，妈妈更是着急得奶水也减少了许多，改混合喂养了。当张奶奶抱着孙子来到诊室时，我看到宝宝被包裹得几乎就剩下两只眼睛了。经检查，宝宝得了"新生儿肺炎"，需要住院治疗。当问到宝宝的喂养情况及家庭护理时，张奶奶马上说："医生不是说要保暖吗？我们家里可暖和了，一直是开着空调和电油汀的，我们都不敢开窗户，家里有35℃多呢，宝宝怎么会受凉、感冒得肺炎呢？"

分析：

问题比较清楚了，低体重儿的抵抗力较差，新生儿的房间里是需要保暖的，但更需要每天通风，而且温度也不能够过高。尤其是冬季出生的宝宝，许多家长都会觉得天气比较冷，特别担心宝宝受凉生病，一天到晚总是把家里门窗紧闭，房间里不通风、很暖和。殊不知，过于温暖的环境，会助长各种细菌、微生物的滋生，不利于宝宝的生长发育。正确的做法是让宝宝在适当的温度、湿度及偏凉的环境中成长，寒冷可以刺激宝宝的皮肤并使这种刺激传递到大脑，受到刺激的脑神经会更加活跃，使宝宝头脑活动更灵活，反应更灵敏。这种刺激还能够使身体自主神经及各种激素的作用得到随时调整而取得较好的平衡，能够使机体维持健康的状态及体质增强而预防疾病的发生。

当然，如果宝宝出生时属于体弱儿（出生体重不达标，低于2500克或者是早产儿等），那么，就一定要适当保暖，等宝宝体重恢复到正常后再逐渐进行冷刺激的锻炼。孩子的出生体质有强弱之分，要想宝宝的体质由弱变强，最好的方法就是从锻炼宝宝的皮肤耐受力开始，在较为寒冷的环境中锻炼生长发育中的宝宝，会使他们的体质更健壮。

给宝宝保暖的小贴士：

1. 宝宝房间温度与外界的温度不要相差很多，相差5~8℃左右为宜；
2. 宝宝房间里的湿度最好保持在50%左右；
3. 冬季里，宝宝房间也不要过暖，新生儿在25℃左右；早产儿和低体重出生的婴儿温度可以略高些；
4. 夏季宝宝房间里的温度要根据宝宝的年龄及其活动状况以及室外的温度来调整。一般是年龄越小的宝宝、宝宝睡眠状态时要求室内温度稍高一些，而夏季比冬季室内的温度稍低些；
5. 无论是冬季还是春秋季节，不要给宝宝穿得很多，不能限制宝宝的手脚活动；
6. 宝宝房间一定要通风，每天至少两次；
7. 宝宝越小，房间温度相对要稍微高些。

03 宝宝一哭闹就给吃（奶）

小林是个年轻的妈妈，青春、活泼，整个人都充满着浓浓的母爱，宝宝出生后小林就坚持自己带，不怕辛苦不怕累，宝宝一哭，小林就立刻给宝宝喂奶，不让宝宝受一点点"委屈"；这样下来，宝宝暂时是不哭、不闹了，但是，有时候宝宝也会边吃奶边哭，而且宝宝很快出现了消化不良、睡眠不好等问题。小林不知道自己做错了什么？那么精细地带宝宝，怎么还会出状况呢？在我们的交流中小林说："我觉得宝宝哭，就是饿了，自然就给宝宝奶吃了，难道不对吗？"小林的做法代表了许多年轻妈妈的做法。

分析：

宝宝一哭，家长就要找原因。生活中有时候适当让宝宝哭一哭还能够增加孩子的肺活量，促进肺部发育。同样，偶尔让宝宝稍微哭一下，使其学会等待和忍耐也是对宝宝意志力的早期锻炼。让宝宝哭很久，或者是宝宝一哭就抱、就给吃的，都是不合理的做法。

小林每次给宝宝喂奶，没有考虑到宝宝具体状况，认为宝宝哭就是饿了，这样很容易给宝宝的胃肠道造成负担，会出现肠功能紊乱的问题，宝宝边吃边哭，很容易吃进去空气，因此出现了消化不良现象。

纯母乳喂养是要按需喂养的，也就是说在宝宝"有需求"的时候给宝宝喂奶，以满足宝宝的需求。这里要搞清楚孩子的"需求"是怎样表达出来的。小婴儿会经常啼哭，许多年轻的母亲或是长辈一听到宝宝哭，不问青红皂白立刻就给吃奶，这是不科学的做法。孩子虽然幼小，其各个方面都没有发育成熟，但是，他们也是有各种各样的生理及心理的需求的。除了饥饿，他们也会有其他的需求，如需要安抚、听声音、处理尿不湿等。随着宝宝年龄的增长，孩子的情绪心理需求也会发生许多的变化，他们随时随地都会有自己的各种"需求和想法"，只是由于语言等各个方面还没有发育好的关系，他们只能通过肢体，特别是用哭声来表达。

有研究表明，小婴儿的哭声，70%～80%是饥饿的表示，另外还有其他的需求,这些需求包括生理性和心理性的需求,有时候宝宝会无原因地哭吵一下,来发泄自己的"情绪";大一些的婴儿的哭声只有52%是因为饥饿,另外还有其他的各种需求。家长要会大致区分宝宝哭声的性质,宝宝饥饿时的哭声是一声接一声的,一般都是在宝宝要吃奶前发生,哄抱会稍微缓解,但是不能解决问题,宝宝依然会哭;宝宝不舒服时的哭声是间断性的,哭哭缓解一下,如果有很严重的不舒服宝宝也会持续性地哭,抱起来可以缓解或者哭得更厉害;有时候宝宝也会没有任何原因就哭的,那是心理情感的需要,希望有人和宝宝说话、玩玩,这种哭声就是稍微"柔和"一些,会哭哭停停的。这些都属于"正常情况、合理"的哭,因此,家长要认真地分析宝宝每次哭吵的真实原因,给予针对性的解决,不能够每次宝宝一哭就立刻给吃奶或是其他的食物。

如果宝宝一哭家长就立刻给喂奶,时间久了,会无形中增加了宝宝的食物摄入量,同时也会使胃肠道负担过重,久而久之还会给宝宝养成了一哭就要吃的不良饮食习惯。宝宝的胃肠功能是发育不完善的,肠道内缺乏SIgA(即分泌型免疫球蛋白A)。如果持续给宝宝过量进食,也会加重宝宝的胃肠负担,干扰了宝宝正常的胃肠消化及吸收功能,出现消化不良的现象。

给宝宝吃奶的小贴士:

1. 家长首先要分析宝宝哭泣的原因;
2. 宝宝刚刚吃完奶的哭,不会是饥饿引起的;
3. 快到喂奶的时候,宝宝的哭,大概就是饿了;
4. 宝宝的哭声很响,一声声加重,并伴有体位改变的加剧,有可能是"肠痉挛"引起的,要注意保暖;
5. 宝宝哭哭停停,可能是想要有人和他"玩儿"了;

6. 无论宝宝什么原因的哭,家长都不要首先"责备"宝宝;
7. 家长不能着急,要耐心对待宝宝的哭;
8. 喂奶前,可以让宝宝"等待"一下,但等待时间不要过长;
9. 不要让宝宝边哭边吃奶;
10. 不能一直让宝宝哭着,不理不睬,那样会影响孩子的情绪发展。

 过多或过少地抱宝宝

同事晓军生了个胖儿子,全家人都开心得不得了,宝宝的爷爷奶奶过来了,远在新疆的外公外婆也赶过来了。六个大人整天围着宝宝转,一点儿也不让宝宝受任何的"委屈"。爷爷奶奶更是如此,不让宝宝哭一声,就连宝宝睡觉都是几个人轮换着抱宝宝睡,宝宝几乎是不需要自己躺在床上的。宝宝一哭就立刻有人抱着,就这样宝宝"顺利"地度过了新生儿期,妈妈的月子也坐好了。老人们要回去了,依依不舍之后老人们千叮咛万嘱咐,"不要让宝宝哭啊,要多抱抱宝宝啊"。可是,接下来的日子让晓军小两口头疼不已,宝宝总是莫名其妙的哭,就是不愿意自己躺着,一放下宝宝就哭得特别厉害,一抱起来就会好很多。这到底是怎么回事啊?晓军夫妻俩赶快来问医生。

分析:

我们检查了宝宝的身体,一切都很正常,他们的喂养方式也没有什么问题,原来宝宝哭闹的原因就是家里大人经常抱着宝宝,宝宝已经养成了"让大人抱"的习惯了,一下子还无法改变、无法适应、无法"调节好"没有大人经常抱的日子,所以就会哭吵得厉害,以达到"情感及心理"的需求。这种情况需要家长慢慢

帮助宝宝调整，让宝宝逐步适应。

现在一家好多人照顾一个宝宝的情况很多见，刚刚出生的宝宝总是被许多的大人抱着、哄着，很少有宝宝一个人的空间，许多家长甚至都不愿宝宝哭一声，一哭就立刻抱起来，殊不知这样培养出来的孩子依赖性会很强，独立性会很差。宝宝每次的需求都百分百得以满足后，偶尔有一次没有得到满足，就会在心理上受到刺激，久而久之会影响情绪及心理发育。但是，大人从来不抱宝宝，也是不恰当的。

若是很少抱宝宝，孩子哭吵了很久都没有得到回应，也会影响到孩子的性格发展，次数多了孩子会越来越来消极、急躁、烦躁、孤僻。

最好的方法是，在每次宝宝哭吵时，缓和一下宝宝的情绪，和宝宝说说话，给宝宝一个安慰的表情，看看宝宝的反应，再决定是否抱宝宝。家长不能走极端，多抱和不抱都是不可取的做法。要知道，母亲的各种情感都可以通过感知觉传递给孩子，而孩子也是非常具有"敏锐的情感洞察力"的，他们是能够很快捕捉并领会到母亲情感极其细微的变化。

所以，大人要适度地抱宝宝，给宝宝留一些"独立"的自由空间，同时，在给予孩子拥抱的同时更要有语言及目光的交流，母亲的语言会给孩子适当的听觉刺激，宝宝就会"储存"这些语言在大脑皮层。母亲的抚摸、微笑及拥抱是婴儿接触自然、接触社会、与人友好相处的开始，孩子在情感需要的时候能够得到父母亲及家人的关爱，那么，孩子的情绪心理发展就自然会较为稳定。

👶 抱宝宝的小贴士：

1. 宝宝吃完奶后，是一定要竖抱并拍拍其背部，以排除胃内的空气；
2. 不可以经常抱着宝宝睡觉；偶尔（宝宝生病时）可以抱着睡会

儿,等宝宝睡着后就要放到床上睡了;
3. 大一些的宝宝(6个月后)要让宝宝自己玩玩,家长不要总是抱着宝宝;
4. 有特别依恋家长,总是要求抱的宝宝,家长也不要不耐烦,首先要自己做到不要长时间抱宝宝,养成好习惯;
5. 在宝宝2~3个月的时候,家长要多"竖抱"宝宝,以锻炼宝宝的颈部及脊柱的肌肉;
6. 在宝宝5~6个月时,家长要多环绕"坐抱"宝宝,以锻炼宝宝坐姿;
7. 无论家长抱或者不抱宝宝,都不要口头强化此事;
8. 家长要掌握好抱宝宝的"度";
9. 宝宝睡醒后要多抱抱,两顿吃奶之间可以让宝宝自己躺一下,自己玩耍,听听音乐等,但是最好有母亲陪伴。

 过早或过晚添加辅助食品

我在门诊遇到了18个月的婷婷,婷婷是一个很弱小的女孩子,体格发育很慢,身长和体重均低于正常标准很多,只相当于12个月大的孩子,家长不知什么原因,很是着急。经过我的仔细询问才知道,在家人给婷婷添加辅助食物的阶段(4~6个月)中,婷婷都不愿意接受,每次添加辅食,按家长的话说,"吃个东西,就像是要她命一样""我们什么方法都用过了,就是没有用,也就只好随她了!"所以,婷婷的辅食添加到了十个多月才正式开始。妈妈说,因为孩子不好好吃东西,所以家里人有时会着急,也会强迫婷婷吃,甚至由于婷婷不吃还打骂过她。

分析：

婷婷是18个月的孩子了，每天还是吃好几次奶粉，或者稀饭，稍微干一些的东西就吃不进去，吃了就会干呕。家长很着急，但又很无奈，这样时间久了，大人和孩子的心情都被搞坏了。不用说也知道，辅食添加过晚、方式又不妥当，婷婷的营养从哪里来呢？营养不足，又怎么能够使体重、身高增加呢？仅有奶制品作为食物是不能够一直满足孩子生长发育的需要的。孩子每个阶段的营养需求都是不一样的，家长一定要认真地区别对待。

辅助食品的添加是孩子生长发育过程中重要的一环，能为宝宝接受除奶制品以外的其他食物营养打下良好的基础，同时各种辅食的添加还可以促进宝宝咀嚼功能的提高。

辅食添加是有一定规律的，一般在宝宝4～6个月时候适量地、逐步地添加，过早或者过晚都不符合科学喂养规律，并且会给宝宝的生长发育带来不利影响。

婴儿期孩子身体的各个系统发育不是很成熟，功能也不尽完善，要有一个锻炼适应的过程，宝宝的胃肠道功能更是如此。

添加各种辅食一定要遵照的原则是：循序渐进、由少到多、由稀到稠、由单一到多样，逐量添加。给宝宝添加辅助食品是有一定规律的，这关系到孩子未来的健康发展。有的家长怕宝宝缺乏营养，在宝宝很小时就给添加一些辅食，殊不知过早添加辅食会发生消化不良，因为此阶段宝宝的胃肠道功能还不是十分完善，肠道的蠕动还不是十分的规律，如果过早或者一次添加过多过杂的食物，胃肠道一下难以承受，就会出现不适应的反应，肠道功能会出现紊乱（肠蠕动过快或者过慢），宝宝便便会出现过稀或者过干的情况，那样营养不但没有加进去，反而会由于消化功能的失调阻碍了身体对各种营养素的吸收，进而影响孩子的生长发育。

例如，宝宝在3个月左右才会有淀粉酶分泌，所以3个月前若添加淀粉类食物就很有可能造成消化不良；相反，过晚添加辅食又会影响孩子对多种营养素的摄入及吸收的能力，阻碍其生长发育。宝宝从出生到一周岁甚至再大些，若一直没有添加辅助食品或极少添加，孩子就会很不习惯进辅食，咀嚼能力也会随之下降，这样就很难加进其他的营养，同时，口腔各部位的肌肉也得不到很好的发育。

要注意的是，在添加辅食时，宝宝可能爱吃，也可能不愿意吃，若是家长硬塞食物给孩子，就有可能造成孩子的心理性厌食及不良的饮食习惯。

添加辅食的小贴士：

1. 宝宝4～6个月时：可添加米汤、菜汁、果汁及蛋黄和强化铁的米粉，蛋黄从四分之一加起；
2. 宝宝6～9个月时：除以上外，可添加含铁丰富的食物，如动物血、猪肝等，泥糊状食物，如烂面条、粥、米糊类等；
3. 宝宝10～12个月时：除以上外，可添加烂饭及馄饨、饺子、小包子等面类制品，每次的量不宜过多；
4. 家长每一次给宝宝添加的食物品种不要过多；
5. 家长不能强硬添加食物给宝宝吃；
6. 食盐最好在宝宝1岁后再少量添加；
7. 遇到宝宝不爱吃的东西，家长要慢慢地给宝宝添加，要坚持但不能强迫；
8. 遇到宝宝特别爱吃的东西也不能一次吃很多；
9. 家长绝不能因为宝宝不愿意吃辅食而打骂、惩罚孩子；
10. 要给孩子创造一个温馨、轻松、愉快的就餐环境。

宝宝辅食添加时要注意：添加一种新食物时，宝宝可能不接受，家长不能强硬逼宝宝吃，要暂时停下来，过会儿再给宝宝吃或者过一两天再添加，硬塞给宝宝吃或者就此放弃添加这种（宝宝不爱吃的）食物都是不可取的做法。硬塞食物给宝宝，会使宝宝对辅食添加增加恐惧而不愿意再接受；家长如果就此放弃了给宝宝添加食物更是错误，又会导致宝宝因此再不喜欢吃这种食物，长此以往会导致宝宝营养不良而影响生长发育。

06 宝宝湿疹

同事的宝宝出生时一切都很好，家里人都十分高兴，结果到了满月时，脸上、耳朵及身上有皱褶地方出现了许多的红斑，随后就出现了皮屑，很痒，宝宝特想抓，经常痒得直摇头，有些烦躁。家长看着刚出生白白净净的宝宝出了许多的疹子，焦急万分，找到了我。

我仔细询问了宝宝的出生及喂养情况，确定宝宝是——奶癣，也叫湿疹。宝宝的父母不解了，宝宝什么都好，怎么就得了——湿疹呢？我了解到宝宝的父母都有过敏的情况。原来，妈妈看到宝宝各方面都挺好的，饮食也就没有十分的注意，放开吃了许多的海产品。没想到结果导致宝宝发生了湿疹。

分析：

湿疹是婴儿期常见的皮肤过敏疾病，发生的原因可能是综合性的。父母双方都有过敏，宝宝发生湿疹的概率是70%；如果有一方过敏，发生率在50%。像同事这样夫妻都有过敏的情况，宝宝就特别容易发生，这其实是一种变态的皮肤过敏反应。

发生宝宝"奶癣"——湿疹的原因是复杂的，主要有几个原因：

第一是因为宝宝的过敏体质，就特别容易发生强烈的皮肤反应；

第二是由于过敏源的刺激，哺乳的母亲饮食不加注意，食入了刺激性食物，过敏源经乳汁传递给宝宝，也会发生过敏；

第三是环境因素，房间里温湿度不合适，使皮肤的屏障作用破坏，抵抗力降低，也会发生；

第四是洗护用品的刺激，不适当的洗护用品直接刺激宝宝的皮肤，也会发生；

第五是部分宝宝体内缺乏帮助消化吸收乳糖的乳糖酶，使肠道的抵抗力相对下降，吸收、滤过了一些过敏因子而导致过敏发生。

此外，还有一些原因，如：衣物、被褥等的刺激，空气中杂质过多、过多的用粉使得毛囊孔堵塞等等。

面对宝宝湿疹的小贴士：

1. 调整好家里的温度及湿度，一般湿度在50%左右，温度要和当时季节的气候相匹配，不可以太高或太低，如果宝宝有湿疹发生，房间的温度要稍微偏低一点；
2. 母亲的饮食一定要注意，过油腻、过寒、过冷、过刺激的食物都不要吃；
3. 注意避免刺激的护肤品、衣服刺激宝宝，要使用无添加的、天然的护肤产品及全棉的衣物；
4. 保持室内的空气清洁，不使用刺激性的空气清洁剂等；
5. 检查宝宝是否有乳糖不耐受，如果有，在喝奶前就需要添加乳糖酶，定期复查乳糖酶的情况；
6. 不要把两种以上的药膏同时给宝宝使用。

07 宝宝频繁吐奶

我门诊时遇到了新做妈妈的莉莉,说起自己的宝宝开心得不得了。宝宝出生情况都挺好的,莉莉就担心宝宝会饿着,宝宝一旦"有需要时"就会给宝宝吃,莉莉说:"吃到宝宝不愿意吃了为止。"但是烦恼来了,宝宝会经常吐奶,有时吃完就吐,有时吐的奶还有奶瓣,宝宝是怎么回事呢?是得了什么病吗?

我看到宝宝长得都挺好的,就仔细询问了宝宝的喂养情况,告诉家长宝宝吐奶的主要原因是因为每次给宝宝吃奶太多了。

分析:

这是由于新生儿的胃是呈水平状的,而我们成人是垂直状的,宝宝到一周岁胃逐渐成垂直状。还由于宝宝神经系统发育不完善,胃上端的贲门括约肌收缩功能差,经常处于松弛状态,那么吃到胃里面的奶水就特别容易溢出来。小宝贝的胃容量大约在30~60 ml,超过这个量特别容易引起呕吐。另外,家里的温湿度、天气的变化、胃内有空气等等都会导致宝宝吐奶,新旧奶混合在一起也会引起呕吐。如果呕吐物有奶瓣或者酸味,那么就是说明吃进胃中的奶已经经过胃酸的作用了。

预防宝宝吐奶的小贴士:

1. 每次给宝宝吃奶不宜过多,如果吃母乳十五分钟后,宝宝有吐奶,那么下次要减少给宝宝吃奶的时间;
2. 保持好房间的温度和湿度,过冷过热都会刺激宝宝,使宝宝烦躁引起呕吐。一般湿度保持在50%,房间温度随季节变化而调整;
3. 吃奶后要抱起宝宝竖起,拍背部,排出胃部空气,以减少呕吐;

4. 如果调整了喂奶的时间,调整了喂奶的量,宝宝还是吐奶,那么就要及时去看医生;
5. 宝宝偶尔少量溢奶不要紧,但是如果伴有便便次数过多,就要排除其他情况。

 **宝宝大便不规律**

同事小华刚出生的宝宝是母乳喂养,宝宝什么都好,半个月左右,出现了大便不规律的情况,每天3～5次。妈妈担心这样拉下去会影响到宝宝生长发育,就找到我。我仔细检查了宝宝,询问了宝宝的喂养情况,发现宝宝是生理性腹泻。

分析:

刚出生的宝宝体内缺乏一种保护胃肠道的免疫球蛋白,亦即分泌型免疫球蛋白A(SIGA),因为这是一种大分子的蛋白,不容易通过胎盘,所以刚出生的宝宝体内是缺乏的,因而宝宝的胃肠道黏膜的蠕动及吸收功能也相对比较差,很容易引起胃肠功能紊乱。肠蠕动过慢就出现了便秘;肠蠕动过快,就出现大便次数过多。随着宝宝的年龄增加,胃肠道功能会逐渐完善,大便也会逐渐规律的。

预防宝宝大便不规律的小贴士:

1. 母乳喂养的宝宝妈妈饮食一定要注意,过油腻、过寒、过冷、过辣或刺激性的食物最好不要吃。
2. 人工喂养的宝宝喂食要定时定量。
3. 无论哪种喂养方式,每次吃奶的量都不宜过多,以免增加胃肠道的负担。
4. 对大便过干的宝宝,要帮助宝宝做脐周顺时针按摩,以促进肠蠕动;相反,便便过多的宝宝,要做脐部逆时针按摩,减少肠蠕动。
5. 不要给宝宝吃促进便便的食物,如蜂蜜,要通过规律的进食和排便方式,帮助宝宝调整。

 宝宝皮纹不对称

在门诊经常会碰到十分着急的妈妈带着宝宝来就诊,宝宝的大腿皮纹不对称。青青的妈妈就是其中的一位。宝宝快三个月了,发现皮纹不对称,妈妈非常着急。

分析:

宝宝皮纹不对称的主要原因有:

1. 髋关节脱位或者半脱位,由于骨骼的问题牵扯到皮肤,引起皮纹不对称;

2. 过于肥胖的宝宝,由于脂肪分布不均,也会引起皮纹不对称;

3. 宝宝胎儿期在母体的位置可能也会影响到宝宝的皮纹。

宝宝皮纹不对称的小贴士:

1. 发现宝宝皮纹不对称后,要及时看医生,需要排除病理性问题,如髋关节脱位或半脱位,如有,要及时矫正。做 X 光拍片或 B 超,可以帮助确诊。
2. 宝宝要均衡饮食,适当锻炼,不要过于肥胖。

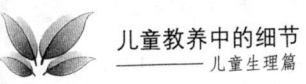

3. 定期或不定期的给宝宝做皮肤的按摩、肢体的训练。

10 宝宝不爱吃奶

企划部的刘助理,新晋爸爸,对自己刚出生的儿子赞不绝口,今天说宝宝这个好,明天说宝宝那个好。我记得特别清楚,宝宝3个月左右的时候,正好是"立冬"的那天小刘有些不开心。原来宝宝这两天不知为什么就不肯吃东西了,开始还以为不愿意吃妈妈的奶,结果换了奶粉,宝宝依然不愿吃,孩子也没有发热,这到底怎么回事呢?

分析:

宝宝不爱吃奶的原因是多样的。首先是宝宝的情绪,有些宝宝不开心了,会不爱吃奶,如,宝宝看到亲人离开、看到不开心的面孔等等,都会影响到宝宝的情绪,继而影响到宝宝的食欲;其次是外界的影响,过于吵闹的环境、温湿度不适合等等,也会影响宝宝的食欲;最后就是疾病的原因,宝宝受凉感冒或者出现消化不良,或者是因为缺铁、缺锌等都会导致食欲减退,而不愿意好好吃奶;还有一种情况,就是宝宝也会有神经性的——厌奶,这是因为家长的不良刺激导致的,当宝宝因为各种原因不愿意吃奶时,家长硬强迫宝宝吃奶,导致宝宝对这样的行为反感而不愿意吃奶。

宝宝不爱吃奶的小贴士:

1. 要仔细分析宝宝不爱吃奶的原因;
2. 调整好家里的温湿度;

3. 无论什么原因都不要强迫宝宝吃奶;
4. 积极治疗孩子的感冒及其他疾病;
5. 家里人不去过多讨论宝宝不爱吃奶的事情,最起码不要让宝宝听见。

 宝宝夜里经常哭醒

邻居家里的女孩子朝晖,从上幼儿园起,就每天夜里哭,睡得好好的,就会突然哭醒,一会又睡着了,白天孩子都挺好的,这样有一年多了,家长着急啊,情急之下就带孩子去医院做了相关的检查,结果都是好的,那宝宝到底是怎么回事呢?我了解到,朝晖晚上睡得比较晚,因为她常常要等上夜班回来的妈妈一起睡,那么在等妈妈的时间里做什么呢?多数情况宝宝都是和爸爸玩捉迷藏的游戏,一般到十一点多才睡觉。

分析:

宝宝的神经系统发育是不完善的,自身的各种调节功能也是不完善的,如果有外来的不恰当的刺激就会表现异样,如朝晖晚上和父亲玩捉迷藏的游戏,找到了,会很兴奋;找不到又会很着急,甚至焦虑。

当孩子处于紧张和焦虑的情况下,原本发育不完善的大脑神经就更加不稳定,会表现为过度兴奋,或者是从兴奋状态不能够平稳过渡到抑制状态,如果睡觉前给孩子过多刺激特别容易发生过度兴奋。孩子大多数的时间脑神经细胞都是处于兴奋状态的,比较难以抑制,这是与孩子脑神经网络的丰富联结有密切关系。当一个刺激发生后,丰富的神经细胞快速传递信息到大脑皮层,

经过整合（不十分完善的），又快速传递出来，这个过程非常迅速、快捷，但是不会十分的准确。这就需要家长在孩子的日常生活与学习中帮助、引导孩子，不能过度的兴奋也不要经常使孩子从兴奋状态快速转为抑制状态，如，孩子在专心致志的做一件事情时，没有做完，家长就不要硬强迫孩子立刻转向另外一件事情，如必须马上吃饭或者睡觉，孩子十分不情愿时，会影响了脑神经细胞的发育，同样，也不会做好后面的事情。

睡前小贴士：

1. 在孩子睡觉前不要给予过多的刺激，不玩兴奋的游戏；
2. 给孩子定好规矩，培养良好的行为习惯；
3. 不去说宝宝睡不好夜里就要醒过来哭吵的事情，不强化；
4. 睡前不给宝宝喝很多的水，以防宝宝起夜引起烦躁哭吵；
5. 宝宝夜里哭吵时，耐心照顾宝宝，不要做引起宝宝兴奋的事情，如蹦跳、剧烈游戏等；
6. 宝宝哭吵，可以放舒缓的音乐，促进宝宝睡眠；
7. 如果宝宝夜里哭吵厉害，频率很高，要通过积极治疗排除一些疾病——如遗尿和因缺乏维生素D导致的缺钙等；
8. 家长不要因此过于焦虑，更不要把自己不良情绪带给孩子。

12 宝宝黄疸

张阿姨家的孙女，出生时非常好，人见人爱，可是到了第四天时，原本白里透红的小脸却越来越黄了，宝宝吃奶等情况都挺好的，就是脸很黄，急得妈妈的奶水都减少了。这是怎么回事呢？经过化验，黄疸指数较正常儿偏高，但不是特别高，初步判断宝宝是——生理性黄疸，半个月后宝宝黄疸逐渐退去，张阿姨一家的脸上又出现了笑容。

分析：

宝宝的黄疸分生理性黄疸和病理性黄疸。宝宝生理性的黄疸不会影响其精神及饮食情况，家长也不要过于紧张、着急，一般在3~5天出现，但是不会很严重，原因是宝宝出生时红细胞大量破坏，宝宝的肝肾功能不十分完善，来不及排除，出现了代偿性的反应，会在10~15天后逐渐退去，黄疸的消退可能与气候及宝宝的自身情况有关系。出生体重偏低的宝宝，会延期黄疸的消退；天气过凉，也会减慢黄疸的消退。需要注意的是宝宝的病理性的黄疸，病理性黄疸会在宝宝出生后24小时就出现，而且黄疸指数会比较高，持续的时间也会长一些，可能会影响到宝宝的精神及饮食，产生的原因可能与感染、溶血及早产、低体重等因素有关系。家长要积极地帮助宝宝去黄疸，因为黄疸指数过高，高胆红素很容易通过血脑屏障引起——核黄疸，那样就有可能会影响到孩子脑神经细胞的发育，要重视。

宝宝出现黄疸小贴士：

1. 宝宝出现黄疸，首先要检测黄疸指数，确定是生理性还是病理性的黄疸；
2. 调整好房间的温湿度；
3. 要给宝宝喝适量的白开水；
4. 黄疸重，要添加适量的益生菌，以增加肠道的抵抗力，帮助排泄过多的胆红素；
5. 坚持母乳喂养，如果是母乳性黄疸，可以考虑暂时停几天母乳以便观察；

6. 要及时复查黄疸指数，积极干预治疗。

13 过早地给宝宝添加盐、油和鸡蛋清

在婴儿早期，好多家长都会说宝宝的消化功能不好，便便不好，经常腹泻，小敏的宝宝就是其中的一个。小敏的宝宝刚刚6个月，正处在添加辅食阶段，前段时间挺正常的，后来就有些不对劲了。因为小敏看宝宝加辅食没有问题，就又给宝宝加了一些油和盐，想宝宝吃起来会更有滋味。可是，结果却不像小敏想的那样，宝宝开始出现腹泻、消化不良的症状。到底怎么回事呢？小敏着急地来看保健医生。

分析：

宝宝小，胃肠道功能是很不完善的，家长是不能随便给宝宝添加食物的，要按规律添加辅食。小敏就因为没有按规律给宝宝添加辅食，因而宝宝就出现了胃肠道紊乱的情况。每个孩子都是一个不断生长发育变化的有机体，在他们的生长过程中会遇到各种各样的事情，家长如果处理不当就会影响到孩子的生长发育，给育儿带来烦恼。许多家庭在生活中往往会忽略，如给宝宝加盐的问题，一般情况下，宝宝到1岁以后才可以稍微加一点盐，因为在1岁内宝宝的肝肾功能都没有发育完善，过多的盐（氯化钠）会给肝肾造成负担，影响了肝肾功能的发育；再如加食用油的问题，小儿的消化系统功能发育也是很不完善的，肠道吸收营养是依靠肠黏膜的作用，婴儿的肠道缺乏SIGA（一种保护肠道黏膜的分泌型免疫球蛋白A），因此，很容易受到外界的影响而造成功能紊乱，3个月前的宝宝更是缺乏脂肪酶，对脂肪（油脂）的消化及

吸收都有困难，过多的油脂，还会造成肠道蠕动增加，形成黏膜对营养素的吸收障碍，所以要1岁以后再加油比较好；鸡蛋清的问题，一般要宝宝1岁后再加，因为鸡蛋清非常容易引起宝宝的过敏反应，宝宝过敏就会使机体的抵抗力下降。宝宝过敏还会影响防疫针的顺利注射，对宝宝健康有影响。

给宝宝添加盐、油和鸡蛋清的小贴士：

1. 在宝宝1周岁后可以在辅食里加少许盐；
2. 等宝宝1岁以后再给宝宝添加食用油，最初以橄榄油、麻油（香油）为主，宝宝胃肠道不好（腹泻）的时候要停止添加；
3. 原则上是宝宝1周岁后再添加鸡蛋清，鸡蛋黄可以在4个月后逐量添加，宝宝有过敏情况要慎重添加；
4. 对有过敏的宝宝，鸡蛋黄及鸡蛋清都不可以随意添加，过敏期间及过敏痊愈期后都不可以添加，以防诱发过敏发生；
5. 偶尔给宝宝添加宝宝没反应，不代表可以一直添加，不代表宝宝就对该食物没有反应；
6. 家长不要存侥幸心理，不该添加的就一定不要加；
7. 家长不要和其他的宝宝攀比，每个孩子都会有很强的个体差异；
8. 不要养成经常给小宝宝吃大人饭菜的习惯。

14 宝宝的过敏

经常有家长带宝宝来看"过敏"的问题，宝宝干干净净的脸上突然长出了一块块的红色斑块，让家长很头疼，孩子也会因为过敏的问题影响精神与食欲。6个月的朵朵是个漂亮的女宝宝，这几天脸上出现了许多的大小斑块，朵朵妈妈说，也没有吃什么啊，就是给宝宝添加鸡蛋黄的时候加了一点点鸡蛋清，没有想到就成这样，好后悔不听医生的话。

分析：

像朵朵妈妈这样的母亲生活中还是很多见的，看宝宝十分要吃的样子，不忍心，就给宝宝吃了不应该吃的东西；宝宝还小，自然是不懂的，可是我们家长要严格控制给宝宝吃容易引起过敏的食物。孩子过敏是许多家长都很头疼的事情，过敏的原因多种多样，对于过敏的孩子，家长一定要引起重视，仔细分析原因，对症处理。

有以下的原因导致孩子过敏发生：

1. 遗传性。过敏体质是可以遗传的，如果宝宝父母亲双方均是过敏体质，那么孩子会有75%的可能也是过敏体质；如果只是一方是过敏，那么孩子会有50%发生过敏。属于过敏体质的孩子，皮肤的屏障功能就会降低，对冷热及其他气温的变化就会特别敏感，极容易导致过敏。

2. 食物性。许多食物有很强的致过敏性，特别容易引起机体的过敏反应，如：菠萝、芒果、草莓等水果，还有鱼、虾等海鲜类食物，过敏体质的孩子会更容易引起过敏发生。还有一些，如习惯喝的饮料、牛奶及奶制品、面粉类、玉米类、鸡蛋、糖、西红柿、马铃薯、巧克力、酵母、食用色素、水果、牛肉、猪肉等这些都容易诱发孩子的过敏反应。

3. 环境性。宝宝喜欢闻的气味或经常玩耍的地方，家长们也不可忽视。如花粉、霉菌、灰尘、树、烟草、烟雾、香水、汽油、油漆、杀虫剂、清洁剂、药物、宠物、地毯等，这些容易诱发过敏的物质，应避免让宝宝接触，为宝宝提供一个安全、干净、舒适的生活环境，以减少过敏症状的发生。

☺ 宝宝过敏的小贴士：

1. 确定孩子是否为过敏体质，是否有家族性的遗传，是的话，就应该格外注意，避开容易引起过敏的食物及环境因素影响；
2. 对经常发生过敏的孩子要带去医院做相关的排查，查出是什么变应原引起孩子的过敏，那么，在生活中就要努力地避免接触这些变应原；
3. 尽可能去除或避免一切可疑的过敏原因；
4. 可以内服抗组胺药物，有全身症状者可使用皮质类固醇激素，或对症治疗；
5. 对变应原试验呈阳性的孩子可以进行针对性的脱敏治疗；
6. 如果有感染者可采用抗菌素治疗；
7. 如果是慢性病例，可试用封闭疗法、自血疗法、针刺疗法、氧气疗法、组织疗法去治疗以缓解病症；
8. 遇皮肤过痒，可以外用安抚止痒剂，如：炉甘石洗剂等；
9. 尽量不要多抓挠患处，要保持手的清洁卫生；
10. 不要同时使用两种或两种以上的外用药膏，需要时遵医嘱；
11. 家庭环境要注意，不用地毯，不养小动物。

15 不许宝宝吃手

我在门诊遇到焦急的秀秀，她是一位年轻的妈妈，宝宝3个多月了，秀秀说，宝宝其他都挺好的，最近遇到了烦心的事情，不知怎么了，宝宝总是把小手放在嘴里，使劲地、津津有味地吃，有时候宝宝会吃手吃很长时间呢，妈妈以为他饿了，就给他吃奶，可是吃奶过后，宝宝还是起劲地吃手；大人把他手拿开了，可是，

一会儿宝宝又吃起来了,真不知道该怎么办好?到底是让宝宝吃手呢?还是不让宝宝吃手呢?我相信有许多年轻的妈妈都会有像秀秀一样的困惑和烦恼。

分析:

宝宝吃手,可以说是一个自然的生理、心理发育阶段,也是孩子认识、探索世界以满足自我内心需要的一种方式。因为孩子小,他们无法表达自己内心的愿望,就只能用肢体动作来向成人传递自己内心的想法和需求。宝宝吃手,还是自我情绪调节的一个过程,他们会因此满足而不着急、不焦虑了,也会因此懂得了愉快、放松和舒适。

宝宝到了2~3个月的时候,就会经常把小手放在嘴里,吃个不停,好多家长就会强行阻止宝宝吃手,原因就是宝宝手指太脏了。殊不知,宝宝吃手,是生长发育的"口欲期"表现,是宝宝正常的心理、生理发育要经历的一个过程;宝宝要满足口唇的需求,仅仅靠吃奶是不够的,他们要用手探索世界,最好的回应就是把手放在自己的嘴里吮吸,这是宝宝最初探索世界的自我协调动作之一,因为那样做,他们的心理、生理就会得到极大的满足。那么,家长该如何对待、引导宝宝吃手的问题呢?

首先是接受宝宝吃手的行为,要了解到宝宝吃手属于正常的生理、心理发育的过程,那种坚决不让宝宝吃手的做法是不可取的,那样孩子就得不到生理、心理的满足,会给身心的发展带来许多的问题,孩子会因为得不到满足而着急、烦躁。

有报道说,如果一个孩子的"口欲期"没有过渡好,可能会导致他成年后的"吸烟行为""成瘾行为",但是,一味放任不管让孩子吃手也不可取,家长需要掌握好宝宝吃手的"度"。

🍼 **宝宝吃手的小贴士：**

1. 要让宝宝（2.5~10个月的时候）适当地吃手，要经常把宝宝的手清洗干净；
2. 宝宝每次吃手的时间不要太长，一般控制在3~5分钟左右为好，吃手时间过久对宝宝的口腔及手都不利；
3. 如果宝宝到了1岁以后还经常吃手，频率不减，那么家长就要在宝宝每一次吃手的时候，轻轻地把宝宝的手拿出来，并且引导其做其他的事情，如给宝宝玩具，转移宝宝的注意力；
4. 任何时候，家长都不要用语言强化孩子吃手的事情，不要总是说"你怎么又吃手了"等等话；
5. 家长不要和宝宝讨论"吃手的坏处"等话题；
6. 不要用带酒精的杀菌"消毒巾"给宝宝消毒手，那样的话，酒精挥发后，残留的"杀菌剂"会被宝宝吃进去，就会杀灭胃肠道的有益菌，使消化功能受到影响；
7. 2~3岁以后的孩子如果还是经常吃手，又伴有厌食、情绪等问题，就需要看心理医生了；
8. 多关心孩子，经常带孩子出去玩；
9. 不要因为孩子吃手就打骂、惩罚孩子，那样会更糟糕。

16 忽略宝宝的爬行

在工作中，我常常遇到相当多的家长，他们在孩子应该学习爬行的最佳阶段（7~10个月），往往忽略了引导宝宝爬行，原因是他们认为宝宝的爬行并没有那么重要，特别是天气较冷时、宝宝穿较多衣服时，就更是不让宝宝爬行了。有的家长怕地上脏，还有的家长有时候也让宝宝爬行，但是几次下来，宝宝哭吵、烦躁不愿意爬行，特别是比较胖的宝宝，家长也就不再坚持了，于是没有经过爬行阶段就直接站立起来练习走路的孩子便越来越多了。

同时我们也发现，到了5岁左右还不能够很好地说话的孩子、手眼协调不好的孩子也渐渐多起来了。我在门诊遇到的有学习问题的孩子中，感统失调的问题占了大约60%，而感统失调的原因之一就是家长没有在孩子走路之前（7~10月）训练孩子爬行。

分析：

家长忽略或不训练宝宝爬行，是一件危险的事。孩子错过了爬行（桥脑发育）的关键期，可能会给日后的生长发育、学习带来许多隐患。宝宝的爬行与脑发育是相互促进的，因此，家长一定要重视宝宝的爬行。

宝宝的爬行动作可以促进脑功能发育，其对语言发育及学习、智能发展、肢体动作协调发展等方面起着至关重要的作用，特别是在最适合孩子爬行的关键时期的爬行尤为重要。没有或者是较少让宝宝爬行，自然就会减少对脑细胞的刺激。

孩子的成长有几个必经阶段，如果不按照这个规律训练孩子，而是强调其他因素的作用，跳过了某个阶段，就有可能会给其后的发展带来障碍。

婴儿期脑发育必须要经过四个阶段，这与孩子的身体各个系统的发育有着密切的联系：

（1）0~3个月，是延髓发育的重要阶段，脑神经细胞的髓鞘没有发育好，宝宝只能躺着，手脚乱动，动作是笼统的接受信息，是泛化的；

（2）4~8个月，是桥脑发育的重要阶段，宝宝只是趴着爬行、会坐，还不能够很好的直立；

（3）9~11个月，宝宝会用四肢爬行，是中脑发育的重要阶段；

（4）12~14个月，是宝宝大脑皮质的重要发育阶段，宝宝爬行更好了，会扶物或独立走路。假如跳过了爬行过程，直接就训练走路了，这样桥脑的发育就没有完成好而直接进入大脑皮质发育阶段，于是在语言学习上就会发生问题，宝宝语言信息的传递、表达组织就衔接不好，造成语言发育的落后。因为桥脑是中枢神经与周围神经之间传递信息的必经之路，桥脑在延脑上方，也对人的睡眠有调节和控制作用。

根据近几年来我在门诊遇到的有"学习问题及感统失调"的孩子并从中初步统计，有近90%的孩子在婴儿期没有经过爬行阶段就开始学习走路了，这里不是说不会爬行的孩子就一定会出现问题，但是可以肯定的是，凡是出现问题的孩子大多数都没有经历很好的爬行过程，显然，这是由于在孩子脑发育的过程中，令孩子缺失相应的刺激而使其受到了影响。

宝宝爬行小贴士：

1. 在宝宝7个月的时候，家长要有意识地锻炼宝宝爬行；
2. 可以让宝宝俯卧位，前面放一个玩具，先推着宝宝的两只脚向前，然后再推一只脚，辅助宝宝爬行；
3. 爬行时，宝宝的衣服不要穿得过多，以免影响运动；
4. 当宝宝不愿意爬的时候，家长要温和地引导宝宝爬行；
5. 宝宝生病、哭吵时不要硬让宝宝爬行；
6. 家长要每天坚持引导宝宝爬行，可以放轻快的音乐辅助宝宝爬行；
7. 无论怎样，家长都不能用强硬态度强迫宝宝爬行；
8. 家里人要统一认识，共同积极引导宝宝爬行。

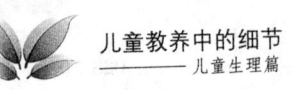

 17 不相信科学的育儿方法

4岁青青的妈妈是一个精明能干的主妇,但是在孩子养育问题上特别容易相信别人,例如:宝贝不好好吃饭了,听别人说可能是缺锌,青青妈妈就会立刻买来好几种锌制剂给孩子吃,也不问医生,也不看锌产品的含量;听别人说,让孩子学珠算好,马上就给宝贝报了珠算班,也不问孩子是否愿意。就这样,孩子身上的问题却似乎越来越多。

分析:

家长不要轻信网络信息,或是按照其他家长的做法,盲目地给自己的宝宝补充各种营养。这种不考虑自己宝宝实际需要的做法,是不负责任的,孩子的养育因人而异,纠正、干预孩子营养素缺乏的问题要去看儿童保健医生。

孩子的生长发育是有特殊性的,虽然有一定的规律,但每个孩子也会有明显的个体差异。青青妈妈的出发点是好的,但显然太容易听信他人,没有考虑到自己孩子的具体情况。

在孩子生长发育过程中,一定会遇到各种各样的问题,有很多家长特别容易听信别人的意见,或者是轻信各种网络信息,而忽略了医生的建议和意见。殊不知婴幼儿在各个年龄段都是有他们生长发育的规律性的,同时又有着很强的个体差异,别人好的育儿经验是可以借鉴的,但是绝不可以完全照搬。

孩子的身体是不断生长、发育、变化的机体,年龄越小变化越大,生长发育速度也越快,定期带宝宝做体格健康检查,医生会对孩子的生理、心理等方面做全面的检查与评估,发现孩子的异常也会及时干预。

宝宝在每个年龄阶段的身心发育情况都是不相同的,在婴儿期（0～12个月），是需要家长多照料的；在幼儿期（1～3岁），家长在照料宝宝的同时，还要注意培养孩子良好的卫生、饮食习惯；学龄前期（3～6岁），家长要按照孩子的性格特点及生长发育情况来引导孩子，因为每一个宝宝都有较强的个体差异。孩子的生长发育会受到遗传因素、家庭、营养素摄入的多少、疾病的影响、生活方式及父母亲的养育方法不同而不一样，因此都会有自己的特点，身体的素质，对食物的吸收消化程度也有不一样的发展轨迹。

儿童保健医生往往根据宝宝当前的生长发育及健康情况，结合家长的喂养方法给予有针对性的科学规范。例如补钙的问题，各个年龄段的宝宝生理需要量均不同，每个宝宝缺乏钙的程度也不相同，还有其他的因素，如喂养情况、体格发育、身体素质以及宝宝对钙的吸收程度不同等等，这些都决定孩子补钙的量会不相同，不可一概而论。再如微量元素锌的问题，家长普遍认为宝宝不好好吃饭就是锌元素缺乏了，赶快就去药店购买锌产品，也不去认真检查自己的宝宝目前是否缺锌？如果缺，缺多少？宝宝缺乏锌的原因是什么？需要补充多少锌？要补充多长时间合适？购买时也不看锌含量多少及是否还含有什么其他成分。这些不明就里的做法，都不是科学的育儿方法。

宝宝如果缺锌，是会食欲低下的，但宝宝食欲低下又不仅仅是因为缺锌那么简单，还有可能存在心理性的厌食，这就与锌缺乏关系不大，所以绝不可以盲目补锌。因为，锌是一种特殊的微量元素，补少了达不到效果，补充多了还会有不良作用产生，可能会促使孩子性腺过早发育。

科学育儿小贴士：

1. 父母要带宝宝看专业的儿童保健医生或者儿科专科医生；

2. 父母带宝宝做相关的检查，正确评估，明确缺乏元素的性质和缺乏原因；
3. 确定孩子目前的主要问题是什么，调整措施要因人而异；
4. 针对性地配合医生做相应的饮食等方面的调整；
5. 坚持给宝宝补充所缺乏的营养素一段时间（1~3个月）后，要到医院做复查，必要时及时调整；
6. 上网要上专业的、有认证的网络机构，听权威的、认证专家的建议和意见，切不可听信传言；
7. 对待其他人的意见，要参考、分析，绝不能盲目照搬，要考虑自己宝宝的实际情况；
8. 要吸取他人养育中的优秀做法，有针对性地实施。

不按照生长发育规律训练宝宝

我遇到小马时，她的宝贝儿子已经7个多月了。小马是自己带宝宝的，很辛苦，但也很开心，可是最近她遇到了烦心的事。7个多月的儿子夜里经常哭吵，小马想不出原因，就抱着孩子让他跳一跳，以为这样宝宝就会好一些。这一跳就是2个多月，后来小马发现宝宝哭吵得又厉害了，腿也出现了畸形，有"O"型腿的样子，也好像没有劲了，十个来月了也不会坐、爬，更站不起来了。小马焦急万分，赶快来看医生。

分析：

经我们检测、化验、检查宝宝的情况，诊断出宝宝在佝偻病活动期，是由于缺乏维生素D引起的钙磷代谢障碍，加上妈妈训练宝宝的方式不得当——经常让宝宝跳，自然就容易出现下肢的

"畸形"。

　　婴幼儿的生长发育有一定的客观规律性，每个孩子都受到家庭环境及诸多因素的影响而出现不同的变化。宝宝在每一个阶段的生长发育好坏都会对下一个阶段的发育产生影响，一般来说，前阶段是为后面的发展做准备，打基础。

　　例如宝宝需要在10~12个月练习站，独自站稳，这样可以锻炼、增强宝宝双腿肌肉的力量，同时，宝宝平衡功能也得以锻炼，站稳了，1岁才学习走路。可是，有许多家长为了自己的宝宝要强于其他的孩子，常常会过于提前地给宝宝做这样或者那样的训练，特别是在婴儿期，如6个月的宝宝应该锻炼坐得好，而家长总是让宝宝站立并且双脚使劲地跳动，这时宝宝双下肢的肌力还没有发育好，长期这样可能会导致宝宝下肢变形；再如，宝宝还没有站稳就急着学走路了，孩子若是佝偻病患者就更容易造成骨骼畸形，留下终身的遗憾。适当的提前训练（1~2个月）是可以的，但是，一定要根据自己宝宝的情况进行，切不可盲目进行。

训练宝宝的小贴士：

1. 在宝宝2~3个月的时候，可以多引导宝宝练习翻身，刚开始时家长要帮助宝宝翻身，逐步锻炼使宝宝自己能独立翻过来。
2. 在宝宝5~6个月的时候，可以训练宝宝坐，开始是宝宝四面靠着坐，接着是三面靠着坐、两面靠坐，最后锻炼到宝宝能自己独立坐一会儿。
3. 在宝宝7~10个月的时候，要锻炼宝宝爬行，因为此阶段是孩子桥脑发育的关键期。
4. 在10~12个月时，家长要训练宝宝站立，锻炼宝宝的平衡及双下肢肌肉的力量；宝宝站稳后，在宝宝12个月的时候，加强锻炼宝宝行走，先让宝宝扶着沙发或者床边走，然后再独自站

立、独自走路。宝宝刚学走路时，家长最好在宝宝身后用"学步带"，或者徒手在宝宝前方 1~2 米之内，这样既帮助了宝宝，又锻炼了宝宝行走的独立性。

5. 每一项的锻炼都要在宝宝愉快的时候引导着做，家长不可以刻意地强迫宝宝做训练。

6. 训练宝宝的时间也不要太长，只要宝宝开心，就可以做，宝宝不愉快了，就酌情减少或停止。

7. 如果家长训练得当，宝宝 6 个月左右还不会自己翻身，家长需要带宝宝到专业机构做综合的智能发育检查及评估。

8. 训练宝宝要按照发育规律，也要因人而异进行。

19 忽略生长关键期培养

小琴的儿子都快 3 岁了，还不会自己吃饭，马上就要上幼儿园了，自己不会吃饭怎么办呢？小琴非常着急，于是开始锻炼孩子自己吃饭，但是效果并不明显。因为宝宝自己吃不好的时候，妈妈又忍不住喂宝宝，这样宝宝就更不会自己吃饭了。妈妈不知道该怎么办才好，情急之下来看保健医生。我了解到，自从宝宝出生到现在，都是小琴喂饭的，很少锻炼宝宝自己吃饭。

我问："为什么不让宝宝自己吃饭呢？"小琴回答："宝宝小啊，自己吃不好，吃得到处都是，我们只好喂饭给他了。我本来以为孩子长大自然就会自己吃饭了呢，谁知道宝宝都 3 岁了还不会自己吃饭！"

分析：

宝宝都快 3 岁了，还不会自己吃饭，主要的原因就是家长没有在宝宝学习吃饭的关键期加强锻炼，平时又替代宝宝自己使用工具用餐，以至于宝宝都3岁了还不会自己吃饭。在幼儿园里是需要小朋友自己吃饭的，宝宝自己吃不好饭，会带来一系列问题，其他小朋友会另眼看他，宝宝也会因此导致自卑心理。

在孩子生长发育过程中，家长抓住关键期的培养很重要，切不可天真地认为宝宝长大了，自然什么都会了。许多家长在养育孩子的过程中，没有意识到孩子的关键期培养的重要性，常常忽略。当宝宝到了关键时期，需要掌握某种技巧时，家长又发现孩子有问题，产生急躁情绪，但培养孩子的各种能力技能等的最佳时期早已错过了。所以，家长首先要明确孩子各种能力培养的关键期，要有意识地引导、培养孩子，不要错过良机。家长不要小看了孩子自己吃饭的事情，这是孩子自己能力的体现，在幼儿园，不会自己吃饭的孩子，难免被小朋友笑话。如果孩子的承受力、自我调节能力不强，就会容易出现心理问题。

家长要从感知觉、认知能力、听说能力及运动技能协调能力等方面培养孩子，这些都有最佳的培养阶段。例如：宝宝18个月的时候是练习自己吃饭的关键期，尽管宝宝不会自己吃，或吃的饭粒到处都是，家长还是要坚持培养宝宝自己拿勺、独立进餐的能力，在孩子生长发育过程中，家长要有意识地在关键期培养宝宝的各种能力及良好习惯。

宝宝关键期培养的小贴士：

1. 在婴儿早期（出生～3个月）就注重培养孩子的注意力，此阶段宝宝除了对人脸感兴趣外，还对鲜艳的、色彩明显的黑白色敏感，家长要定时间给宝宝看色彩鲜艳的图片，做听力训练，和宝宝多说话，给宝宝听舒缓的有节奏的轻音乐等；
2. 宝宝3～4个月时，要锻炼宝宝翻身，开始由妈妈帮助宝宝侧翻，逐步引导宝宝自己独立翻身；
3. 宝宝5~6个月时，脊柱开始发育，家长要锻炼宝宝坐，先是锻炼宝宝四面靠坐，逐步锻炼宝宝自己独立坐一会；
4. 宝宝7~10个月时，是宝宝桥脑发育的关键期，多锻炼宝宝的爬行，遇冬天衣服穿得多，宝宝不愿意爬行时，家长一定要创造机会，坚持训练宝宝爬行；
5. 在18个月左右要逐步培养宝宝的自理能力及语言表达能力，锻炼宝宝会吃饭穿衣、学会自己控制二便等；
6. 在宝宝1岁后就要多带宝宝出去和小朋友"交往"，逐渐建立良好的伙伴关系；
7. 家长发现孩子不会交往或者是"有问题"时，要及时带孩子去看儿童心理医生，积极帮助孩子；
8. 不要责怪孩子，更不能打骂、强迫孩子，要经常鼓励孩子，"你自己能够完成的……"。

20 盲目添加各种营养素

小东是一个5岁多的男孩，快要上小学了，妈妈希望小东更聪明、反应更快、脑发育更好，就托朋友在国外买来了促进脑发育的营养品，也不看成分和含量，就给小东吃起来了。过了几个月，妈妈也没有发现孩子变得有多聪明，却发现小东好像有些"发育了"，情急之下赶紧来看医生。

我仔细询问了近期小东的饮食情况，他妈妈说："我就是给孩子每天加了两粒'健脑营养品'"。我问："那是什么成分呢？含量是多少？"小东的妈妈一问三不知。经过仔细检查，我发现，这个"健脑营养品"里的成分、含量根本不适合小东这个年龄段孩子服用，它更适合年龄大一些的中学生。

分析：

小东妈妈盲目地给孩子吃"健脑营养品"，一不看成分，二不看含量，又每天服用两粒，很容易出问题。

随着社会的进步和发展，许多家长都非常重视孩子的营养与健康，孩子正处于生长发育的关键期，对各种营养素的需求是较成年人相对多一些，需要均衡的营养来满足孩子成长所需。但是有许多家长，为了使孩子"长得更快，长得更好"，就给孩子盲目地添加各种"营养素"，不考虑孩子是否真的需要，也不看"营养素"是否适合自己的孩子，也不看"营养素"剂量和营养素的成分及比例，盲目地给孩子添加。

殊不知，营养素过量补充也会导致孩子成长过程中的许多问题，例如，大家都知道孩子成长过程需要大量的钙元素，但是，孩子在每个年龄段应该补充多少？怎么补？补充到什么时候？对哪种钙元素的吸收好一些？许多家长对这些都搞不明白，只是看到电视上的广告，就买来给孩子吃。导致的结果就是：一是补充量不足，孩子的缺钙没有得到改善；二是补充过量，使孩子发育中的骨骼过早愈合，反而会影响到孩子的身高，结果自然是事与愿违。

增加营养素的小贴士：

1. 出生后15天的宝宝家长需要给宝宝补充维生素D（鱼肝油），以帮助其钙的吸收，如果是早产儿更需要早添加，但需遵医嘱；
2. 根据宝宝定期体格检查的情况，按照医生建议酌情补充钙元素，过多过少均不利于孩子的生长发育；

3. 一般情况下，12个月后的宝宝就可以吃任何食物了，但是要注意吸收情况，要细、软，量不宜过多；
4. 定期做微量元素的检查，针对所缺乏的微量元素进行针对性补充，切忌盲目；
5. 添加各种营养素时，不要强加给孩子。

21 过早使用"学步车"

我在门诊遇到过很多家长带孩子来看腿，诉说宝宝18个月还走不好路，妞妞就是其中的一个宝宝。妞妞是个漂亮的小女孩，已经快20个月了，可是自己还走不好，不敢走，妈妈很是着急。仔细询问，妈妈说在妞妞7～9个月的时候，妞妞就要站了，因此家长就给妞妞买来了"学步车"，帮助学习走路，妞妞可高兴了，很快就在学步车里"走得"很好了。

可是，妞妞现在已经19个月多了，却还是不能独立站稳、不会独立行走，一步也离不开"学步车"。家里人一让妞妞走路，孩子就会害怕地哭，不愿意走。

分析：

这是典型的"学步效应"给宝宝健康成长带来的弊端，家长不知不觉地就让孩子对"学步车"产生了很强的依赖性，因为使用"学步车"没有使宝宝得到真正的锻炼，所以，宝宝的正常走路时间就落后于其他小朋友。妞妞就是许多用"学步车"的宝宝中典型的一个。宝宝"学步车"的出现，真是让很多的家长都"上当受骗"了，许多家长以为宝宝学习走路就是要用"学步车"帮忙，那真是大错特错。

孩子应该在10个月左右学习站立，使双下肢的肌肉力量加强，能站稳后，再学习走路。好多家长都会在这段时间给孩子使用"学步车"，结果非但不能帮助到孩子，还会影响孩子的发展，问题多多。

想想看，在孩子的平衡及腿部肌肉都还没有发育好的情况下，自身的站立、迈步就是一个极好的锻炼机会，而就在这时，如果让"学步车"替代了宝宝自身的锻炼，那么，孩子的平衡能力及腿部肌肉的力量就没有得到很好的锻炼，看似宝宝会"走路了"，可是，那都是"学步车"的帮助，一旦离开了"学步车"，宝宝连站都站不稳了，这样反而给日后学习走路增加麻烦，延缓了宝宝走路的时间。

同时，在不断使用"学步车"走路的同时，宝宝无形中也对"学步车"产生了深深的依赖心理，影响日后自己独立学习走路。另外，孩子身心的依赖会造成前庭平衡及头部支撑力不足，很有可能会出现感统失调的情况。

让宝宝用学步车的小贴士：

1. 1岁不到（一般10个月以内）的宝宝的家庭，家长之间首先要意见统一，除掉对"学步车"的迷信和思想上的"依赖"，禁止给宝宝使用。有"学步车"的家庭，要收起来，不给宝宝看到；
2. 在宝宝学习站立、走的时候（10～12个月），家长要用正确的方法，可以适当引导宝宝扶着"学步车"练习站立，以锻炼宝宝的腿部肌肉发育，坚持引导宝宝自己走路；
3. 等宝宝会自己走路了（一般在12～18个月），可以给宝宝用"学步车"，每次使用的时间也不宜过长。

 **用奶替代各种食物**

5岁的良如，是个可爱的小男生，就是长得比较弱小，经测量体格发育及各项检查评估后，我们发现良如是中度营养不良。在咨询后得知，这孩子现在每天都还要喝1 000～1 500毫升牛奶呢，那为何还是很瘦呢？妈妈说："良如小时候很胖的，近两年不知怎么搞的，越来越瘦了，就是喜欢喝牛奶。"我了解到，孩子食欲不是很好，每顿饭吃得很少很少，但是很爱喝牛奶，饭前喝，饭后喝，睡觉前还喝，父母以为孩子不好好吃饭，可以用奶类替代营养素的摄入呢，谁知道，越喝牛奶孩子越瘦了。

分析：

孩子到了一定的年龄阶段，就需要补充不同的营养食物，以满足生长发育的需求。孩子的成长需要均衡、丰富的营养饮食，半岁后的孩子就不能够仅仅从奶或者奶粉中摄取营养了，要适量添加辅助食物，不能给孩子长期吃单一的食物。孩子的成长中需要各种营养素的补充，奶类是不能满足大孩子的营养需求的，长期营养素摄入不足，自然就会造成营养不良、生长发育障碍，严重的还会影响脑细胞的发育及认知障碍。

5岁的孩子每天的饮食中蛋白质、脂肪及碳水化合物的需求总量是有规定的，营养素的量及比例也是有标准的，长期摄入量减少、达不到身体发育所需标准，就会发生营养不良。良好的饮食中三大营养物质的量是达不到需要标准的，只喝牛奶无法满足大孩子生长发育时的所有营养需求。

奶制品是婴儿早期的主要饮食，但是随着孩子年龄的增长，奶类食物已经不能够完全满足孩子的生长发育需求了，如，宝宝在4～6个月需要添加辅食，但是，这阶段的辅助食物还不能够替代宝宝的主食。宝宝从吃乳类食物到补充辅食，到规律吃正餐需要一个转变适应的过程。有的宝宝可以顺利地喜欢吃各种食物，有的宝宝就会出现这样那样的问题，家长呢，有的会耐心地帮助孩子"戒掉奶瘾"，有的家长则会因为种种原因，一直给孩子吃奶类食品，从而减少其他各种食物的添加。

吃奶的小贴士：

1. 在宝宝1岁之前，以摄入奶为主，母乳最好，其次是奶粉，但是，要在宝宝4~6个月左右时适当地添加辅助食物；
2. 1~3岁宝宝饮食中不能只喝牛奶，要以软饭和点心为主，以三餐两点为主要营养来源，奶量适当减少，可以每天早晚各加一次牛奶，因为牛奶的营养已经完全不能满足孩子的营养需要了；
3. 宝宝6个月后要逐渐锻炼其夜里不吃任何食物；
4. 家长要引导大孩子改变经常喝牛奶的习惯，引导孩子合理摄入各种营养，牛奶可以喝，但是绝不能替代各种营养素的摄入。那种不好好吃饭，仅以多喝牛奶来补充营养的做法是不可取的；
5. 奶，不可以当水喝。

23 不让孩子自己做自己的事

梅梅和童童是一对龙凤双胞胎，聪明可爱，在他们小时候，妈妈就觉得女孩要多照顾些，所以样样事情都替代梅梅做。到两个孩子上幼儿园时，童童的自理能力明显强于梅梅，而梅梅呢，不会自己刷牙、不会自己吃饭，衣服也穿得很慢，就连如厕都不能够自己很好地完成。到了幼儿园，梅梅处理不好时，老师就会

儿童教养中的细节
儿童生理篇

批评梅梅不会做自己的事情,梅梅就会很不开心,情绪就十分低落,也不愿意参加小朋友的活动,回到家里也不愿意说幼儿园的事情。妈妈也曾努力让梅梅自己吃饭做事,但是,看到孩子吃得很慢、做得不好时,又替代孩子做了。有时候,妈妈还会抱怨梅梅不如童童,结果使得孩子更沮丧了。

分析:

每个孩子都是有自尊心的。老师经常批评梅梅,梅梅心里会很不舒服,自己又调节不好,最后就经常找出各种"理由"不愿意去幼儿园,因为在家里,她做不好的事情没有人批评她,她不会做的事情也会有人替代做了。而在幼儿园,孩子不会做或者做不好的就不会得到及时的"帮助"了。

由于自理能力有限,孩子经常做不好,得不到老师的表扬和鼓励,得到的更多的却是责怪。孩子难免会心里不愉快,自然就不愿意去幼儿园了,这样发展下去的后果十分严重。

孩子自理能力下降的同时也会出现一些心理问题,如:强烈的依赖、害怕学习、不自信等等。

一个人的自理能力在社会活动及工作学习中都是很重要的一种能力。孩子幼小时,是缺乏自理能力的,有很多事情都需要依靠父母帮助完成。但是,随着孩子年龄的不断增长,自我意识及自理能力在不断加强,家长就一定要逐渐培养孩子独立做事情了。

良好的自我能力是需要从小就培养的,如吃饭、穿衣、刷牙、如厕等等,都属于自我料理的范围,这些是要家长培养孩子从小自己做的。如果家长一直替带孩子完成这些,那么,孩子自然而然地就会觉得自己可以不做,所以,家长一定要不失时机地培养孩子自己做这些事情。

如果父母一味地包办或者是替孩子做这些事情,孩子的自理能力自然会下降,良好的习惯也就无法养成。如吃饭这件事情,好多的家长怕孩子吃不好、吃不饱,又怕吃得饭粒到处都是,把衣服弄脏了,就一直不让孩子自己吃,一直喂饭给孩子。其实,在孩子18个月左右父母就应该有意识地培养孩子独立拿餐具、独立吃饭的好习惯,这时增加孩子对自取食物的兴趣,也能很好地锻炼孩子手眼协调。尽管孩子开始拿不好勺子、筷子,也不会吃、吃不好,衣服也会弄脏,但是父母一定要坚持训练让孩子自己吃饭,不能替代。

训练宝宝吃饭的小贴士:

1. 婴儿期:在宝宝7~12个月时,妈妈可以把宝宝手洗干净,把食物切好放在盘子里,让宝宝自己用手抓着吃,增加宝宝对不同食物的兴趣。这也是锻炼宝宝手眼协调的最佳方式。宝宝吃得不好,家长也要表扬、鼓励宝宝,但是,这段时间不宜过长。
2. 幼儿期:在宝宝18个月时,就要锻炼宝宝自己拿勺子,这时宝宝还不能独自吃饭,家长可以边喂饭边鼓励宝宝自己吃,千万不要嫌宝宝吃得到处都是而放弃让宝宝自己吃饭的锻炼机会。
3. 学龄前期:这段时间,大多数孩子都会在幼儿园里度过,当孩子回到家里家长也要积极引导宝宝自己吃饭,不要轻易给孩子喂饭吃。
4. 学龄期:这段时间孩子的自理能力在增强,家长是不需要给孩子喂饭的。

24 经常给孩子吃单一的食物

小霞带2岁多的宝宝来看"病",原因是宝宝长得很瘦小。小

儿童教养中的细节
——儿童生理篇

霞说:"宝宝长期就只吃土豆和胡萝卜,偶尔吃点虾,其他什么都不吃了,这可怎么办呢?"我了解到,宝宝父母的身体还是挺好的,宝宝出生前后也没有什么大问题,但自从宝宝添加了辅食后,就一直是偏食的。妈妈呢,为了孩子能多吃些,恐吓过,也硬塞食物、强迫孩子吃过,就是没有效果。最后,妈妈为了宝宝高兴,就只做宝宝爱吃的,宝宝不爱吃的,妈妈就很少做了,因为无论如何宝宝都不肯吃。时间久了,宝宝不爱吃的但对宝宝生长发育有好处的营养自然就会缺失。

分析:

小霞依着宝宝的喜好来制定食谱,完全不考虑孩子生长发育的需要,时间久了,宝宝自然就会养成了偏食的坏习惯,也会因此造成营养的摄入障碍。孩子正处在生长发育的关键期,长期营养摄入不足,一定会出问题。这位家长在引导孩子合理饮食时,有许多不妥当的做法,又加重了孩子的偏食问题。

孩子正处在生长发育的"关键期",他们需要摄入各种营养;好多家长会以各种原因为理由,长期只给孩子吃单一的食物,这样事必给孩子的健康成长带来影响。如有的家长认为孩子喜欢吃土豆,就经常做土豆让宝宝吃,因而减少了其他营养素的摄入。小儿的胃容量是有限的,消化吸收的能力也是有限的,长期吃单一的食物,一定会造成许多营养素的缺乏。宝宝幼小,他们不懂得各种营养素的作用,他们只是依靠视觉及味觉来选择食物,那么,家长就应该适当地引导孩子养成不偏食、不挑食、均衡饮食的好习惯,单一的食物是不能够满足正在生长发育中的孩子的营养需求的。经常给孩子吃单一食物的主要原因有:

1. 家长的饮食习惯造成,如妈妈不喜欢吃猪肝,就很少买猪肝,也就很少做猪肝给宝宝吃了;

2. 宝宝挑食,家长怕宝宝不高兴,就会迎合宝宝的习惯,就不再给宝宝吃他不喜欢的食物了；

3. 比较其他孩子，看到或者听说别的宝宝吃某种食物的"不好"，也不去分析缘由，就轻易不给自己的宝宝吃了；

4. 不理解各种食物对宝宝生长发育的具体作用。

给孩子吃营养食物的小贴士：

1. 首先家长要清楚地认识到宝宝健康成长需要摄取综合的、全面的营养食品，需要平衡膳食；
2. 家长要在日常的生活中有意引导、强化孩子进食各种营养丰富的食物；
3. 如果孩子只吃单一的食物，家长不要多言语，而是要坚持给宝宝进食多种食物；
4. 家长要少说多做，自己做出表率给孩子看；
5. 食物烹调多样化；
6. 家长要坚持引导宝宝，纠正偏食；
7. 必要时要带孩子去做相应的检查，发现问题，积极纠正。

25 特别依赖"保健品"

我在门诊遇到丽丽的母亲，她很着急，原来是9个月的宝宝患了贫血病，胃口很差，什么东西都不爱吃，辅食也很难加进去。我仔细询问了宝宝的喂养情况后，立即告知妈妈要注意的事项，并且给宝宝开了铁剂及铁强化的奶粉，妈妈很高兴地离开了。一个月后丽丽的妈妈带宝宝来复查，宝宝的贫血症状明显改善了，丽丽妈妈的脸上露出了笑容。接下来的时间里，丽丽妈妈自以为宝宝贫血改善了就好了，也没有再吃铁剂和铁强化的食物等，第三个月复查时宝宝又出现了贫血，妈妈又着急了，还要求添加铁强化奶粉，这是怎么回事呢？

分析：

孩子贫血的发生不是一朝一夕的，是由很长一段时间铁元素摄入不足所引起的，补充铁强化的食物后有好转，但是孩子还在不断地生长，还需要各种营养素，家长一点也不能够疏忽，平时的饮食结构是很重要的。

特殊的"保健品"是可以起到辅助改善宝宝疾病的作用的，但是，不应该完全替代正常的食物。贫血的宝宝，除了添加了铁强化的"保健品"，还应该在平时的饮食中多吃含铁丰富的食物，如动物的肝脏、精瘦肉、鸡鸭血、黑木耳、紫菜、红枣、赤豆等等，还要多吃蔬菜及水果以补充维生素C来帮助铁的吸收。

在孩子生长发育过程中，总会遇到这样那样的问题，有时候医生会建议家长给孩子补充某些"营养品"来起调节作用，如贫血的宝宝，医生会建议补充铁强化的食物或是补充铁剂来改善。有些家长就会对某些"保健品"过于依赖，宝宝一出问题就要求医生开保健品或者自己去买"保健品"给宝宝吃。我们都知道最好的营养就是食补，最好的食补就是宝宝每天吃各种营养丰富的食物，吃什么，吃多少，都是有讲究的，给孩子的食物要均衡营养搭配。

给孩子吃营养品的小贴士：

1. 首先，家长要搞清楚自己的孩子目前缺乏哪些营养素，缺乏的程度如何，一些营养素的缺乏都是因为长时间的摄入不足、摄入比例不当、吸收不良等原因造成的；
2. 其次，家长要认真找到自己的孩子缺乏营养素的主要原因是什么？主观原因？客观原因？然后有针对性地积极改善；
3. 最后，考虑要添加营养素的时候，一定要搞清楚添加理由，原则上是可以食补的就通过食物来补；如果宝宝食欲不好或者是缺乏的程度比较严重，那就需要通过添加"营养品"来补充了；
4. 要和保健医生一起制订一套适合自己宝宝的"喂养、营养"计划，并且积极督促自己和宝宝做好，不可以迷信"保健品"。

 强行洗掉宝宝头皮上的"脏东西"

年轻的母亲小青，她的宝宝一个多月了，非常可爱，什么都挺好的，但是小青一抱宝宝出去就会被别人说，说宝宝头皮上的东西，这让小青很烦恼。小青为了让宝宝看起来更漂亮，就会经常用手去抠掉宝宝头上的"乳痂"。可是，抠掉了，过几天又有了，小青还是每天用手轻轻抠。后来，宝宝头上的"乳痂"是不多了，但是，头皮红了一大片，有的地方还出现了小脓点，妈妈着急了，赶紧来看医生。原来，宝宝是头皮感染了，当小青知道这是由自己抠宝宝头皮所造成的时候，后悔不已！

分析：

小宝贝出生后头皮上大多数都会有一层厚薄不等的似"脏东西"一样的"皮"，这些乳痂有助于保护婴儿头皮，有的家长觉得难看，就会用水洗或者用手抠去这层东西，这层"皮一样的东西"，其实是胎儿分泌的油脂，我们也称之为"乳痂"。妈妈经常抠宝宝头上的"乳痂"很容易感染，因为每次妈妈用手抠宝宝头皮的时候都没有消毒好手指，又抠掉了宝宝头皮上的保护层，细菌就会很容易进入，引起感染。因为婴儿的皮肤娇嫩，头皮里的

血管丰富，如果处理不得当，就会引起头皮感染，因此，家长不要强行去除宝宝头皮上的"脏东西"。

宝宝"乳痂"的小贴士：

1. 首先，将植物油加热，等它冷却后，把它轻轻抹在宝宝有乳痂的地方，过24小时后，再用小梳子慢慢地、轻轻地梳一梳，乳痂就会慢慢掉下来；
2. 然后，用专门婴儿用的、无刺激的洗发精和温水把头皮彻底洗干净。如果宝宝头皮上乳痂较厚一时难以去除，可用这种方法多重复几次，多洗几次就能去掉，但是不要在同一天重复两次；
3. 父母在清洗宝宝头皮乳痂时动作一定要轻柔，切忌动作粗暴，更不能用手指甲去硬抠，以免弄破头皮引起继发感染；
4. 发现宝宝头上有红肿，要及时去看皮肤科医生；
5. 不能用任何"迷信"的做法处理。

 27 经常不给宝宝穿内裤

年轻的母亲小美，在"五一"节生了个漂亮的女宝宝美美。转眼间就到了夏天，宝宝的外婆从不给美美穿内裤，外婆经常抱着光屁股的美美到外面玩，大家都很喜欢美美，这个抱那个抱的。就这样，美美长到了18个多月，外婆还是不给宝宝穿内裤，原因就是美美根本就不爱穿内裤。夏天，美美穿着漂亮的裙子，但是里面也不穿内裤，当坐下来的时候，小屁屁就会直接接触到板凳，就会引起细菌感染。美美的妈妈不明白，发现孩子会经常用手抓小屁屁，还为此打骂了孩子。后来，美美发烧了，妈妈在帮孩子

清洗屁股时，发现美美的尿道口红红的，这才着急带孩子来看医生，结果是：美美得了尿道感染，需要打点滴、吃药。

分析：

美美的发烧、生病主要原因是家长不注意卫生没有给孩子穿内裤，加上宝宝随处乱坐而引发了尿道细菌感染。好多家长以为孩子小，不需要穿内裤，特别是天热的时候，宝宝不穿内裤，可以方便地处理大小便，其实这是不对的。小婴儿有包被，用尿不湿时，可以不穿的；但是，宝宝到了1岁左右可以自己行走了，就一定要穿内裤了，无论男宝女宝，都需要穿内裤；宝宝到了18个月左右，要锻炼自己排二便时，内裤可以帮助宝宝增加排便的控制力；女宝穿内裤还可以有效地预防尿道感染。

如果家长经常不给宝宝穿内裤，细菌和微生物就会很容易直接进入尿道；生殖器裸露在外面也会增加宝宝自己抓玩的机会。没有养成穿内裤的好习惯，宝宝大了，也会不习惯、不愿意穿内裤的。穿内裤时，宝宝方便时会比较麻烦，但是，正是这种"麻烦"锻炼了宝宝的自我控制能力，2岁多的宝宝经常不穿内裤，还会影响孩子"羞耻心"的建立呢。

给宝宝"穿内裤"的小贴士：

1. 在宝宝出生～12个月的时候，宝宝使用尿不湿的机会较多，可以不用穿内裤；
2. 宝宝12个月～18个月内，可以间断地给宝宝穿内裤，但是不要强迫宝宝穿；
3. 宝宝18个月时，白天要多穿内裤或者用尿不湿，家长在适当的时间提醒宝宝处理二便，并且帮助、教会宝宝自己处理；
4. 每天要换洗宝宝的内裤，告诉宝宝："要换得干干净净！"
5. 内裤最好是全棉的，不要过紧，腰间松紧带也不可以太紧；

6. 最晚 18 个月时,无论男孩还是女孩都要穿内裤;
7. 男孩的外裤前门最好不要是拉链的,以防孩子使用不当被夹住;
8. 宝宝不习惯穿内裤时,家长要耐心引导,要坚持,但不要强迫,要引导宝宝乐意穿。

 焦虑宝宝的饮食减少

孩子的饮食问题许多家长都很关注,如果过于纠结、着急而产生了焦虑,就会传染给孩子并影响到孩子的情绪。小麦是一个年轻的妈妈,孩子 1 岁多了,前两天带孩子到游乐场去玩,孩子玩得很高兴,出了许多汗,又受凉了,所以就感冒发烧了。宝宝生病,自然胃口就很差了。小麦很是着急,看到宝宝吃不下东西,就硬要宝宝吃,宝宝没胃口,在逼迫下就更不愿意吃饭了。小麦着急之下以为孩子得了什么大病,就急着带孩子来看病,医生仔细检查了孩子,没有什么问题,只是感冒发热,经过积极治疗,感冒痊愈后,宝宝的胃口自然就好了。

分析:

宝宝的饮食会受到好多因素的影响,像小麦那样逼迫孩子吃饭的做法,即使孩子的感冒好了,胃口也会出问题的。孩子正处在生长发育的关键时期,食物摄入的多少对孩子来说是十分重要的,好多家长也很明白这点。宝宝的食欲一差,许多家长就会很紧张,非常着急,甚至焦虑,他们不去认真找原因,就会带着孩子来"看病"。其实,孩子的食欲好坏是与很多种因素有关的。首先是饮食习惯的好坏,如边玩边吃;其次是饮食环境的影响,如家长不断地在说话;另外,疾病的影响更会影响到孩子的食欲;

还有食物的种类、烹调的方法、天气的变化等。家长不能因为孩子的食欲一不好就乱了手脚,就表现出来,那样非但解决不了宝宝的食欲问题,还会更加破坏孩子的食欲。

哪些原因会影响到宝宝的食欲呢?

1. 宝宝生病了:6个月～3岁是儿童免疫功能低下期,这时期宝宝是很容易生病的,最多见的就是呼吸道和消化道疾病,生病了自然会影响到宝宝的食欲;

2. 天气变化了:宝宝对外界的温度是很敏感的,他们的体温调节功能又差,无论是降温、下雨、下雪或者是刮风等,对宝宝都会有影响,主要表现就是食欲下降;

3. 情绪的变化:生活中的事情不开心,如母亲出差、家人离开等等也会影响到宝宝的食欲;

4. 家庭环境的影响:父母亲争吵了,虽然孩子不懂什么,但是,父母的表情会使孩子不愉快,也会影响到孩子的食欲;

5. 家人教育方式方法不得当:经常让孩子多吃饭,或者是经常说孩子的食欲问题,也会使孩子的食欲降低;

6. 宝宝的睡眠不好,也会影响到宝宝的精神和食欲。

所以,孩子食欲下降家长要分析缘由,不要太过着急,不要急于带宝宝看医生,偶尔,宝宝也会没有任何原因的食欲降低,那就需要家长认真分析,找到孩子食欲下降的原因。有的家长往往是不找原因就着急看病或是心事重重,并且把坏情绪传达给孩子,结果孩子的食欲就会更坏了。因为,有原因的食欲下降,如感冒、发热,要首先积极治疗原发病,食欲下降只是其中的一个症状,原发病治好了,宝宝的食欲自然就会恢复好的。相反,如果家长只纠结宝宝的食欲问题,那么,有可能原发病好了,宝宝的食欲也不会恢复。这就是由家长的方式方法不得当造成的。

宝宝"不吃饭"的小贴士：

1. 首先，家长要分析宝宝食欲不好的原因是什么，如果是因为呼吸道感染或是其他疾病引起的，那么就要首先治疗原发病；
2. 其次，家长要心平气和地接纳孩子食欲下降的事实，从容面对，家长不要焦急，特别是不要总是说："宝宝不爱吃饭了！怎么办啊？"甚至问孩子："你怎么不爱吃饭了呢？怎么回事啊？"
3. 再次，家长要理解、包容孩子的胃口不好，积极在烹调上翻新花样，做得色、香、味及营养俱全，鼓励、引导宝宝吃，不能强迫。
4. 最后，如果孩子长时间（七天左右）食欲都不好，家长的调节也不起作用，就要带孩子看医生了。

 常给宝宝皮肤擦很多粉

李霞的小宝贝特别可爱，但是胖胖的宝宝会出现一些皮肤皱褶，相关的皮肤问题也随之出现，经常出现许多红红的小点，李霞夫妇很着急。李霞就会经常给宝宝涂"婴儿粉"，目的就是让宝宝皮肤保持干燥，可不知为什么，宝宝的皮肤还是出了问题，严重时还出现了一些白色的小脓点。我们仔细检查了宝宝，询问了病史，原来，李霞从宝宝出生后就经常用"婴儿粉"给宝宝擦皮肤，特别是宝宝脖子下面皮肤皱褶的地方用的更多。

分析：

主要原因就在这里，每一种"婴儿粉"都会含有一定量的铅，铅是对宝宝生长不利的有害元素；粉又堵塞了宝宝的皮肤毛囊孔，宝宝皮肤的代谢功能下降，皮肤的屏障作用降低，很容易受到外

界各种微生物及细菌侵蚀而出问题，自然就很容易感染了，因此，需要家长们护理好幼小宝宝的皮肤。有很多的家长在发现宝宝皮肤出问题后，抱着无所谓的态度，或者在平时给宝宝涂很多的粉，来"保护"宝宝的皮肤。殊不知，这样会使得宝宝的皮肤无法"呼吸"。大家知道，皮肤的排泄作用是依靠皮肤的毛囊孔来完成的，许许多多的毛囊孔会"吸进"营养，排除废物，这样来维持皮肤的代谢功能，使得皮肤的内外交换得以平衡。宝宝的神经系统发育不完善，体温调节功能比较差，容易出汗，如果用很多的粉，汗液和粉混合就容易堵塞毛囊口，那样就影响皮肤的"呼吸"，皮肤就容易出问题。

保持宝宝皮肤好的小贴士：

1. 父母要经常保持宝宝皮肤的清洁，夏季每天1～2次洗浴，冬季每周2～3次洗浴比较好，出汗多时要随时清洗；
2. 要用无添加的天然皂或沐浴液给宝宝洗浴；
3. 沐浴后一定要用清水清洗干净宝宝所用的浴液；
4. 不要用两种洗浴液混合一起给宝宝沐浴；
5. 要用柔软的毛巾给宝宝轻轻擦拭皮肤，力度不能过大；
6. 发现宝宝的皮肤问题及时就诊皮肤科医生；
7. 不要经常给宝宝用"爽身粉"；
8. 平时要给宝宝穿全棉及麻的、宽松的衣服。

30 常给孩子玩超前的玩具

我在门诊遇到一个只有5岁多的"聪明"宝宝，妈妈是带孩子来看其注意力问题的。妈妈说孩子什么都还好，就是总是注意力不集中，不爱学习，马上要读书了，这可怎么办呢？我了解到这个孩子的智商是很好的，但就是"静"不下来。原来，宝宝家条件很好，父母亲的学历也很高，自然就对孩子抱有极大的希望。因此，除了强化宝宝的认知教育以外，还给宝宝添置了一些远远超出宝宝所适合年龄段的各种玩具，目的就是想以此开发孩子的智力。我和家长聊的时候了解到：这位妈妈让宝宝在半岁时就玩各种卡片；2岁左右就用点读机学习；3岁左右就玩复杂的拼图游戏；4岁左右就让宝宝写毛笔字了。孩子初期是有兴趣玩、学习的，可是后来，家长发现孩子一玩就很抗拒，不愿意再玩了，也不愿意再学了。再后来发现孩子就是厌烦"学习"了，也对超前的玩具不感兴趣了，对感兴趣的玩具也就只能玩几分钟，家长着急了。

分析：

刚开始孩子的学习，只是好奇、兴奋，至于在学习的过程中，家长并没有让孩子体验到快乐和乐趣，反而逐渐给孩子"加压"，所以到后来孩子就感觉是一种压力和负担了，不想学习就在情理之中了。要知道，孩子的注意力是随着年龄的增加而变化的，孩子对所接触的物品感兴趣的程度，是与他们的年龄特点和他们的"经验"有关系的。如一个半岁的宝宝就不会对大型的积木十分感兴趣，因为他们无法"驾驭"这玩具；再如一个3岁的宝宝对滑滑梯恐惧，原因可能是上次他玩的时候摔得很疼。家长就要根据孩子的个性特点和年龄特点来帮助、引导孩子，让孩子在游戏中真正得到快乐，获得有用的经验。

爱玩玩具是儿童的天性，每一个宝宝的成长过程都少不了玩具的陪伴。为了促进孩子的智能发展，玩具会起到事半功倍的效果，孩子的认知、记忆是在游戏、玩具中促进、增长的。有些家长为了让宝宝更聪明,不顾宝宝的年龄特点,经常给"小宝宝"玩"大宝宝"的玩具。我们说,玩具应该要符合孩子的年龄特点,可以稍微超前一点,但是,不可以过度超前,因为孩子的生理及心理发育是阶段性的,过于超前的玩具,只会使孩子"无从下手",从而失去了玩具的真正作用。如给1岁多的宝宝玩拼插的玩具,孩子就会不知如何玩,就会按照自己的"主观"意识,无目的地插、也会"不按章法"地乱拼一通,但是若给宝宝玩大块的形状积木,宝宝会更开心,会更有"感觉"。宝宝在游戏中会对颜色、形状的认识加深印象。

给宝宝购买玩具的小贴士:

1. 按照自己孩子的年龄特点选择,可以稍微提前但不可过于提前;
2. 对于孩子的"无理要求",家长要能够温和并且坚定地拒绝;
3. 可以提供两种玩具,让孩子自己做选择;
4. 最好的玩具是适合孩子,是可以伴随着孩子成长而"成长"的玩具;
5. 家长最好和孩子一起玩玩具;
6. 要选择原色的、无铅、无毒、可以清洗消毒的玩具;
7. 尊重孩子,家长不要强行干预孩子选择玩具;
8. 要耐心说服孩子放弃自己选的"不合理"玩具;
9. 不要用玩具做交换。

常常给宝宝掏耳朵

小夏是个很仔细的年轻母亲,宝宝快半岁了,听人家说,妈妈要定时间给宝宝"掏耳朵"的。所以呢，她为了清洁宝宝的外耳道，就经常给宝宝"掏耳朵"。可是，后来发现宝宝总是不时地摇头，还经常用手抓耳朵，怎么回事呢？小夏很着急，就去了耳鼻喉科看，结果医生说宝宝得了中耳炎。

分析：

　　这是什么原因呢？我告诉小夏，原因就是她经常给宝宝掏耳朵引起的。孩子的耳朵是不能随便掏的，人的每一个部位的健康都很重要，孩子更是如此。宝宝耳朵里的耳屎就是人体外耳道皮肤上的耵聍腺分泌出来的物质，医学上称之为"耵聍"。好多家长会觉得这些东西必须要定期清理，所以就会经常随意地给孩子"掏耳朵"。殊不知，这些分泌物也有保护宝宝外耳道的作用，宝宝的外耳道发育是不完善的，外耳道又相连着发育不完全的内耳膜，如果家长在操作时稍微不注意，就很容易引起宝宝耳道感染或者耳膜穿孔。"耵聍"在保护人的耳朵方面可是担当着相当重要的角色。

　　首先，耳屎像哨兵一样守着外耳道的"大门"，可以阻止异物侵入耳朵，保护耳道和鼓膜。当空气中的尘埃侵入宝宝的耳道时，耳屎就能把它们粘住，保持外耳道的清洁；如果有小飞虫飞进宝宝的耳道，一旦尝到苦苦的耳屎，也马上就会"逃之夭夭"；同时，耳屎还能起到"消声器"的作用。人之所以能够听到各种声音，是靠外界各种不同的声波传进耳朵，引起鼓膜振动所致。但如果声波过强，如打雷、爆炸等，鼓膜会因之而受到剧烈震动，容易受到损伤，时间一久，听力就会下降。而耳屎就如同消声器那样，可以降低声波的冲击，以保护鼓膜，进而保护听力。

　　由于宝宝的听力还处于发育阶段，所以，耳屎的这种保护作用显得尤为重要。此外，耳屎具有一定的油腻性，假如宝宝在洗澡时，水不小心流进耳中，耳屎就可以发挥"水来土掩"的作用，防止脏水的侵袭,进而防止可能引起的感染性疾病,如外耳道炎、中耳炎的发生。因为宝宝耳道狭小,肌肤细嫩,如用大人的清理方式,很容易给宝宝的耳道及耳膜造成伤害。同时,多数宝宝也并不接受别人在其耳朵内做过多的动作,会乱扭动头部,或干脆不配合甚至哭闹,这也会让妈妈误伤宝宝耳膜。因此,发现"耵聍"多,最好带宝宝去医院请耳鼻喉科医生帮助处理。

给宝宝"掏耳屎"的小贴士:

1. 家长平时给宝宝洗脸时,就要用毛巾轻轻擦拭外耳廓及外耳道口,及时清洁耳廓和外耳道口的分泌物,这样就会相对减少外耳道"耵聍"形成;
2. 当宝宝经常用手抓耳朵时,家长要想到是否宝宝耳朵不舒服了,要仔细看看是否"耳屎"过多;
3. 用干净的棉签或者是酒精、碘伏棉签轻轻擦拭外耳道;
4. 平时不要经常给宝宝掏耳朵,看到有较多的耳屎,就找医生处理;
5. 如果外耳有感染或湿疹等,宝宝经常抓,要积极采取针对性治疗;
6. 保持宝宝手的清洁,如手指甲的卫生等;
7. 洗脸或者是洗澡时,注意不要让水流入耳朵内。

32 忽视孩子的"尿床"问题

小雅是个瘦小的9岁女孩,孤僻、胆小,刚上三年级,父母带小雅来看"尿床的病"。小雅尿床已经有一年多了,去年小雅的奶奶过世，又加重了小雅经常性的尿床问题，父母很是头疼，他们说过、骂过、打过孩子，可是怎么样都没有用，孩子照样会"尿床"。孩子自己也因此变得不开朗、不自信了。因为有时候小雅"尿在裤子里"时，很难为情，因此会有不愿意和同学玩、怕同学嫌弃的想法。

我仔细询问了家长，孩子刚开始还不是很严重，每月有一次尿床，可是，爸爸妈妈对孩子极其严厉，孩子就越来越紧张、害怕，连水都不敢喝，就这样，问题不但没有解决，反而更加严重了，到就诊前每周都会有1~2次的"尿床"，这可是急坏了父母。

分析：

孩子尿床是有多种原因的，小雅尿床加重与她父母不正确的教养方法有很大关系，要知道，孩子紧张的心理也会加重尿床的问题。按照"小儿遗尿症"的国内诊断标准，"尿床"需要符合以下3项：

① 5岁或5岁以上（或智龄4岁以上）反复有不自主排尿（日间或夜间）；

② 遗尿严重程度：5~6岁儿童每月至少有2次遗尿，6岁以上儿童每月至少有1次遗尿；

③ 不是由于神经系统损害、癫痫、躯体疾病或药物所引起遗尿。

所以，3岁以内小儿夜间无意识尿床，属正常生理、心理现象，5~6岁儿童每月至少尿床2次，再大些儿童每月至少尿床1次，可诊断为遗尿症。在上面的案例中，小雅就可以诊断是"遗尿症"。

实际上，有16%左右的遗尿患者具有器质性疾病，如尿道炎、膀胱炎、包皮过长等，而90%左右的遗尿儿童则是由心理因素造成。

这些心理因素主要是：

其一，婴幼儿时期排尿习惯不良。如，孩子使用尿布时间过长，以致孩子没有养成自己控制排尿的习惯；有的母亲晚上常把孩子弄醒，强迫排尿，不管孩子如何挣扎、哭闹，反正不排尿就不让孩子离开便盆，这也使孩子对排尿产生恐惧、紧张心理，不利于培养孩子有规律的排尿习惯。

其二，婴幼儿时期遇到强烈的精神刺激，如地震、洪水、火灾、车祸等意外灾害造成亲人的伤亡；父母离婚，造成家庭破裂；孩子与母亲长期隔离，又缺乏感情上的补偿及生活上的照顾等。

其三，不良的心理特征。遗尿的儿童，常有诸如孤僻、忧郁、自卑之类性格。当生活发生某些重大变化，如入学，他们很不习惯，加上老师的严格要求，终日思想负担过重而造成遗尿。

其四，不良的教育方法。有些家长发现孩子尿湿被褥，往往辱骂、痛打孩子，反而加重了孩子的情绪紧张，产生羞愧感和罪疚感，容易再次出现遗尿而形成恶性循环。

小雅的情况都符合这些，以心理因素导致为主。

孩子到了一定的年龄，就应该会自己控制大小便了，一般在3~5岁完成；在孩子没有学会完全控制好的时候，家长一定要帮助孩子顺利度过这个阶段，不可忽视孩子"尿床"的问题。那种"孩子还小，'尿床'没有关系，以后就会好"的想法是要不得的，当然，把孩子"尿床"的问题当作"头等大事"，很紧张、焦虑也是没有必要的。要明确分清孩子"尿床"是生理过渡性的，还是病理性的"遗尿症"。

宝宝"尿床"小贴士：

1. 在孩子18个月后，就不要再给孩子使用尿不湿了——逐渐要培养孩子自己控制二便的好习惯；

2. 家长要引导孩子到固定的地方（洗手间）处理大小便；
3. 当孩子初次"尿床"后，家长不要训斥孩子，要温和地提醒孩子"下次要注意呢，要到洗手间大小便的哦"；
4. 家长不要经常说孩子尿床的事情，更不要在外人面前说；
5. 当孩子出现多次"尿床"的情况后，家长就要带孩子去看专业的医生，分析原因，积极治疗；
6. 要多关心孩子，平时不给孩子任何压力，任何人都不要因为孩子的"尿床"而嘲笑孩子和打骂孩子。

33 忽视宝宝的"断奶"期

前几天我碰到了小李，她说起儿子的"断奶"问题，头疼不已，小李的儿子已经1岁多了，准备"断奶"，可是，小李试了几天就是不行，她采取的是每天晚上不和儿子在一起睡觉的方法。可是，一到晚上孩子就哭得很厉害，且哭得越来越厉害，第二天见到妈妈还是要吃奶。小李想起儿子晚上哭得那么伤心，又不忍心了，就会给宝宝吃很多奶。几天下来，儿子非但没有断掉奶，反而夜里的哭声越来越大了，家里人又会责怪她那么狠心，小李真不知该怎么样给儿子"断奶"了。我了解到，小李的儿子以前晚上一直都是和母亲在一起睡觉的，并且晚上都是吃母乳的，小李说儿子很恋母乳，自己也觉得母乳很好，也就没有给孩子加什么辅食。

分析：

母亲给宝宝"断奶"是需要提前做好思想准备的。显然，小李的"断奶"方法是不妥当的，孩子自然会哭吵，妈妈的着急和焦虑情绪也会对孩子有影响的。小李怕只吃母乳会影响孩子的生长发育，所以就想断掉母乳。显然，小李的做法没有达到断掉母乳的目的，而且自己还身心疲惫。为什么会这样呢？每个宝宝的性格特点都是不一样的，那么教育的方式方法也就不可能都一样，"断奶"也是一样的道理。

"断奶"是指宝宝彻底不吃母乳，全部改吃奶粉或者其他食物。家长在孩子的"断奶期"处理效果的好坏，会直接影响到孩子的情绪与心理变化，还会影响孩子的食欲。大多数的母亲选择宝宝1岁左右给宝宝"断奶"，也有的妈妈会在宝宝2岁左右给宝宝断奶。无论是哪一个时期给宝宝断奶，家长都要认真对待，不可以马虎。从小儿的心理、生理角度来看，都需要母亲认真地处理好孩子的"断奶期"，因为，宝宝吃母乳，不仅仅是在吃奶，还有更重要的是孩子对母亲的心理及情感的依赖。

"断奶"小贴士：

1. "断奶"前的准备很重要：最好给宝宝除了母乳以外还添加其他的食物，宝宝"断奶"了，还有其他的替代，如奶粉及其他食物；
2. 宝宝夜里不吃东西：从6个月起，妈妈就要锻炼宝宝夜里不吃奶了；
3. 不要在言语上总是强化"断奶"的事情；那样会使宝宝更难以接受，自然一些，妈妈不要说，只要做就是了；
4. 从其他方面多关心宝宝，如饮食多样化、语气温和；
5. 母亲不要立刻"离开"孩子，否则会使孩子情感缺失严重；
6. 母亲尽量不使用"回奶"的药物；
7. 要耐心地和孩子一起平稳度过"断奶期"；
8. 家里人一定要配合好，不能给母亲思想压力；

9. 宝宝生病期间，如感冒、发热、腹泻等则不适合"断奶"；
10. 遇炎热酷暑、寒冷季节也不适合给宝宝"断奶"；
11. 断奶是自然而然的行为，千万不能强行断奶。

宝宝抵抗力差

严丽的宝宝已经3岁多了，这段时间去幼儿园总是断断续续，因为严丽说，宝宝什么都挺好的，就是一到幼儿园就生病，不是感冒就是拉肚子，都不敢送宝宝去幼儿园了。带宝宝来看医生，宝宝一见到我就认真说："我一去幼儿园就会生病的。"我详细询问了宝宝各方面的情况，发现孩子有一些不良的饮食习惯，偏食，长期的偏食就会导致营养素的缺乏，所以宝宝会出现抵抗力低下问题。严丽说：宝宝每年会有十次左右的感冒，还会经常出现消化道问题。

分析：

孩子在6个月到3岁多时，处于免疫功能的低下期。这段时间宝宝从母体获得的免疫球蛋白已经用光，自身的免疫系统还没有完全的建立，因此特别容易受到外界的干扰而出状况。像严丽的宝宝，就正好是在这个阶段，又有营养素的缺乏，那么自然就会导致宝宝的免疫力降低。

孩子免疫力的建立是需要一个过程的，它会受到许多因素的影响，如，宝宝的体质状况、饮食习惯、环境的改变、接触传染等等。宝宝生病时，机体处于一个应急、代偿、修复状态，自身需要清除许多的"垃圾"来恢复，如果孩子长时期的偏食、挑食就会导致体内各种营养素的缺乏或者不均衡，特别是一些重要的微量元素缺乏，如锌元素的缺乏，就会导致机体抵抗力降低。由于孩子的生理及心理的特殊性，他们特别喜欢游戏，这样也会增加了感染、传染疾病的机会，也会使抵抗力降低。

宝宝经常生病的小贴士：

1. 经常生病的小朋友（每年生病的次数大于7次的），要找找原因；
2. 平时要培养孩子良好的饮食习惯，不挑食、偏食；
3. 宝宝生病时，要找原因，不要盲目采取静脉滴注；
4. 宝宝生病，护理及调理比吃药更重要；
5. 不要经常给宝宝穿过多过厚的衣服；
6. 家里的温度不要过高；
7. 对抵抗力差的宝宝，可以逐步做"耐寒"训练；
8. 不要强化宝宝抵抗力差的事情。

35 宝宝睡觉总是摇头

小琴的宝宝快一个月了，饮食、睡眠及精神等都挺好的，但是，最近晚上睡觉时会经常摇头，有时会摇头好久，直到睡着。小琴不知道是怎么回事，带宝宝来就诊。我仔细检查了宝宝，各方面都没有问题，询问了小琴的喂养情况，也都挺好的，就是维生素D的补充断断续续。

分析：

小宝宝摇头的原因是多方面的，比较多见的是由于宝宝的神经系统发育不完善，宝宝容易兴奋，宝宝还小，不会表达，就只有摇头表示；还有小宝宝对冷热比较敏感，如果家里温湿度不合适，宝宝也会感到不舒服，也会摇头。另外，由于宝宝维生素D的缺乏，引起了钙元素的吸收障碍，钙元素有稳定神经的作用，缺钙，宝宝的神经兴奋性就会增高，最多见的就是摇头。如果宝宝睡觉的枕头不舒服，宝宝出汗比较多，由于汗液的刺激，宝宝也会感觉不舒服，也会不断地摇头……如果宝宝有耳朵及五官的问题不舒服，宝宝也会摇头来表示的。

宝宝正常情况下也会摇头的，但是不会很频繁。对于宝宝经常摇头，我们要综合分析。

经常摇头宝宝的小贴士：

1. 看看房间里的温湿度是否适合宝宝；
2. 家长在宝宝睡觉前、睡觉中间用热毛巾擦拭宝宝头部，以去掉汗液对宝宝的刺激；
3. 积极排除维生素D的缺乏，天气好要让宝宝晒太阳；
4. 经常有意识地给宝宝做感官的刺激，以促进宝宝的神经系统发育；
5. 可以在睡觉前给宝宝播放舒缓的音乐；
6. 按以上调整后，宝宝的摇头会减少，就没有关系；不见减少，要积极寻找原因，积极干预。

36 纸尿裤一直用到3岁多

我遇到5岁的男孩浩然，妈妈带他来看"经常尿裤子"的问题。妈妈说，浩然其他方面还好，就是有时候会尿裤子，和他讲了也没有用,之后还是会尿裤子。我了解到,浩然以前都是老人们带大的,3岁多才到了妈妈这里,孩子刚开始是不习惯定时、定点大小便的,妈妈就给孩子带上尿不湿。就这样,妈妈给浩然的纸尿裤一直穿到了4岁多,上幼儿园中班了,浩然都还用纸尿裤呢。

分析:

浩然的"经常尿裤子"与家长的教养方法有很大的关系,纸尿裤是不可以一直给孩子用的。浩然从小就用纸尿裤,到了幼儿园还在用,孩子自身的条件反射没有建立好。当孩子长大了,家长又希望孩子能够自己控制得好,当孩子控制不好时,家长、老师又会批评孩子,这样就会使孩子有压力、更紧张。

纸尿裤方便、舒适,让家长去除了带孩子的许多烦恼。宝宝小的时候,大小便无法控制,是需要用纸尿裤的。但是随着年龄的增加,孩子的各种功能也在不断地完善。孩子控制大小便,大约在18个月就要开始锻炼了。大小便的排泄是一个不自主行为,它是条件反射形成的,这个反射过程中,需要神经系统、膀胱感受器及直肠神经感受器等的参与,随着孩子年龄的增加,就需要家长给孩子创造促进这些"条件反射"的基础与环境。那么,如果缺失或者是这个"条件反射"建立得不好,就一定会出现这样那样的问题;如果家长的教育不妥当,就会使孩子的"条件反射"问题加重。

给孩子使用纸尿裤的小贴士:

1. 出生后宝宝就可以使用纸尿裤了,但是最好在晚上用,白天可以用尿布,以方便观察宝宝的尿液情况;
2. 宝宝12个月后就要较少地使用纸尿裤,可以间断使用;
3. 宝宝到了18个月后,最好就不使用纸尿裤了;

4. 白天,家长要提醒宝宝自己处理大小便;
5. 夜里,宝宝乱动时,家长最好要叫醒宝宝小便;
6. 宝宝自己要用的话,家长都不要经常给宝宝使用;
7. 当宝宝尿湿了裤子时,要及时引导宝宝正确如厕;
8. 不要因为孩子尿裤子了而严厉地责怪孩子;
9. 温和地讲道理,让孩子放松;
10. 如果孩子还是有"尿裤子、尿床的情况",最好带孩子看看专科医生。

37 忽略宝宝的感官刺激

这是经典的"小白鼠——迷宫"实验,说的是科学家把同样大小、同样数量的小白鼠分成两组,做好记号,分别放在同样大小的盒子里,两组小白鼠都是按时喂给相同的食物。不同的是,A组的盒子里,摆放了假山、流水、转轮及各种大小的"玩具",还定时给予播放美妙的音乐刺激;B组呢?盒子里面什么都没有放,也没有音乐播放。过了一段时间,科学家们又把两组小白鼠放到一起,发现A组小白鼠很活跃,而B组的小白鼠就"木呆"了许多。科学家们又把两组小白鼠一起放到了"迷宫"里面,看它们的反应和速度,结果,A组的小白鼠很快就记住了迷宫的路线,顺利跑出来了;而B组的小白鼠呢?虽然最后也跑出了迷宫,但是,它们跑得很慢很慢,会反复跑到迷宫的"死角",时间上比A组的小白鼠多了两倍多。

分析:

这就是小白鼠得到了不同的感官刺激,促使了脑神经细胞的发育,记忆力及反应能力加强了,就变得灵活;相反呢,没有受到刺激的小白鼠,就影响了脑神经细胞的发展,反应慢,变得迟钝。婴幼儿早期的感官刺激对脑神经细胞的发展是非常有意义的,这是宝宝形成良好知觉的重要基础。婴幼儿记忆的特点是直观的、无意记忆,想要孩子有良好的体验,积累许多的经验,就要在平时的生活中给予孩子不同的感官刺激,使宝宝有丰富的体验。脑神经细胞的特点是要不断地储存、加工整合、传递、记忆不同的信息,所以,家长给宝宝一点一滴的刺激很重要,特别是在孩子早期,有的家长往往会忽略这些,就会影响了宝宝神经细胞的发育。

给宝宝感官刺激的小贴士:

1. 视觉刺激:给宝宝看色彩鲜艳的图画,要单一的红色或者黑、白色,在宝宝吃奶后玩耍时看,当宝宝注视到后再慢慢移动;
2. 听觉刺激:给宝宝定时或者不定时听舒缓的音乐,如宝宝哭吵时或者睡觉前听;
3. 触觉训练:喂奶或者宝宝玩耍时,给宝宝做皮肤的按摩,妈妈可以抚摸宝宝的小手,在每次洗浴前后可以做身体的抚触;
4. 嗅觉训练:妈妈要不定期地给宝宝闻酸、甜等味道,要让宝宝有感觉皱眉或摇头;
5. 味觉训练:妈妈可以给宝宝舌尖点到酸、甜、苦、辣的味道,不放很多,点到为止;
6. 无论宝宝愿意不愿意,家长都要耐心引导;
7. 在宝宝愉快、开心的情况下做游戏训练;
8. 孩子的记忆特点是学得快,忘得快,所以最好要反复训练。

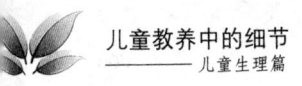

38 忽略与宝宝的表情"交流"

我遇到一对姐妹,她们的孩子在上幼儿园时的表现完全不一样。妹妹的小孩总是很高兴地去幼儿园,开开心心地玩;姐姐的小孩呢?总是特别不愿意去,去了以后就会哭闹,和小朋友打架。姐姐为此很烦恼,不知道原因是什么。我和俩姐妹交谈后了解到,在孕期及婴儿早期,姐姐的家里发生了一些不愉快的事情,所以,姐姐的心情一直不是很好,当然对宝宝的表情及语言教育也是缺乏耐心的,孩子也很闹人。妹妹呢,学习了许多的科学育儿知识,在每一天、每一次和宝宝接触的时候都会注意自己的言行,妹妹总是微笑地、积极地和宝宝"说话",尽管宝宝听不懂,妹妹也还是每次和颜悦色地和宝宝讲话,宝宝呢?当听到妈妈的声音时就会非常愉快。

分析:

姐妹俩的心境不一样,对待自己孩子的态度、表情也完全不一样,特别是在婴儿早期,这些是很重要的。你是积极的、阳光的,孩子就会很积极、阳光,反之,孩子就会很"闹人"。人出生的前三年,我们称之为生命初期的1000天(胎儿期~2岁),这对人生未来的发展、各种关系的建立和事业的成就具有独特而深刻的重大影响。母婴关系是个体生命中的第一重要的关系,这种关系的品质对个体生命未来的社会能力及情感发展起着决定性作用。

健康的母婴关系包括在母婴互动中母亲(养育者)所具有的敏感性、接纳性、合作能力、易接近度等,这对婴儿建立安全、信任的心理机制的影响不可替代;反之,则会严重损害婴幼儿情感及情绪调节能力的发展。通常对痛苦体验的回避的自我保护应对模式,在生命的早期安全感缺失情况下就开始形成,并将使其在未来自我发展中付出更大的代价。

　　有的母亲只是忙于给宝宝喂奶、清洗、护理等事情,却忽略了最重要的与宝宝"沟通""互动"的关键环节!妈妈在喂奶时只是看着宝宝,没有微笑;在给宝宝换尿不湿时还会发几句牢骚:"怎么又尿了啊!好烦!"宝宝一哭,妈妈就会说:"怎么又哭呢?你就不会安静一点儿吗?"等等。这些带有情绪化的言行都会给宝宝的身心发展带来负面影响,特别是婴儿期的宝宝,他们神经细胞的发育是很容易受到外界刺激而发生反应的,如果经常给宝宝感官良性的刺激,宝宝会很愉悦很快乐!那么神经细胞就会发育得很好,否则,就会导致宝宝产生不良情绪,阻碍神经细胞的正常发育。

和宝宝表情交流的小贴士:

1. 妈妈总是微笑着和宝宝"说话",讲话的口气也要温和一些,不要着急,妈妈如果一直很"凶"地和孩子说话,孩子就会潜移默化地学到;
2. 即便是没有什么事情,妈妈也要微笑、温和地和孩子"交流"目光;
3. 母亲说话声音不要过大,即便是孩子错了;
4. 母亲说话的语气不要过重,即便是很生气。

 用多种方言(语言)和孩子讲话

　　灿灿是个近3岁的可爱小女孩,许多方面都还是很好的,但

就是讲话讲不好，讲得少，又不太爱讲话。灿灿马上就要上幼儿园了，妈妈很是着急，孩子讲话讲不好，这怎么和其他小朋友交流呢？我询问家长，了解到，原来在宝宝1岁多的时候，外婆来家里照顾孩子，家里就有几种方言和宝宝讲话（外婆讲上海话，阿姨讲安徽话，妈妈爸爸讲四川话，奶奶爷爷又讲湖南话），好多时候，孩子是一脸的茫然，不知道大人在说什么。

分析：

在孩子学习说话的关键期，宝宝该学说什么话呢？该怎样回答家长呢？就像灿灿一样，同样一个词，家里人讲出来就有几种方言，孩子是难以分辨、理解的，这样自然就会影响孩子语言表达能力的发展。

在孩子语言发展的表达期，他们还不能分辨几种语言是同一个意思，家长如果给孩子传递多种语言信息，孩子就会同时接收到几种不同的信息，对一个幼小的孩子而言，就会使信息复杂化，导致孩子理解混乱而无法表达。如按上海话，宝宝说"吃饭"，外婆听懂了，高兴并且说对，奶奶则会说不对不对；按安徽话，宝宝说"睡觉"，阿姨听懂了说对，外婆又会说不对不对。孩子在反反复复的矛盾困惑中，不知不觉便延误了语言的理解与表达。

语言是智力发育重要的一部分，孩子的语言发育能促进智力的发育。在宝宝18个月左右，家长就要有意识地训练宝宝开口讲话了，在这段时间里，家长最好能用统一的语言和孩子说话，这样孩子听到的是一样的语言就会比较快地掌握；有些家长不注意，在孩子学说话的关键期给予了多种语言的刺激，这种多种语言或者方言的刺激，会使孩子困惑，幼小的宝宝要努力去分辨、记忆几种语言，同时又需要过滤、留存，那样会延缓孩子的语言发育。

在语言发育的第一阶段"理解期"（0~12个月）和第二阶段"表达期"（18~30个月）时，家长最好使用同一种标准语言和孩子说话；等孩子基本掌握了第一语言，并且可以比较好地运用语言表达了，再和孩子说其他的语言；当孩子还不能较好地运用语言表达时，多种方言和宝宝讲话，只会让孩子困惑，延迟正常的语言表达。

教会宝宝讲话的小贴士：

1. 在宝宝12个月前，家长要多和宝宝讲话，清楚地、实物对照地、直观地讲给宝宝听，使宝宝能够储存更多的语言（词汇）信息；
2. 在宝宝的语言表达期（18个月起），家长要引导孩子多说。当孩子有需求时，家长最好引导宝宝自己说出来。如宝宝指着外面想出去玩，家长就要和宝宝说"出去……"家长反复、自然地引导宝宝讲话，会促进宝宝主动用语言表达；
3. 当孩子不愿意说的时候，家长要积极主动地引导孩子说，不要立刻就替代宝宝说，家长说了，宝宝就不愿意说了；
4. 用统一的一种语言和孩子讲话，这样宝宝能理解，等孩子完全掌握了语言，可以再讲多种语言，这样孩子会更快掌握；
5. 无论宝宝说得好坏，家长都不要笑话孩子，鼓励孩子很重要；
6. 对有些不爱说话的孩子，家长要在宝宝有需求的时候，引导宝宝讲话；
7. 家长不要说孩子讲话少的事情，不去强化；
8. 家长要坚持正确的方式方法引导孩子自己讲话；
9. 如果语言明显落后于同龄孩子，就要找专业医院做综合智能发育检测与评估，早诊断，早干预；
10. 在婴儿早期，家长尽量不用重叠词和宝宝讲话。

40 孩子不肯独自睡觉

上三年级的亮亮,是个清秀聪明的男孩,10 岁了在学校的学习成绩也挺好,回家也不会惹大人生气,就是朋友很少,显得很孤单,用妈妈的话说:"我们亮亮胆子小,人家会欺负他的!""不和他们玩就不会被欺负啦!"后来,亮亮由不开心发展到不愿意再去学校。

读书了,家长这才重视起来。

亮亮虽然学习成绩不错,但是胆小、腼腆、没有朋友,在学校里没有同学和他玩,时间久了亮亮就会觉得孤单寂寞。我和他母亲交流时了解到,孩子在家里也是话比较少的,一个人不愿意、也不敢出门,一直就是和大人睡在一起的,家长没有把这件事情当回事。

分析:

人是需要相互交往的,更需要和同龄人交往,我们称之为"伙伴关系",这种"伙伴关系"是不能被"亲子关系"所替代的。亮亮一直没有同龄朋友,就缺失了友情、伙伴,久而久之心理就会出问题——孤独、寂寞,当这个问题一直难以解决时,就有可能出现行为障碍——不愿意继续读书,厌学。

亮亮就是典型的例子,他从小就一直和妈妈睡在一起,到十岁还不能自己独立睡觉。孩子的胆小、无安全感、没有自信,直到最后产生厌学情绪,与家长一直以来过分保护孩子的做法是有极大关系的。

有些家长总是担心孩子睡眠不好,担心孩子夜里踢开被子受凉感冒了,因此就一直和孩子睡在一起。殊不知,睡觉本来就是孩子应该自己完成的事情,孩子小时候各个系统发育不健全,是需要成人的安抚和帮助才能有好睡眠。一般到了3周岁左右，孩子自我意识逐步形成，就应该能够独立睡眠，如果不能自理睡眠，那说明孩子可能缺乏安全感，心理依赖性强，独立性差，孩子长大了，家长要意识到孩子应该自己独立睡觉，如果一直和大人睡在一起，有的甚至睡在一个被窝里，这样会出现很多问题。

孩子会对大人产生很强的身心依赖，随着孩子的心理依赖越来越重，大一些的孩子还会影响到性格的发育，独立自主能力也会下降；另外，孩子还可能会感染成人的某些疾病。

孩子一旦养成了必须要和别人一起才能睡觉的习惯，那么，今后孩子离开家，就会很不适应，更会由此导致一系列的问题，如胆小、缺乏安全感、心里孤独、情绪低下、睡眠质量下降、饮食问题等等，这些问题都会导致孩子的学习乐趣及生活情趣降低，当孩子无法调节、承受时，就自会选择"逃避"。孩子不能独立睡觉，很大程度就是缺乏安全感，一个没有安全感的孩子，自信心也会受到影响。

引导孩子独立睡觉的小贴士：

1. 家长应该在孩子很小的时候，就有意识地培养孩子独立入睡的良好习惯，不要总是陪着孩子睡觉；
2. 三岁左右的宝宝最好独立睡在一个房间，开始孩子都不会情愿独自睡的，家长要耐心地引导、教育、鼓励、支持孩子独立睡觉；
3. 开始家长可以每周先陪宝宝睡几次，然后再让宝宝自己独立睡；
4. 对于特别胆小的孩子，家长要有意识培养孩子能逐渐独立睡眠；
5. 不要因为孩子不能够自己睡觉就嘲笑孩子；
6. 不去说或者强化孩子自己不能独立睡觉这件事情；
7. 睡前不要给孩子不良的刺激，如训斥、恐吓等；

8. 全家人要态度一致,共同引导宝宝独立睡觉。

 **不允许孩子乱画**

我在做心理治疗时遇到一个8岁的男孩,叫瑞瑞,在做互动游戏时,他开始还不错,可是在绘画时孩子表现得很抗拒。后来仔细了解到,瑞瑞小时候特别喜欢画画,会经常拿笔在纸上、墙上乱画,但是一开始父母亲就经常阻止孩子画画,因为孩子总是画得到处都是,妈妈怎么说都没有用,会因为孩子乱画而发火,并经常训斥孩子,还因为此事打骂过孩子很多次,结果瑞瑞现在变得再也不想动画笔了。

分析:

在瑞瑞幼小的心灵里,画画是要被打的,所以他自动屏蔽了画画的兴趣。瑞瑞的家长没有很好地引导孩子如何"规范"地画画,以至于后来一提起画画,孩子就会有抗拒感、恐惧感。家长的这些极端的做法让孩子没有从涂鸦中得到任何启迪和乐趣,却反而受到了伤害,继而留下了阴影。

孩子在特殊事件中,是非常容易记住那些让他十分不愉快的事情的。也许,一位未来的伟大画家就这样夭折在家庭无良教育的环境中了。

孩子生长发育到了1岁左右,就想要拿笔了,一开始,宝宝就是拿笔乱画,我们称之为"涂鸦"。许多的家长怕宝宝拿笔不安全,又怕孩子把笔芯吃到肚子里,所以就不容许宝宝拿笔。这样就限制了孩子动手能力、手眼协调的最初锻炼机会。有的时候,家长越不让宝宝拿笔,宝宝就越是要拿,常常会趁家长不在时,拿着笔到处乱画。

宝宝在1岁到2岁左右就是涂鸦阶段，这时家长需要耐心指导宝宝正确拿笔，要不厌其烦地纠正宝宝不正确的拿笔姿势（允许宝宝用左手，后面将会谈到）。宝宝开始画的时候，笔画是很轻的，过段时间笔画的痕迹就会比较重了，这是由于宝宝还不会适当的用力导致的。怎样用适当的力度拿笔、写字，这些锻炼都是在为孩子日后学习写字打下良好的基础，因此，不能小看了孩子的"涂鸦"阶段。如果家长不给宝宝锻炼涂鸦、乱画，那么，孩子就失去了锻炼拿笔、握笔、涂鸦的机会，日后学习写字就可能会较同龄儿童晚一些、慢一些。儿童的不自主涂鸦还能使孩子"释放"一些不愉快的情绪。

孩子在涂鸦的过程中，不仅可以促进手眼协调发展，还可以促进脑细胞发育，还能锻炼孩子集中注意力，提高专注能力，因此，家长一定要积极培养、引导孩子涂鸦。

训练孩子画画的小贴士：

1. 家长要在宝宝12个月时就鼓励宝宝正确握笔；
2. 从宝宝18个月开始有意引导宝宝涂鸦；
3. 无论宝宝画得好坏，家长都要鼓励宝宝，让宝宝自己画，不要总是替代宝宝画；
4. 在宝宝2.5~3岁时，可以引导宝宝画圆圈、画各种形状的图形，如，三角形、正方形及圆形，并且作比较；
5. 引导宝宝在游戏中画画，教会宝宝"规范"地涂鸦，准备好笔纸及画画的场地，并且引导宝宝讲出自己的画；
6. 在宝宝涂鸦的游戏中，家长要同时加强对宝宝语言、颜色及形状的认知训练；
7. 家长要坚持鼓励宝宝画画；

8. 家长要积极发现孩子在涂鸦中出现的"问题";
9. 画画时,容许孩子用左手,可以促进右脑发育;
10. 家长最好和孩子一起画,增加孩子对涂鸦的兴趣。

 **不允许孩子用左手**

有一天路上遇到李阿姨,说起他家的宝贝孙子,快4岁了,最近有了头疼的事情,宝宝经常使用左手,吃饭、画画、拿东西都喜欢用左手,家长便立刻纠正宝宝。有时宝宝会用左手拿笔,也会用左手写字,李阿姨看到便要立刻给宝宝纠正,可是,刚纠正过来,宝宝又用左手了。为此,李阿姨很是烦恼,担心宝宝将来上学也用左手写字。到底该不该纠正呢?

分析:

家长不清楚孩子用左手的好处,不明白为什么要鼓励宝宝用左手,自然就不会积极主动地引导孩子用左手了。

人的左右脑的分工、功能是不同的。右脑是感性的、灵活的,就好似一个多才多艺的"指挥官";而左脑是理性的,是以执行书写等机械功能为主的,好似一个忠实的执行命令的"士兵"。左脑在分析、综合抽象逻辑、语言、计算等方面占优势,是"语言脑"(意识);右脑在想象力、创造力方面占优势,是"形象脑"(潜意识)。右脑的发育主要是在六岁之前。由于左右脑的功能不同,所以分工有差异。

左脑跟右脑最大的区别就在于阅读、写作、思考、记忆的时候是如何进行的。左脑是比较"死板"地记忆,而右脑的记忆就是把所要记忆的东西转换成图片、"灵活"地保存在大脑里。但一些有关逻辑的、推理的、判断的东西是用左脑来思考的。我们强调右脑发育的好处并不是不重视用左脑，我们需要左脑跟右脑并用，根据个人情况的不同，在不同的时候采取不同的思考模式。因而纯粹去追求右脑发育是没什么必要的。右脑支配左侧肢体的活动，左侧肢体的活动又促进右脑的发展。在孩子6岁之前，我们要鼓励宝宝使用左手，以促进右脑发育。

游戏1：神奇的纸盒

玩法：留下使用过的纸巾盒，往里面放进一些玩具、糖果、水果等，让宝宝摸一摸，请他在取出物品之前说出其名称，或者给他指令，请他按指令拿出东西。对大一点的宝宝，可以给他否定的指令，如"请你把不可以吃的东西拿出来""请你把不是圆的东西拿出来"等等。为了增加趣味性，也可以使用一些奖励的方法，比如：用左手去拿，宝宝拿对了糖果，就把糖果奖励给宝宝吃；拿错了，糖果就归妈妈吃了；等等。提示：这个游戏适合1.5～4岁的宝宝玩。由于宝宝使用触摸觉和视觉来进行判断，可刺激孩子右脑发展。

游戏2：会滚动的箱子

玩法：把家里买回来的电视或其他大件物品的纸皮包装箱留下，让宝宝钻进去缩紧身体，最好给宝宝戴上帽子（保护头部），然后滚动纸皮箱子，宝宝会乐不可支。为了避免伤着宝宝，家长在每次滚动箱子之前大声问孩子："你准备好了吗？"确定孩子做好了准备才开始，滚动的幅度也可以根据宝宝的适应情况而调整。最后，家长可以和宝宝说"把你的左手伸给我……""把你的左脚伸出来……"宝宝做对了，家长就要及时表扬孩子。提示：这个游戏适合2岁以上的宝宝玩，因为这样可以锻炼宝宝身体的平衡感，也能促进宝宝的右脑功能发展。

训练孩子左右脑的小贴士：

1. 家长要有意识设计右脑训练的游戏，积极鼓励孩子去玩；
2. 鼓励孩子在6岁前多使用左手，即多用行动，少用语言；
3. 可以带孩子参加"右脑发展训练班"；
4. 如果孩子在6岁前使用左手，家长不要纠正；
5. 所有的游戏，都应该在宝宝愉快的情绪中进行。

43 不让孩子自己做事

小强是个很聪明的4岁男孩，可是，小强回到家里，总是不高兴地说同学们会笑话他。笑话他什么呢？笑话他自己不会吃饭，吃得慢。我了解到，在家里，永远都是爷爷奶奶或者妈妈喂饭给小强吃，他们家里甚至还为此"排了班"（周一到周日，分别由谁喂饭）。我说："为什么你们要给孩子喂饭呢？"

妈妈说："一直就是我们喂饭啊，孩子吃得慢，怕饭菜凉了，孩子吃不好，我们不喂他怎么办呢？"

"那以后呢？以后一直喂吗？"

妈妈说："他长大了就会好的。"

我说："有孩子都上幼儿园中班了，还是不会自己吃。"

妈妈迟疑地说："孩子还小呢，以后大了就会了。"

分析：

孩子还小吗？都上幼儿园了，还不能够自己很好地吃饭，并且因为吃饭的事情被小朋友笑话，家长没有责任吗？这就是家庭溺爱、包办替代的结果。家长再不意识到问题的严重性，不改变做法，小强的自理能力还会下降；接下来，小强就会因为同学的笑话出现更多的问题。

孩子各方面能力的培养是需要有个过程的，不是家长一教孩子就会的。这需要家长耐心地培养、引导孩子，家长经常替代孩子做事，就会使孩子各方面的能力降低，同时还养成了孩子的依赖心理。

吃饭，如同睡觉、穿衣、如厕等一样是需要自己独立完成的事情。许多家长总是说孩子小，自己不能够做这、做那，所以就经常包办代替。殊不知，有些事情，如吃饭，最终是需要孩子自己独立完成的。婴儿时期，家长是可以喂饭的，但是到了孩子18个月左右，就应该逐渐培养孩子独立进餐的良好习惯了，如果家长还给孩子喂饭，一是养成了孩子依赖的坏习惯，二是孩子自身的能力得不到锻炼，这些都会给孩子的身心发展带来影响。

让孩子独立做事的小贴士：

1. 父母在孩子18个月左右时就要培养孩子做事情了，如：帮妈妈拿拖鞋、扫扫地、自己穿鞋、自己吃饭、关门、放好水杯、倒垃圾等，家长首先要做给宝宝看，然后引导宝宝自己做；
2. 无论孩子做得好坏，家长都要积极鼓励孩子，随后要纠正孩子做得不到之处；
3. 教导孩子规范做事，不能因为孩子做事了，就忽略了做事情的"规矩"，如：垃圾应该丢在垃圾桶里，要是宝宝丢在了角落处，就要立刻纠正过来，不然孩子下次还会扔在角落里的，但注意不能责怪和嘲笑，不然就会打击孩子做事的积极性；
4. 家长要坚持让宝宝自己做下去，不间断地培养训练才会使孩子的能力提高；
5. 任何时候，家长都不要强迫孩子做他不愿意做的事情；
6. 孩子做不好事情要理解、体谅他们，积极引导，不责备；

7. 全家人的教育方式一定要统一；
8. 引导孩子帮助家人做事，可以培养孩子的责任感。

 **从不让孩子玩沙和水**

我在给田田做沙盘游戏时，这个 7 岁的小男孩异常兴奋和开心，整个过程都很顺利，孩子也表现得非常好。过后，田田兴奋地说："我以后还要来玩……"我问孩子："你以前从来没有玩过沙子吗？"田田委屈地说："是啊！从来都没有啊！妈妈说沙子脏，不让我玩，水也不行，会搞得哪里都是的。"我顿时不知说什么。对此，我与孩子的家长聊，妈妈说："玩沙子？那多脏啊？搞到哪里都是，谁来整理呢？"

分析：

像田田妈妈这样的家长在我们的生活中还是大有人在的，孩子都 7 岁多了，竟然没有接触过沙子和水，那怎么能够让孩子的智慧潜能发挥出来呢？家长只想到玩沙土脏，却没有想到玩沙土可以启迪孩子的智能发展。

孩子的成长、学习、智力发展需要多方面的实践，他们也需要放松减压。现代家庭的城市化、快节奏，使我们已经很少接触到沙土、泥石等等，很多家长又会觉得沙土等不干净因而不给孩子玩。其实，沙土可以很好地塑型，水的流动性更适合孩子放松情绪。当细细的沙从手中流过，你还会觉得孩子紧张吗？当孩子把一桶桶水倒进大盆里，那种满足、喜悦是其他东西无法替代的；当孩子用沙堆砌起来一个个大大小小的"城堡"时，孩子的内心该有多大的成就感啊！

1.5~5岁的孩子对沙土是非常有"感情"的,家长一定要满足他们跟沙土充分接触的愿望。家长还可以和孩子一起"堆小山""造铁路""修城堡",让孩子在沙堆上展开想象的翅膀,任他去筑建、去绘画。在玩沙过程中,拿、捏、堆、揉等一系列的手部动作,对于促进孩子手部精细动作的发展会起到非常好的刺激作用;同时,还可以释放一些不良情绪。最重要的是孩子在玩沙、玩土的时候完全是一种自然放松的状态,可以软化防卫,减少孩子的抗拒心理,激活孩子无意识、天生的康复力量,可以最大限度地挖掘出孩子的潜能。

经常让孩子玩沙土的好处:

1. 可以发现、挖掘孩子的特殊潜能;
2. 让孩子完全放松,能够释放许多不良情绪;
3. 可以促进孩子手眼协调能力的发展;
4. 可以培养孩子团结协作能力的发展;
5. 可以整合、疗愈孩子受伤的情绪;
6. 可以锻炼、培养孩子的专注力;
7. 可以减轻孩子的各种"压力";
8. 是一个自行释放、改变的自然过程;
9. 是让孩子完全放松地、用潜意识表达真实情感的过程。

让孩子接触土地,玩一玩沙土,能够满足他们的生物本能,还能够让他们了解和熟悉土地。让孩子了解和熟悉土地也就是了解和熟悉生命的基础和环境,对孩子认识大自然、亲近大自然会有很大的帮助。

🐾 玩沙玩水小贴士:

1. 家长要专门找些时间让孩子静心地玩沙、玩水,并尽可能定期引导孩子玩沙及土;

2. 在孩子玩的过程中，家长不要总是打扰孩子，可以在一旁静静地看着孩子，偶尔问一下问题；
3. 家长也可以和孩子一起玩，但是要尊重孩子的意愿；
4. 也可以配置一些小物品，融合在玩沙的过程中；
5. 玩耍的过程中，家长要观察并积极引导开发孩子的各种认知能力；
6. 在孩子玩沙过程中，如发现孩子很恐惧、惊慌、过分掩埋、扭捏胆怯、动作迟疑、目光呆滞等，最好带孩子看心理医生，发现问题，及时干预；
7. 玩好以后，让孩子讲述玩耍过程，这样既锻炼了孩子的语言表达，也启发了孩子的想象力，促进了孩子思维发展；
8. 无论孩子玩的、说的怎么样，家长都要积极鼓励孩子，然后再温和地给孩子纠正；
9. 要培养孩子养成自己清洁、整理的好习惯。

 **45 不给孩子吃硬的食物**

健健2岁半了，是个聪明的小男生，就是长得瘦小些。妈妈为此很着急便带宝宝来看医生，因为健健经常一吃硬的东西就会吐，一点硬的食物都加不进去。我了解到，健健自出生就一直是吃稀的东西，如牛奶、稀饭、面条等，一吃干的就会呕吐，所以家里人就不给宝宝吃干的食物了。开始，奶奶也会锻炼给健健吃些干的，但是孩子就是抗拒，再加上会呕吐，妈妈就不让再给健健吃任何硬的食物了。别人如果给健健吃，妈妈也会说"我们宝宝是不吃硬的东西的，要不然就会吐的"。就这样，自然而然，健

健就不会吃任何硬的食物了。

分析：

因为妈妈和家里人总是这样说，同时又不给健健吃硬的东西，时间久了，就连健健自己都觉得自己是"不可以"吃硬东西了，这样他摄取的营养自然就不能够满足生长发育的需要了。孩子在生长发育过程中，咀嚼功能也是需要逐步锻炼的。但是，有些家长总是担心孩子不会嚼、嚼不好、咽不下，怕宝宝把食物吐出来，所以就是不愿意给孩子吃硬的食物，时间久了，孩子就自然不会吃，也不爱吃硬的食物了。

可是，孩子的生长发育是需要摄取各种食物营养的。在门诊，也会遇到一些很大的宝宝还不能吃干的、硬的食物，一吃就会呕吐卡喉咙，等等。眼看这些宝宝的营养跟不上，妈妈们只是干着急就是没有办法，宝宝这种情况是与家长们不让他们吃硬东西有很大关系的。

吃硬食物的小贴士：

1. 在宝宝7~8个月后，要适当地让宝宝啃苹果、梨等食物，但注意看护好，当宝宝啃下小块来，要从口中取出来，以防宝宝吞咽不利；
2. 在宝宝1岁左右，家长要让宝宝啃烤的面包片或是磨牙棒等等食物，以促进宝宝牙齿的萌出；
3. 无毒无害的硬物可以给宝宝啃，但是色彩不能过于鲜艳，以防铅的摄入；
4. 当宝宝不爱啃、吃硬物时，家长不可以强迫宝宝；
5. 家长要有意识锻炼宝宝吃些硬的食物，以锻炼孩子的咀嚼功能；
6. 家长要鼓励宝宝，坚持引导宝宝咀嚼并咽下去；
7. 家长不要经常用语言强化孩子吃的问题，对小宝宝不要"讲很

多的道理";

8. 全家人的喂养方式要统一。

 **给孩子一次玩很多玩具**

小敏结婚十年后才有了现在的儿子,全家人自然高兴得不得了,可想而知对宝宝也是宝贝得不得了。儿子长得非常可爱,目前上幼儿园大班,可是老师总是反应孩子坐不住,小敏也发现孩子就是静不下来,一会儿玩积木,积木没有玩好呢,一会儿又去看电视,注意力很差,家长因此带孩子来咨询。

我了解到,孩子从一出生就被浓浓的"爱"包裹着。各种各样的玩具自然是多得数不清。孩子经常玩儿一会儿就换一个,一个没有玩好就会又玩另一个了,一房间各种各样的玩具让孩子目不暇接,眼花缭乱。

分析:

孩子从小就没有得到比较好的注意力训练,玩具太多,想玩什么就玩什么。家长呢?还会常常表现出很多的"爱",如孩子在专心地玩,一会儿给水喝,一会儿脱衣服,一会儿叫吃饭,这也会大大影响孩子的专注力。

随着社会的发展,生活水平的提高,家长都会给孩子买来很多玩具,也会一次性给孩子玩很多玩具。殊不知,一次性给孩子玩很多的玩具,会让孩子出现选择困难。

要锻炼孩子的专注力,最好不要一次性给孩子玩多样玩具,要一样一样地拿给孩子。一个6个月的宝宝,如果我们一次给他玩五种玩具,他会首先选择他认为"最好玩"的那个,也许是色彩鲜艳的，也许是动感好的，过一会儿他又再选择另一个玩具，或者就是他同时会玩两种玩具，甚至是三种玩具。每个玩具都有它的特点，都有吸引孩子的地方，孩子同时玩两三种玩具只是满足了孩子的新奇感，玩具本身的"作用及意义"就不会被体现及发挥出来。时间久了，孩子就会养成"马马虎虎"专注力不好的习惯。幼小的宝宝玩玩具，开始最好由家长引导着，家长和宝宝一起玩。

孩子的专注力（注意力）是在生活中一点一滴培养起来的，不是天生就会有较好专注力的。不同年龄阶段的孩子的注意力是不一样的，家长要根据孩子的年龄特点来区别对待。如，两岁的孩子对十分感兴趣的事情会注意10~15分钟，可是有些家长不了解，硬是强迫孩子"读书、写字"30分钟，那么这个孩子就会坐不住啊，孩子坐不住时，家长又批评孩子，甚至是打骂。好多家长往往是自己认为孩子应该怎样怎样，而不考虑孩子的感受，强迫孩子去做，那是错误的。

孩子的注意力差一定会影响学习的效率，良好的注意力的培养是需要多方面训练的。0~3岁的宝宝以无意注意为主，3~6岁阶段两者均兼顾，6岁以后就要逐渐转为有意注意了。

培养孩子注意力的小贴士：

1. 根据孩子不同的年龄特点来设计游戏的内容及时间；
2. 不要给孩子一次性玩多样玩具；
3. 当孩子刚玩一下玩具就不玩了的时候，家长要耐心引导，不要训斥；
4. 在孩子开始玩玩具之前设定"任务"：如"你要自己玩十分钟哦，看看有几种玩的方法"等；
5. 鼓励孩子说："你自己玩得很好啊！""你可以玩这么长时间啊，

宝宝真棒!"

6. 尽量不让孩子在人多嘈杂的环境中玩玩具,那样容易使孩子分神,培养过程中既要尊重孩子的生理特点,又要考虑到孩子将来的学习需要;

7. 在宝宝18个月后,家长要耐心引领孩子独自翻书、看书、讲述故事,时间不要过久,以宝宝的兴趣为主,不强迫;

8. 对注意力的确不好的孩子,要坚持给孩子做注意力的训练。

 **47 替代孩子做事**

一个偶然的机会我接触到了一个6岁的男孩丁丁,一个非常可爱、聪明、懂事、活泼的小男孩,很招人喜爱。丁丁是一个一直以来让父母倍感"骄傲、自豪"的孩子。

说实话,在我和他的接触、交流、沟通中看不出他有什么不愉快,但是,当我问他:"你有没有什么不开心和烦恼的事情呢?"他立刻说:"当然有啊!"接下来,丁丁向我诉说了他的"烦恼和不愉快的事情"。

丁丁说:"我觉得我长大以后很可能就是一个什么都不会做的笨蛋!"怎么会呢?我知道丁丁虽然年龄不大,却已经在学习书法、绘画、游泳、钢琴和英语了,而且学得还都挺不错的,他父母还准备让他学习围棋。

我仔细询问后才知道,原来是父母亲"全方位包办的爱"让孩子的自我能力锻炼受到了限制,因此丁丁觉得自己什么都不能做、什么都不会做,也什么都做不好。丁丁告诉我说,"我想自己洗手绢,妈妈却说,不可以,你还小啊,洗不干净的!""我想自己倒水喝，爸爸又说，不行，会烫着的，爸爸帮你。""我要自己吃饭，他们也不让，说我吃不好、吃得慢。"丁丁说："我都这么大了，他们为什么什么都不让我做啊！连我自己的房间都不让我自己整理，每次都是妈妈帮我整理得干干净净的，可是，我自己的东西却找不到了，真是烦人！"

丁丁认真地说："我不想让爸爸妈妈总管我，我的事情可以自己做。"我听后非常的感慨……

分析：

丁丁父母的"爱"已经给孩子带来了困惑，我不知道丁丁的父母是否经常和孩子交流，他们是否知道孩子的想法，他们了解丁丁的烦恼和不愉快吗？他们如果知道了自己为孩子做了那么多，可是，孩子小小年纪却已经不愿意和父母在一起了，原因竟然是父母包办得太多，他们会怎么想呢？

不知丁丁的父母有没有意识到，孩子总有一天是要离开父母、离开家的，如果把孩子培养成为高智商、低能力的"人才"，孩子将来如何面对社会、如何生存呢？做父母的能放心吗？丁丁是个个性、独立性较强的孩子，所以随着年龄的增长，就自然会对父母亲的这种"爱"产生不满，对自己的能力产生怀疑，甚至对自己的未来都没有了信心，长期下去必定出现心理问题。

若孩子是一个独立性较差且内向的人，父母通过这种"爱"培养的结果就会使孩子的能力更差，生活上更依赖，没有安全感，久而久之孩子自然就会出现强烈的自卑心理，遇事不自信，更无法面对困难和挫折。如此，包办影响的不仅仅是孩子童年，而是孩子的整个人生。

我们知道，父母教育孩子点点滴滴的表现及所作所为会潜移默化地影响着孩子，久而久之就会形成一种理所当然的习惯表现在孩子面前，这种习惯又会养成孩子的某种固定行为，这种行为又自然会促使孩子产生相应的思维及心理活动,结果就是要么强化了这种固定的习惯行为,要么孩子就产生了极强的逆反心理,向相反的方面发展。因为孩子正处于生长发育及变化的特殊时期,他们的生理、心理、社会性发展都极其不成熟、不稳定,他们的思维活动以及各种选择性能力都很差,他们吸收外界的东西时,就像是一块"纯干的海绵",有什么就吸收什么,来什么就接纳什么,他们不可能选择得十分合理、正确。

而随着孩子年龄的增长,他们的思维、心理活动也随之渐渐成熟,当意识到问题时,他们的思考范围往往很局限,烦恼无法解除,就产生了极大的心理压力,有时冲动还会令他们做出意外的事情。

丁丁的父母就是"过分呵护包办型"的父母,他们一方面不惜花大把的时间、精力及财力培养孩子学这、学那,另一方面却忽略了孩子最基本的能力培养,不给孩子自我锻炼的机会,全部包办代替。父母亲的这种行为长久了就会使孩子产生了"自己的事情自己不能做也做不好"的观念。每个孩子都会不自觉地和别人比较,其他小朋友自己会洗手绢,可他不会洗;人家小朋友可以自己整理书包、整理房间,整理后还可以自己欣赏、向小朋友炫耀一下,得到爸爸妈妈的表扬,可是,丁丁从小就都失去了这些难得的体验。久而久之,丁丁就会觉得自己很笨,什么都不会做,又做不好,什么都不如人家,这种想法会加重孩子的心理压力,渐渐产生自卑心理。

我们要真正了解孩子、爱护孩子,最好的方法就是发现孩子潜能,尊重孩子,给他们自由飞翔的广阔天空。每个孩子的生活环境不同,发展空间也会不相同,个性特点的不同也会影响到他们的发展,但是,他们都需要我们成年人去积极引导、观察、学习,在一次次愉快和不愉快的生活体验与尝试后,他们各方面的能力才会得到锻炼和提高。从来就没有哪一个孩子天生就会爬行得很好，更没有哪一个宝宝不需要锻炼就能自己很好地走路、吃饭、穿衣，他们随时需要探索、需要学习、需要到丰富的环境中去体验、去尝试，不断地积累生活的经验，哪怕是失败的经验也是有意义的。

我们没有任何理由剥夺孩子发展的权利。相反，我们还要给孩子大胆尝试的机会和足够的空间，积极引导、鼓励他们去探索，从而挖掘孩子的潜能。我们的目的不仅仅是要让他们飞起来，最重要的是要让他们飞得好、飞得高、飞得愉快！不仅仅是要让他们的艺术等才能显露，更重要的是要提高他们的生存能力和生活质量。

显然，丁丁的父母和大多数父母一样没有意识到他们做法的弊端，更没有想到可能会给丁丁带来如此大的心理烦恼，他们的想法是要好好地培养孩子成才，但是却忽略了最基本、最重要的东西。由此带来孩子能力方面的问题，我们不能简单地看成是孩子能力不足的体现，这种不足在不同的年龄阶段一定会给孩子带来心理上的压力。不是说其他方面做得优秀了就可以模糊了这种压力，反之更会出现心理问题。试想，一个品学兼优的学生怎么能够允许自己的动作慢、自理能力比别人差呢？

几经与丁丁父母的交流、沟通，他们渐渐意识到了自己"全方位的爱"是不可取的，已经积极改变了许多的做法，丁丁的自信心和自理能力也在不断地提高。一年多后我再见到丁丁，丁丁已经是自信满满的优秀小学生了。

鼓励孩子成长的小贴士：

1. 认真地告诉孩子"你已经长大了，好多事情应该自己去做了""你可以做得很好"！

2. 当孩子要家长帮助做事情的时候,家长要想想,这件事情可不可以帮孩子去做;
3. 可以帮孩子的,就帮助孩子做,但同时要教给孩子怎样去做;
4. 不可以帮的,就温和地告诉孩子:"这件事,你要自己去做……"
5. 无论孩子做得多不好,都不要打击孩子,引导他做得更好;
6. 全家人都要统一教育方式。

 48 忽略孩子五官出现的"小问题"

15岁的芳芳,是个清秀的女孩,平时住校。芳芳很用功,但是学习成绩就是上不去,情绪也不好,家长很是着急。后来到医院来看,发现孩子一直听力不太好,上课总是听不清老师讲的东西,课下作业做得不好。经过仔细检查,和父母了解原因,原来芳芳幼儿期时发现耳朵流"脓水",当时妈妈没有在意,到后来发展成为"化脓性中耳炎",送到医院时已经穿孔了,损伤了耳膜,听力也就因此受损。这种听力受损是不可逆的,是一辈子的事情。家人得知之后,后悔不已。

分析:

孩子往往会因为五官的"小问题"而不舒服,这种不舒服又会引发情绪上的问题,情绪上的不愉快又会导致心理问题,如果得不到及时解决,就会加重孩子的情绪问题。芳芳的学习成绩一直不理想,主要原因就是她上课注意力不好,注意力的问题又是因为她的听力下降导致的。例如,孩子有"鼻炎""沙眼""咽喉炎""龋齿""头疼"等问题,这些看似比较小的问题,都会对孩子的情绪、心理、学习有影响，家长一定要重视，及早带孩子去看专科医生。

孩子五官的问题看似小事，但是处理得不好，也会影响孩子身心健康发展，可有些家长却不在意，觉得是小毛病，没关系。有的时候孩子眼睛出现了问题，总是揉眼、眨眼，家长不当回事，自己买眼药水给孩子用，有时症状可以缓解一些，有时处理不当还会加重病情。有相当一部分孩子还会因为这种不良的眨眼习惯，引发其他的行为问题（如抽动症等）。所以，家长遇到孩子五官问题，一定要引起重视，积极配合治疗。

鼻炎小贴士：

晚饭前凉一杯开水，里面放少许食盐；睡觉前洗脸时，先用半杯凉的盐水冲洗鼻腔，3～5次，里外兼顾；次日清晨洗脸前，再用半杯凉盐水冲洗鼻腔，3～5次，里外兼顾；如此坚持7～15天，会使孩子的鼻炎症状大大的缓解。

49 过分关注孩子的体格成长

毛毛的妈妈最近很"烦恼"，为什么呢？就因为体检结果显示2岁的毛毛的身长比正常标准低了2厘米。这可是急坏了毛毛的妈妈，不断地向医生索要让宝宝长高的"秘方"，在同事、朋友面前流露出极大的烦恼和担忧，"宝宝将来个子矮怎么办啊？""宝宝怎么会那么矮呢？"对毛毛的父亲，就更是指责"都是因为你矮，我们宝宝才不达标的！都怪你"！我们通过检查发现毛毛除了身长不达标以外，语言发育也有些落后，可是毛毛妈妈却不着急孩子的语言发育问题,"等孩子长大了,自然就会讲很多的话了……"她十分担忧孩子的身长,甚至影响了自己的情绪和正常的工作、生活。一周里,妈妈来医院找我四次。

分析:

妈妈的焦急心情可以理解,但妈妈的情绪对孩子是会有影响的。此阶段孩子的身高没有达标,不代表以后孩子就是矮个子。每个孩子的体格发育在不同的阶段都是不均衡的,特别是会受到家庭环境、遗传因素、营养、疾病、教养方式方法等因素的影响,有很大的个体差异。到了青春期又会加快一些,所以,家长不要因为孩子这段时间的体格未达标而耿耿于怀,要抓助孩子生长发育中的主要问题。毛毛还有语言落后的问题,这更要引起家长的重视。

孩子的体格发育状况的确是儿童生长发育的一个重要指标,儿童的生长发育,细分有生长和发育两个方面。生长,是指孩子的体格成长,是孩子外观可见的、可以测量的,如身长(身高)、体重、头围、胸围等指标,这是一个量化的过程;发育,是指儿童内在器官功能的成熟程度,是一个质的变化过程。孩子的健康成长离不开生长和发育,两者缺一不可。

可是,有许多的家长十分关注孩子的体格成长,却忽略了孩子各个功能的发育。如过于关注孩子这段时间是否长高了,体重是否减轻了。为孩子的体重没有增加而头疼,吃不好饭、睡不着觉。可是,却忽略了孩子在其他方面的问题,如孩子的各种能力问题,孩子的认知问题、语言发展、社会性发展及精细动作的发展等问题,这些是不可取的。

宝宝成长发育小贴士:

1. 孩子在每一个年龄阶段的生长速度都是不均衡的,年龄越小生长速度越快；
2. 身高与很多因素有关系，遗传因素也很重要，家长要平衡心态；
3. 孩子只要身高在正常标准内（30%）就可以，家长不要过于着急；
4. 孩子在每段时间的身高只能说明孩子目前的情况，并不能代表孩子以后就是怎样的；
5. 如果孩子的身高明显低于年龄标准范围（低于30%，或者是低于两个标准差范围）持续2～3个月了，可以去看看保健医生和专科；
6. 孩子在生长发育过程中有很强的个体差异，家长不要和其他孩子比较；
7. 不能只重视孩子的体格发育，而忽视其他发育。

50 不重视孩子的"睡眠问题"

美美是个可爱的5岁女孩。妈妈说孩子什么都很好，就是睡眠成问题。我看到孩子比同龄孩子瘦一些，个头也低于正常孩子。妈妈说，美美其他都还挺好的，就是从小喜欢睡前看书，家长也觉得孩子看书是好事情，就没有制止。可是，有的时候，美美会看很久，直到妈妈过去催她了，才会依依不舍地放下书去睡觉，而放下书后，美美又难以入睡了。有时候会到凌晨1~2点，次日呢，美美又起不来。妈妈说，想了许多办法就是没有用。

分析：

孩子的成长离不开良好的睡眠，美美睡眠长期不好，自然食欲、精神等都会受到影响，孩子处在生长发育的重要阶段，睡眠是非常重要的环节，因为生长激素是孩子生长发育不可缺少的，而生长激素又是在夜间分泌最旺盛，机体生长激素的分泌高峰期是在夜里 10:00 至凌晨 3:00 左右，如果孩子在这段时间睡眠差，就必然会影响身体分泌生长激素。许多家长不重视孩子的睡眠，没有养成良好的睡眠习惯，晚睡、要人陪睡、赖床等等，都会使孩子出现睡眠问题。当出现了睡眠问题后，又不能够正确地处理，诸如：恐吓、打骂、逼迫孩子睡觉等等都是不良的教育方法。

好好睡觉的小贴士：

1. 父母不要总抱怨孩子睡眠差，增加负面暗示，例如"这孩子就是不好好睡觉"；
2. 尽量鼓励 3 岁以上的孩子独自入眠；
3. 家长可以在睡前给宝宝讲故事、听音乐，增强宝宝的睡意；
4. 家长要坚持引导孩子早睡觉，培养有规律的睡眠习惯；
5. 若孩子的睡眠质量始终无法改善，就应该去医院检查，排除病理情况；
6. 在睡前不要做运动量过大的游戏，以免过度兴奋难以入睡。

51 孩子随地大小便

我遇到一个很漂亮的 4 岁女孩，很喜欢跳舞。有一次在表演完节目后，她就在后台的墙角处大小便了。别人都很不理解小女孩的做法，怎么可以这样呢？那女孩也不觉得难为情。我问她："你怎么会这样做呢？"她说："妈妈说可以随时找地方大小便的，不可以憋着的，那样会憋坏身体的……"看看，家庭教育的作用有多大。妈妈后面的话是没有错的，可是，孩子是否可以什么都不顾及随地大小便？孩子有这样的做法，与家长长期的教育方式是有直接关系的，家长千万不要小看这个简单的小问题。

分析：

孩子的行为是家长经常性教育的结果。这个家长只考虑到孩子不要憋尿，憋尿会影响健康，却忽略了孩子基本素质及羞耻心的培养。我们经常看到许多家长在大庭广众之下，毫无顾忌地就让宝宝随地大小便。无论是在商店，还是在博物院、展览馆等地方都会见到这样的家长。孩子是会观察的，家长经常这样做，孩子就会误认为可以这样做，所以就会出现一些大一点的孩子在公共场合随地大小便的行为。这种潜移默化的影响，会让孩子在别人看来"很没有教养，不懂基本的礼貌"。在遇到孩子内急之时，家长首先要积极地带孩子找卫生间，实在找不到，也要在隐蔽的地方处理，而且要立即清理干净，并且要和孩子说"我们应该在卫生间处理的，因为找不到卫生间，你又憋不住了，实在是没有办法"，要让孩子感觉到这样的行为是"无奈的、不应该的、难为情的"，不能让孩子感觉到这样做是"理所应当"的。

引导孩子控制大小便的小贴士：

1. 宝宝1岁半到2岁半，家长就要有意识地训练孩子控制大小便，不要用尿不湿了；
2. 当宝宝随地处理二便后，家长不要训斥孩子，但是要立即带宝宝到卫生间，告知宝宝："以后要在这里大小便，知道了吗？"
3. 家长要不厌其烦地引导宝宝在定点的地方处理大小便；
4. 家长还要给孩子信心，相信孩子能自己做好；
5. 如果3岁以上的孩子自己还控制不好二便，就需要找医生看看。

52 孩子的"轻度贫血"

李青的宝宝2岁多了，长得比较瘦小，胃口一直不是很好，经常挑食，所吃食物的范围也很窄。妈妈说孩子从小就有轻度"贫血"，也没有重视，没有吃药；后来似乎好些了，但是孩子的胃口始终不是很好，有挑食、厌食的情况，最近又加重了。妈妈很着急，经化验检测，宝宝目前患的是"中度贫血"，需要吃药物进行治疗。妈妈为自己没有重视孩子的贫血情况导致宝宝目前贫血加重而深深自责。

分析：

孩子是不断发展变化的机体，他们每时每刻都在成长，那么，每时每刻就会需要各种营养素，铁元素也不例外。孩子轻度贫血不被重视，自然就会发展为中度贫血。轻度贫血，就是孩子最常见的营养素缺乏性疾病之一，也是许多家长最容易忽略的儿童常见病之一。轻度贫血的宝宝可以没有任何症状，也有的孩子只是食欲偶尔有下降，这时往往就会被家长忽视。有研究表明，婴幼儿期的贫血可以影响到孩子的食欲、抵抗力及读书时的注意力、记忆力等等，轻度贫血的孩子可能有一些无特异性的表现，如精神不佳、食欲下降、抵抗力降低、面色不好等等。贫血特别会影响脑细胞的发育，早期的贫血会使孩子在读书时出现记忆力、反应力下降等症状。因此，家长应该十分重视早期贫血，早发现早治疗，积极帮助孩子纠正。

什么原因会导致孩子出现贫血呢？其主要因素有：

1. 饮食中铁元素摄入不足，孩子长时期偏食、挑食等；

2. 各种原因导致铁元素吸收不好，如慢性的消化不良及腹泻等；

3. 宝宝生长发育过快，如肥胖儿，营养素摄入不够，造成铁元素相对缺乏；

4. 宝宝造血系统的疾病；

5. 营养素的丢失，如腹泻、呕吐等；

6. 母亲患有贫血，宝宝也很容易发生贫血。

宝宝发生了轻度贫血可能没有任何症状，只是在体格检查进行化验时才会被发现。有的家长会积极地寻找原因，有的家长却无所谓，导致宝宝的贫血有所加重。贫血会影响到孩子红细胞的携氧功能，而红细胞又是血液中重要的细胞，红细胞的携氧功能是其他细胞不能替代的。因此，贫血会导致身体各个器官由于缺氧而影响其功能，出现一系列的不良反应，特别是孩子在生长发育的关键期，脑细胞缺氧会导致孩子的注意力及记忆力下降，反应能力降低……孩子的食欲降低是最常见的症状，营养摄入减少又会导致各种营养素的缺乏，就会形成恶性循环。家长如果不重视，孩子的贫血就会严重。有资料报道：婴幼儿期的贫血可以导致孩子上学后的注意力不集中及记忆力问题，造成学习困难。

预防宝宝贫血的小贴士：

1. 积极重视孩子的饮食及铁的补充，会阻止贫血的加重；
2. 如果宝宝食欲不错，就要积极在饮食中补充含铁丰富的食物，同时要补充丰富的维生素C（蔬菜及水果）以帮助铁的吸收；
3. 要在1个月内给宝宝复查贫血的情况是否有纠正；
4. 如果宝宝已经有食欲下降的现象，就要积极补充铁剂，添加铁强化食物或者是吃含铁丰富的食物，以帮助孩子尽快纠正缺铁现象；
5. 定期带宝宝复查血红蛋白；

6. 帮助孩子建立良好的饮食习惯；
7. 家长以身作则，不挑食，均衡营养；
8. 积极帮助孩子纠正偏食的不良饮食习惯。

53 孩子不好好吃饭

3岁多的童童是个可爱的小女孩，刚上幼儿园。可是，2个月后就哭着喊着不愿意再去了，原因是什么呢？就是因为童童自己不会吃饭，也吃不好，刚开始老师喂她，后来老师想锻炼童童自己吃饭，童童就不高兴了——老师说："聪明的小朋友都自己吃饭的……"童童就认为自己是不聪明的。后来，在幼儿园里吃饭就会让童童感到难过、不开心。在家里，每次都是家里人轮流喂饭，童童一想到同学说她"你自己都不会吃饭！羞羞……"或者是"小笨蛋"就十分难过。最后，童童就越来越不愿意去幼儿园了，因为不去就看不到老师和同学，也就没有人说她了。孩子自我无法调节，就只能选择了逃避。

分析：

孩子的思维就是这么简单，她认为不去幼儿园就可以解决一些问题了，其实不然，孩子的独立性降低也会影响到孩子的自信心及社会交往能力。表面的现象可能会掩盖一些真实的东西，孩子不好好吃饭，看似简单的"小事"，但是，这也会影响到孩子的情绪与心理变化。有的家长在宝宝小的时候觉得宝宝不好好吃饭，没有关系，等长大了就会好的。可是，如果问题不解决，孩子长大了，问题会更加严重的。因为孩子的良好习惯是在生活中一点一滴养成的，他们经常性的行为会养成他们的习惯，且不良的饮食行为习惯是不会单独存在的，它可以影响孩子其他的行为，如孩子不好好吃饭，家长就会说孩子，孩子不听，家长就会更严厉地说，孩子就会反抗，家长又会更严厉，甚至是打骂，孩子呢，受伤害的程度会更大，更严重。心理情绪自然会受到影响，看似简单的吃饭的事情，如果处理不好，会影响到孩子的许多方面。

培养孩子良好饮食习惯的小贴士：

1. 孩子幼小时，家长可以喂饭，但是到孩子1.5岁后就要引导孩子自己吃饭了；
2. 开始可以采取孩子吃、家长喂饭相结合的形式；
3. 一开始训练吃饭时，就不可以让孩子边吃边看电视、边吃边玩；
4. 要让宝宝坐在固定的地方吃饭，不可以边吃边走动、跑来跑去，如果孩子跑来跑去，那么就停止吃饭，不然的话，孩子的潜意识里会觉得就"应该"这样（跑来跑去）吃饭；
5. 当宝宝不要吃饭的时候，家长不要硬给宝宝吃，就让孩子去玩，1个小时之内可以再叫宝宝两次，如果孩子不愿意来吃饭，那就放弃这次给宝宝吃饭，下次再吃；
6. 如果宝宝没有吃饭，中间也不要给宝宝吃饭，就只吃点心等辅助食物，告诉孩子，"饭要等到该吃饭的时候再吃……"，不可以随时随地都吃饭，那样也会把胃肠道功能搞乱的；
7. 家里人不要经常谈论宝宝吃饭的问题，特别是不在别人面前说宝宝不爱吃饭的事情；
8. 宝宝刚开始自己学吃饭时候，一定会吃得到处都是，家长不要责骂孩子，要耐心地引导宝宝好好吃，并且要鼓励孩子，说他自己吃得很好；
9. 大一点的孩子如果不好好吃饭，就要想办法，比如讲故事，讲一个"不好好吃饭的小花猫和爱吃饭的小白猫的故事"给

宝宝听；
10. 宝宝不爱吃的但是对孩子生长发育有益处的食物，家长一定不要逼迫宝宝吃，但要经常（变换花样）做给宝宝吃，引导宝宝爱吃；
11. 孩子长期不好好吃饭时，家长就要查查原因了，看看是否有微量元素的缺乏，要积极干预；
12. 家长一定不要在饭桌上教育、训斥孩子；
13. 在孩子小的时候，家长就要认真地告诉孩子："吃饭是你自己应该做好的事情，就如同穿衣、睡觉、如厕一样"要自己独立完成。

 经常给孩子喝各种饮料

小怡是个8岁的可爱的小女孩，妈妈最头痛的是孩子从来不喝白开水，只喝饮料，每天都要喝各种饮料。平时小怡就喜欢吃油炸的东西，什么薯条、炸鸡、汉堡、冰激凌等等，不给吃就不行，时间久了都养成习惯了。几年下来，小怡变成了个胖姑娘，好似发育了。妈妈带小怡去医院检查，医生说小怡有"性早熟"的倾向，妈妈这才着急起来。

分析：

孩子还小，是分辨不出什么食物对自己的生长发育有好处的，他们只会按照自己的喜好盲目地选择。家长如果依着孩子的选择，时间久了，孩子自然就会养成不良的饮食习惯。就像小怡，总是喝大量的饮料，这样怎么会健康呢？饮料分好多种类：有天然的饮料、果蔬汁饮料、果汁饮料、乳类饮料、茶类饮料、乳酸类饮

料、养颜饮料、运动型（能量）饮料、饮用水饮料、固体饮料。前三种建议孩子适当饮用，最好是原汁无添加的；后几种饮料都不适合生长发育时期的孩子。

孩子在生长发育的时候经常摄入垃圾食品，必然会影响正常食物的摄入量，许多油炸的食物会含有反式脂肪酸，直接影响到孩子没有发育好的脑神经细胞。许多饮料中添加了防腐剂、各种色素及增味剂，这些都会影响孩子生长激素的分泌，影响孩子的生长发育。

孩子在生长发育的关键期，营养的摄入是十分重要的。多数情况下，孩子自己是不清楚什么样的饮料对自己的生长发育有好处，他们只会根据自己的喜好、口味去选择，很多家长为了让孩子高兴，就不去阻止，殊不知，有许多种类饮料对孩子的生长发育是不利的。饮料类早已经被WHO（世界卫生组织）定为"垃圾食品"之一了。饮料中的色素、各类添加剂、防腐剂等都会影响孩子的生长发育，许多"垃圾食品"的摄入还会影响营养素的正常吸收。

控制孩子喝饮料的小贴士：

1. 宝宝小时，家长就不要尝试给孩子喝各种饮料，如果养成了喝饮料的习惯，孩子就会经常要喝；
2. 不要用各种饮料作为对孩子表现好的奖励，尽管孩子要，家长也不要顺着孩子；
3. 不去过多地谈论"垃圾食品"的事情；
4. 不给孩子讲许多"大道理"，可以讲有联系的故事，让孩子自己明白"垃圾食品是不应该吃的"；
5. 孩子偶尔吃了，也不要打骂，要耐心告诉孩子"下不为例"；
6. 可以从生活的不同角度出发让孩子懂得垃圾食品的危害是什么；

7. 家长要坚持引导孩子不吃垃圾食品,自己也要做到不吃或少吃垃圾食品,家里最好远离"垃圾食品"。

 孩子晚睡觉的问题

豆豆是个可爱的小姑娘,5岁了,妈妈说孩子什么都好,就是每天很晚才睡觉。一直以来都在晚上11点多才睡觉,有时候还要晚些。我看到豆豆长得纤细一些,个子也低于同龄孩子的标准。妈妈说:"这孩子一到晚上就精神得不得了,看电视、唱歌,就是不睡觉!"早上呢,又起不来,我们怎么说都不听,真不知道该怎么办!我问:"宝宝不睡觉,你们做什么呢?"豆豆妈妈说:"我们也睡不成啊,只好看电视、说话了,有时候也会和宝宝玩一会……"看起来,豆豆的妈妈因为孩子晚睡的事情已经十分焦虑了。

分析:

豆豆长期晚睡觉,是由不良的睡眠习惯造成的,这样机体很容易缺乏生长激素,自然就会影响到生长发育。孩子良好的睡眠习惯不是天生的,是后期家长逐渐培养起来的。良好的睡眠对孩子的健康成长起到推波助澜的作用。我们先了解孩子晚睡的不良影响:

1. 晚睡打乱了孩子的生物钟,孩子晚上睡不好,白天就会精神不佳,要不然就想睡觉,不能好好参加活动;

2. 晚睡更影响了孩子生长激素的分泌,孩子生长发育是需要生长激素的作用的,而生长激素的分泌在夜间10点左右到凌晨3点左右分泌最旺盛,如果孩子此时段不睡觉,生长激素就会停止

分泌；

3. 睡觉太晚会影响孩子的皮肤，皮肤不能够得到很好的修复，会越来越粗糙，抵抗力还会降低，失去屏障作用；

4. 睡觉晚，脑神经细胞得不到休息，反应、接收处理各种信息的速度就会很慢，也会影响孩子的情绪，使孩子心情变差，哭吵、烦躁；

5. 晚睡或睡眠不足，就表示醒着的时间太长，对身体而言是一种过度刺激，进而会引发人体的压力反应，诱发肾上腺大量分泌肾上腺素。肾上腺素是一种压力荷尔蒙，它会抑制脑下垂体功能，致使脑下垂体减少分泌生长激素，会影响孩子身高。

引导孩子早睡小贴士：

1. 父母要做好榜样，爸爸妈妈很晚还不睡觉，看电视，大声聊天，孩子就会学，家长要求孩子做到，自己首先要做到；
2. 平时就要给孩子养成良好的睡眠习惯，提前半小时告知孩子准备睡觉了，不要到了睡觉的时间，大声、坚决地叫孩子"赶快睡觉"；
3. 晚上的活动少刺激，不要过于兴奋，和孩子玩温和有序的游戏，不看刺激的电视节目，不讲恐怖的故事，等等；
4. 平时就要耐心地告诉孩子，一定要早睡觉，那样宝宝会长得高，长得健康；
5. 不要总是在别人面前或者孩子面前说孩子的睡眠问题，如"我们宝宝什么都好，就是睡得很晚……""这孩子就是要晚睡觉""没有办法啊……"这些话都会让孩子记住的，孩子就会那样去做的，这就是典型的"标签效应"，家长的言行不当往往会事与愿违；
6. 家长要经常创造良好的睡眠环境，洗漱、灯光暗、不兴奋、不嘈杂、安静入睡；
7. 全家人都要统一重视孩子的晚睡问题；
8. 最好不要在床上蹦跳玩耍，告诉孩子床是用来睡觉的。

 孩子的"手工作业"训练

元元是个9岁的男孩，上三年级了，总是很懒，做什么事情都要往后拖延，特别是作业、动手的事情。最近，干脆直接不愿意上"手工作业"课了。妈妈很着急，爸爸干脆狠狠打骂了元元一顿，可是元元还是不去上手工课，甚至说："再打我就不上学了！"这可急坏了元元的父母。我了解到，元元从小就不爱动手，什么画画啊、剪纸啊、折纸啊，统统都不愿意做。妈妈怎么说也没有用，就不硬逼着元元做了。和元元聊的时候，我问孩子："告诉我为什么呢，你一定是有原因吧！"元元的回答："老师总是批评我，说我做不好……"我看到元元说的时候眼睛里含着委屈的泪水。

是啊，元元做不好，老师自然批评，那么，家长是否想到孩子做不好的心理感受呢？当孩子无法承受这些的时候，自然就会选择逃避。

分析：

元元从小就不喜欢动手，家长也没有多引导，而是依着孩子，不经常做手工游戏，等孩子大了，自然也就做不好，又没有得到家长和老师的帮助和鼓励，自己调整不好，就自然选择放弃了。动手游戏，是大多数孩子都喜欢做的事情，但好多家长都会忽视培养孩子的"手工作业"，认为那是在"浪费时间"。殊不知，孩

子的手工作业对孩子的成长、对孩子的手眼协调、对孩子的大脑发育、对孩子各个方面的发展都有着很大的促进作用。婴幼儿期的动手,可以有效地刺激脑神经细胞的发育,更好地促使宝宝的手眼协调功能发展。学龄期的孩子"手工作业",可以缓解孩子紧张学习带来的压力,可以帮助孩子调节及稳定情绪。适当地引导孩子做各种"手工作业",是对孩子成长非常有好处的一件事情。孩子手的精细动作是需要在5岁前完成的,家长在婴幼儿期多训练孩子手的动作能起到事倍功半的效果。

锻炼孩子动手能力的小贴士:

1. 在孩子婴儿期就要鼓励孩子抓、拿、捏相应的玩具;
2. 无论孩子做得好坏,家长都要鼓励孩子;
3. 在幼儿期更要鼓励孩子做手工游戏,如折纸、剪纸、串珠子等;
4. 家长可以把孩子的"作品"拿出去展示,让家人、朋友欣赏,使孩子有荣誉感;
5. 当孩子不愿意做的时候,家长不要硬逼孩子去做,要耐心引导,并且要鼓励孩子,说他行;
6. 家长可以经常和孩子一起做手工,给孩子信心;
7. 积极带孩子参加各种"手工作业"活动,并且鼓励其坚持下去;
8. 家长不要去说孩子"就是不愿意动手",更不要给孩子戴上"很懒"的帽子,多引导。

57 对孩子"眨眼、耸肩"等"坏习惯"经常斥责

小元是个十分聪明的8岁男孩,个性好强,又比较内向,生

性胆怯。有段时间学习上作业很多，孩子有些烦恼，眼睛也有些疲劳，会经常眨眼睛。可是，家长却没有想到带孩子去看医生，还认为是孩子出现了"坏习惯"呢，所以就总是说孩子，严厉的时候，父亲还几次动手打了孩子，后来，对孩子的要求更加严格了。可是，尽管如此，几个月下来，小元的学习成绩依然没有上去，眼睛却眨得更加厉害了，还出现了时好时坏的情绪问题，家长怎么说教、打骂都没有效果。这可急坏了小元的父母，赶紧带孩子到专科医院就诊，结果医生初步诊断是"早期抽动症"，家长得知后非常焦急。

分析：

孩子出现的不良行为习惯，家长要认真分析，积极排除、治疗五官的疾病。有许多的疾病，特别是心理异常行为疾病，都与孩子的情绪有很大的关系，因为，情绪及心理波动直接影响到神经系统对机体的各种调节功能。有时候，家长发现了孩子的异常表现，积极、正确地帮助孩子纠正，就不会让其发展下去了，否则，就会事与愿违。孩子到了一定的年龄阶段，有可能会出现一些"不良动作"，如眨眼、耸肩等等，这些不良的"动作习惯"自然会影响到孩子的生活、学习与情绪。家长看着孩子的不良习惯就会很着急，好多的家长会不问缘由就责骂，甚至是打孩子，结果非但没有解决孩子的问题，反而加重孩子的情绪问题，发生行为障碍。有的问题还会由局部的病疾而引起，如孩子有沙眼或是结膜炎，眼睛就会痒或是难受，那么，孩子就会不由自主地眨眼睛，家长如果不积极帮助孩子治疗，或者只会责怪孩子，孩子就会不高兴，就很容易出现情绪问题，家长再不注意，发展下去，自然会导致神经系统、情绪、行为障碍。

对待孩子出现的"坏习惯"的小贴士:

1. 家长要仔细找原因,想想孩子为什么会出现一些"坏习惯";
2. 不去直接指责孩子的"坏习惯",而是侧面积极帮助孩子纠正;
3. 积极带孩子去专科医院治疗有关的疾患,如沙眼、鼻炎等等,按时服药;
4. 多关心孩子,给孩子更多的鼓励,给孩子一个温馨的、宽松的家庭环境;
5. 给孩子自信,因为只有孩子内心强大了,才能够克服自身的缺点;
6. 改变教育方式,尊重孩子,杜绝打骂孩子的情况,那样会加重孩子的问题;
7. 家庭成员中的教育方式要统一;
8. 当看到孩子做"怪动作"时,多用转移法缓解。

58 让孩子一次吃得很多

5岁的星星是个很活泼的小男孩。近来每天晚上都在11点后才睡觉,晚上还经常肚子难受,第二天又起不来,总是迟到,在幼儿园挨老师批评。我看到孩子各方面都很好,仔细询问,原来是这段时间奶奶从外地来,心疼孙子在幼儿园吃不好,就会在晚餐中多加几个菜,经常会有孩子喜欢吃的鸡翅、牛肉、鱼和虾等等,星星自然高兴得不得了,在家长的鼓励下,自然吃得很多。

分析:

孩子晚上的活动不多,吃得多会给胃肠道增加太多的负担,当然就会不舒服了;睡得又很晚,自然第二天会起不来了。孩子的胃肠道功能是很不完善的，肠道粘膜的吸收功能也是不完善的，孩子又特别好动。正是在生长发育的关键时期，正常的营养摄入是必须的，但是我接触到许多的家长总是担心孩子吃不好、吃不多，就怕影响了孩子的生长发育，一次会让孩子吃很多食物，有时候食物的种类还会很多，可是就是没有考虑到孩子的吸收功能。儿童时期，各个系统的功能发育都是很不完善的，胃肠道功能更是如此，对食物的选择及消化、吸收功能等都是有"讲究"的。食物的摄入、消化、吸收是依靠口腔的研磨作用、胃酸的作用及胃的摆动作用、肠道的蠕动作用等来完成的，缺一不可，无论哪一个环节出了状况，都会使孩子感觉到不适。特别是有许多孩子，白天不在家里吃饭，晚上回家都会吃得太多，品种也很多样，那样对孩子的生长是有很大影响的。小孩子的肠管是其身体的6倍，而成年人是4倍，所以，孩子更容易出现肠蠕动异常的问题。如果一次性吃得太多，必定会给肠道造成负担，而吃品种过多，也会出现肠功能吸收紊乱的问题。

🌱 控制孩子饭量的小贴士：

1. 家长要明确孩子每次的饭量，这个量不能依着孩子来定；
2. 家长不要总是说"这孩子就是吃得很多"；
3. 看到孩子吃好了还要吃，家长最好把宝宝引开，但态度不要强硬，更多的时候，家长要用转移法来引导孩子；
4. 尽量给孩子的膳食色香味俱全，营养搭配，比例适当；
5. 大一些的孩子，家长可以通过讲故事的形式来教育孩子，使其学会适当控制饭量；
6. 坚持引导孩子，一次不吃很多、很杂的食物。

 ## 59 过早地让孩子练习写字

我见到恒恒时,他8岁,是一个清秀的三年级男孩,被他父母带来看"孩子就是不爱写字"的问题。恒恒很聪明,但是就是不愿意写字,每每口头的练习作业,恒恒都是很快完成,而且还很高兴,但是,就是害怕书写的作业,一到写功课,恒恒就"头疼了"。写得又慢,又不好,还经常用橡皮。我了解到,恒恒的父母都是研究生,一心想培养自己的孩子从小爱学习的习惯,将来成为科学家。所以,在恒恒3岁多的时候就学写字了,开始恒恒还是很愿意写的,也会得到父母的表扬和鼓励,慢慢地,家长要求恒恒写的字数越来越多,也要求恒恒越写越好,每天一定要恒恒写满5张纸。恒恒越写越不高兴了,越写就越不好好写,父母此时就会批评孩子,恒恒一不高兴,父母的批评也越来越严厉。如此三年多来,孩子变得十分害怕写字,只要一说到写字,恒恒就会"紧张"。

分析:

我们可以想象,一个十分害怕写字的孩子如何在学校学习呢?父母以为孩子得了什么病,到处带恒恒"看病",这期间恒恒看到的、听到的都是"这孩子不好好写字……写不好字……"甚至有的地方诊断孩子得了"书写困难症"等。你们说,恒恒满脑子都是自己"不会写字、写不好字",这样,他还愿意写字吗?还能写好字吗?

好多家长对孩子的期望值过高,在孩子很小的时候就开始训练孩子写字。有许多家长的方式方法欠妥,反而会给孩子带来许多的"压力",甚至是"伤害",这些不愉快的经历会为孩子日后的学习留下阴影。孩子小的时候写字,完全是一种愉快的"游戏"

行为，不同年龄的孩子的专注力（注意力）及记忆力都有所不同，如果家长把写字当成一件必须要孩子完成的事情，给孩子设定了许多的框框和条件，那么，就会给孩子带来压力和负担，结果也就会事与愿违。

引导孩子写字的小贴士：

1. 在孩子3～5岁时可以锻炼孩子写字，为读书写字打基础；
2. 让孩子写字，要让孩子感觉是在"游戏"；
3. 不要给孩子分配"任务"；
4. 不要给孩子规定"指标"；
5. 无论孩子的字写得好坏都要鼓励孩子；
6. 不要以"写字"来惩罚孩子；
7. 当孩子不愿意写的时候，引导孩子坚持写，再不愿意，就停止，做其他的游戏；
8. 要根据孩子的年龄及心理特点，每次锻炼写字的时间不要过长，10～20分钟就可以；
9. 让孩子在写字中得到乐趣，表扬、鼓励孩子；
10. 孩子有厌烦的情绪时，家长要及时做耐心的引导和教育。

60 孩子的"口吃"问题

刘护士长的儿子小元，上幼儿园了，开始一切都挺好的，可是，近来发现孩子讲话时出现了"口吃"的情况，护士长无论怎么纠正，孩子就是难改，反而有加重的情况，护士长着急了，带孩子来看医生了。我了解到，最近小元在幼儿园里和其他小朋友产生了小矛盾，没有解决好，还有一个有"口吃"的小朋友转班过来。孩子自己无法调节好和同伴的不愉快，这时候会很容易出一些状况的。

分析：

在语言发育时期，孩子会因为情绪的问题影响到其语言的发展。小元就是这样，与小朋友的矛盾没有解决好，自然就会有心里的不愉快，再加上会不由自主地学别人，就容易发生口吃。妈妈不仅没有帮助小元解决好，她的焦虑情绪反而更加影响了孩子。孩子在语言发育过程中，有时候会出现口吃现象，家长既不能过于强化孩子的口吃，也不可忽视孩子的口吃。

一般都有哪些原因造成口吃呢？

1. 模仿和暗示：口吃大部分是由于小儿幼时候学别人得来的。儿童期正是学习和掌握语言的关键时期，儿童的心理特点之一是模仿性强和易受暗示。亲友、同学和邻居中如果有口吃的人，就会成为模仿的对象。

2. 心理因素：大量事实表明，儿童口吃是在儿童受惊、被严厉斥责、被惩罚或嘲笑、环境突然发生变化、父母双亡或离异、家庭不和睦等情景下引起恐惧产生焦虑情绪的结果。

3. 疾病影响：与发音、对语言理解甚至读书写字有密切关系的神经系统发生障碍，如小儿癫痫、麻疹、热病、脑病、百日咳、猩红热、脓症、鼻炎、扁桃腺发炎或肥大等等，以及耳鼻喉科的疾病，多少都能使呼吸和发声受到影响。

4. 遗传问题：口吃与遗传、大脑两半球优势或某种功能障碍有关，与语言神经末梢缺陷有关，口吃患者的家族常有口吃历史。此外，小儿说话结结巴巴的原因主要在于患者身体上某些负责发音的肌肉组织功能太弱，而这些因素都可以通过生殖细胞遗传给下一代。家长对待口吃孩子的态度很重要，如果家长整天说孩子口吃的问题，会给孩子无形的压力，孩子本来就说不好，自己也着急，家长若总是说，就会强化这件事，孩子就会更说不好。如果家长不去积极地帮助孩子讲话，那么口吃的问题有可能会持续到成年。口吃的孩子就会有自卑感，缺乏自信心。

讲话结巴的小贴士：

1. 不要大声训斥孩子，更不要嘲笑，要善于诱导，不可操之过急，要知道，在这种情况下，家长的耐心是最重要的。
2. 想办法减少孩子的心理压力，保持良好的心理状态。如果孩子口吃稍好一些，家长应及时鼓励，增强孩子战胜口吃的信心。
3. 进行语言训练，一定要在肌肉放松时练习发音，让其放慢说话速度，延长说话时间，进行反复训练。
4. 尽量避免与口吃儿童的接触，以免因相互影响而加重口吃；
5. 带孩子做场景游戏训练；
6. 鼓励孩子用语言表达，但是不强逼孩子说或改变；
7. 家长要去除焦急的心理情绪；
8. 不要说孩子口吃的事情。

给孩子心理支持治疗很重要：家长要为口吃的孩子创造一个愉快安定的环境，消除其思想负担，减少口吃的程度。当孩子有口吃时，不要模仿、嘲笑孩子，不要使周围人过分注意孩子说话的缺陷，不能表现出急躁情绪粗暴地中断小儿讲话，父母应多给予安慰和鼓励，指导孩子说话时放慢速度，降低音量，从容不迫地讲，引导孩子树立克服口吃的自信心。

其次是语言矫正训练：在心理治疗的基础上，使小儿有信心，自在地呼吸和运用语言器官，才能获得语言矫正训练的成功。

可采取以下几种方法：

（1）慢。让孩子减慢讲话的速度，既可减少口吃，又可使人听得清楚,当孩子不再有口吃时,再慢慢提高说话速度。

(2)低。让孩子说话时降低音量,因为轻柔地说话能防止口吃。

(3)不急。对于每一个短语的第一个字要缓慢地、轻轻地诱导其发出声音,然后向第二个字轻轻地滑动,因为口吃小孩大多对短语的第一个字发音感到困难,如果发音过急过重,口吃势必发生,因此这是一个关键。

(4)多说。多讲多练,在日常生活中利用一切机会与口吃的孩子进行交谈和练习,不要间断或半途而废,让孩子多唱歌、念儿歌、讲故事或复述其个人愉快的事,锻炼说话连贯以利纠正口吃。

儿童心理健康会影响孩子的一生，儿童时期没有解决好的某些心理阴影会一直持续到成年，会给成年后的工作、学习及生活带来很大的影响。心理健康涉及儿童的知觉、认知、情绪、人格、行为、人际关系、自制力、自我意识、社会关系等许多领域，也与日常生活的许多方面，如家庭环境、学校环境、教育模式、健康和社会环境等有着密切的关联。

愉快的情绪、良好的心理状态以及对待各种事物积极的心理反应是心理健康的标志，而健康的心理是需要从孩子的婴幼儿期就开始培养的。

早期建立良好的亲子关系（母婴情感联结），尽可能满足婴幼儿依恋（情感）需求是塑造儿童健康心理的基本前提。

下面，我们看看家长有哪些做法可能会对孩子的心理健康产生影响呢？南医生在这里用生活中真实的案例指导并帮助家长们如何从教育孩子的细节入手，走出养育孩子的一些细节"误区"。

儿童心理篇

01 宝宝进幼儿园前该怎么办？

雅丽是一个非常懂事的可爱小女孩，很喜欢画画，个性比较强。到了3岁，要去幼儿园了，小雅丽很开心，家长带着孩子检查身体，去幼儿园办手续等，都挺好的。有一次，妈妈带孩子出去玩，雅丽看到了喜欢的图画笔，就非常想买，妈妈却说："不可以！你都要上幼儿园了，在学校会画的，家里就不要画了，不可以买！"孩子就只好听妈妈的话不买了，但是，在孩子的心里，就会有这样的印象：到幼儿园可以画，在家里就不能画，不能买画笔了。再后来，当小雅丽"不乖、不听话"的时候，家长都会说"马上送你去幼儿园！看你还乖不乖""不听话，看老师怎么样罚你！"。就这样，本来欢欣鼓舞要去幼儿园的小雅丽，对幼儿园的期盼不那么强烈了。后来，只要发生了一点事情，出了一点问题，孩子就会不愿意再去幼儿园了。家长怎么说都无济于事，孩子就是哭着再不愿意去幼儿园了，最后没有办法，家长只能带着孩子来看心理医生了。

分析：

小孩子的思维不成熟，他们很容易受到各种刺激而改变初衷，也说明孩子的意志力没有那么坚强，小雅丽就是典型的例子。家长的做法肯定是不妥的，要给孩子正确的、积极的教育。雅丽的家长，一开始就没有做好孩子去幼儿园的各种思想"功课"，那么，在孩子出现了一些问题后，又没有很好地帮助解决，导致了孩子的问题越来越严重。孩子在幼儿园里都可能会有不愉快的经历，如果回到家里心理上又没有得到解决，孩子很容易就选择逃避了。

孩子进幼儿园，是首次离开父母独自面对外界一切的开始，怎么样使孩子能很快适应幼儿园的生活呢？家长们除了要给孩子养成各种良好的习惯,还要用心提前做好许多"功课",因为这对孩子来说是一件非常重要的事情,家长马虎不得。如果孩子思想上没有做好充分的准备去接受新的学习、生活环境,那么就会出现许多的不适应。这些不适应又会影响到孩子的心理及情绪。孩子的调节能力较差,家长如果不能够很好地引导、教育,那么,孩子就会"厌烦"幼儿园里的生活,也会为后面进入学校学习带来许多负面影响。好多家长不重视,这是孩子的第一个"分离焦虑"时期,如果处理不好,就会不知不觉地给孩子后期的学习、生活带来很多负面影响。

孩子上幼儿园前的小贴士:

1. 认真地和孩子谈话,告诉他,"你长大了,要上幼儿园了,那里有更多的小朋友,和你一样大,可以一起玩耍"。
2. 耐心告诉孩子为什么要去幼儿园的道理。
3. 要说:"幼儿园里有许多的小朋友,你可以和他们做好朋友!"不说:"幼儿园里可能会有小朋友欺负你,你就打他们!"要说:"幼儿园里的老师可好了,会给你们讲故事、做游戏……"不说:"幼儿园的老师可厉害了!你不听话就会凶你!"要说:"幼儿园里的玩具可多了,你要和小朋友们一起玩啊……"不说:"你到幼儿园里多挑好玩的玩具玩啊……不然就玩不到……"
4. 不要问孩子:"你愿意去幼儿园吗?"即不要让孩子自行选择。
5. 带孩子提前去幼儿园看看、玩玩,告诉他:"这就是你们的幼儿园,多漂亮啊!"
6. 如果孩子不愿意去,那么就要耐心地讲道理,不可以硬行逼迫孩子去幼儿园。
7. 当孩子在幼儿园有不开心的事情发生,家长要耐心地帮助孩子,

不要夸大问题。
8. 要和孩子分享在幼儿园里的点滴快乐，哪怕是一丝一毫的快乐，家长都要开开心心。
9. 孩子有不适应的情绪，家长也要坚持送孩子去。

 温顺、乖巧的孩子好吗？

  童童是个非常乖的5岁多男孩。一直以来，父母亲都觉得这孩子特别好带，很听话，很省心。童童对许多事情也没有过多的要求，经常一个人玩，并且可以玩很长的时间；家长感觉也落得个清静，便不去多管孩子了。平时就觉得孩子很"乖""听话"，老师说在幼儿园里童童也是"很乖的"，不太喜欢和小朋友玩，也从来不惹事情，只是到了孩子大班快结束，就要上小学的时候，孩子就是不愿意去读书了！家长一说上学，童童就会发火，哭着喊着不要上学。这让家长很不解，孩子到底是怎么啦？通过到儿童专科医院检查测评，孩子已经有自闭倾向了，这可是急坏了家长。孩子的兴趣狭窄，不和人交流，对大人的话也理解得很差……

  孩子在幼儿园里就表现出了与其他孩子的不同，总是喜欢独自玩耍，与他人交流很少，但是家长没有给孩子很好的教育和关爱。在孩子生长发育的关键时期，家长不能因为孩子"很乖""听话"而少于关心、教育孩子，每个孩子的个性特点均不同，接受知识的领悟力也不同，在孩子表现出与同龄孩子不相仿的行为时，家长就要积极地帮助孩子，需要时，要进行干预、纠正。

分析：

  大人们总会更喜欢"听话""乖巧""安静"的孩子，因为这样的孩子很让大人省心，"管教"起来也比"活泼好动"的孩子更加容易，但事实上，这样的孩子往往是被大人们所忽略的。缺少被关心、被疼爱，久而久之，这样的孩子更加不愿意与人沟通交流。童童实则是很孤独的，但是他自己又无法排解，才会采取逃避的方式，不想再去上学了。在现实生活中，每个宝宝受到遗传基因与家庭环境及营养等因素的影响，出生后的脾气、个性特点、对同一事物都会有不同的反应。有些宝宝的性格天生就温顺、乖巧，不会给大人添麻烦，许多家长会因此感到欣慰，因此也减少了与孩子交流的机会。而一些对宝宝应有的照顾，特别是母亲和孩子说话的次数会随之减少许多，母子间相互"沟通""交流"的机会会大大减少，往往缺失了对孩子脑神经细胞的刺激作用，使传递各种信息的功能减少，无形中会导致孩子语言发育、反应能力等方面的落后；若在语言学习方面没有太大的异常，也有可能使孩子的社会性发展比较低下，性格内向。这样的孩子个性不活泼、动作较缓慢、办事常常消极、反应比较迟缓，这些是与母亲在宝宝出生后没有给予足够的语言刺激及有效的积极教育培养有很大关系。对性格内向、安静的孩子，家长要积极给予孩子声音、语言、表情等刺激；对比较急躁的宝宝，家长要有足够的耐心说教，语言要温和、轻柔，但是要坚决，不可以让孩子觉得有空子可钻，从而助长了不良性格的滋生。

父母是孩子的第一任教师，特别是母亲，给予婴儿的亲身生活体验越多，和孩子一起游戏时间越多，才越有可能培养出健康、活泼、懂事的孩子。

杜绝孩子太过于温顺的小贴士：

1. 父母不要总说"这孩子很乖，就会自己玩……"这样的话；
2. 多陪伴孩子，和孩子一起玩的时候，要主动和孩子交流沟通；

3. 多带孩子参与到集体中去，要鼓励孩子和同龄小朋友在一起玩耍；
4. 当孩子不愿意和别的小朋友玩的时候，不去责怪他，而是要引导他，不硬逼孩子去玩；
5. 要制定和孩子一起玩的游戏，引导孩子积极参与；
6. 无论孩子做得怎么样，家长都要鼓励孩子，赞扬孩子；
7. 鼓励孩子结识自己的伙伴，并且学会好好相处；
8. 对过于"乖巧"的孩子，要看医生，排除异常，及早干预。

03 凡事依着孩子

牛牛是个很聪明的6岁男孩，马上就要上小学了，可是妈妈很担心孩子到学校后会影响其他同学，因为牛牛一点儿也不遵守规矩，想做什么就做什么。牛牛从小是爷爷奶奶带大的，溺爱有加，样样事情都会依着牛牛，孩子要怎么样就怎么样，很少有不按照孩子的意愿去做的时候。到牛牛要上学了，才回到了父母身边，可是，孩子天天喊着要回老家找爷爷奶奶，不愿意去上学。这怎么行呢？妈妈越是给牛牛讲道理，牛牛就越是不听，还总是发脾气，父母情急之下就来找心理医生了。

分析：

这样的结果与长期以来家庭教育中的宠爱、放纵以及孩子的个性特点、环境等都有很大的关系。孩子的无规矩、不听话是多年养成的习惯，孩子从小就不守规矩，要怎么样就怎么样，没有养成好习惯，一旦要上规矩、受约束，自然就会感到很不习惯、很难受。家长要有的放矢地引导、训练孩子，使其身心健康地发展,不能完全顺着孩子的情绪和意思来完成照顾孩子、养育孩子的过程。样样事情都依着孩子,只会使孩子失去最重要的"自我努力",如果孩子想怎样就会得到满足,那么当其离开了父母,就会非常无助。

那么,我们怎样给孩子建立"规矩"呢?在孩子能理解大人的语言后,家长就应该一点一滴地帮助孩子建立"规矩"。也就是说,让孩子明白哪些是可以做的,哪些是不可以做的。不可以做的事情,家长要耐心地给孩子讲清楚为什么不可以。对小宝宝,家长要表情严肃地让孩子知道什么事是不应该做的;对大宝宝,可以通过讲故事教育孩子,逐步建立好"规矩"。

在生活中,我们要给孩子创造良好的环境,培养愉快的心情,那样才有利于孩子的身心发展。我们常看见许多家长一味地依着孩子,如看到刚出生不久的小宝宝被大人竖起来抱着,小脑袋耷拉着抬不起头来;还有的宝宝都1岁了,总是爱喝糖水,从来没有喝过白开水,也从不愿意喝白开水,孩子要怎么样就怎么样,为什么会出现这样的情况呢?家长的回答直接而简单——"因为那样做宝宝高兴啊"。这是极不负责任的说法。我们家长是孩子的监护人,孩子幼小,根本没有分辨对与错的能力,无法表达的意思他们只能用情绪、表情来传达他们的喜怒哀乐,他们常常以兴奋、喜悦表达他们得到的满足,而不去管这种满足正确与否,是否对他们的生长发育有好处。

面对"任性"孩子的小贴士:

1. 凡事不和孩子"对着干",如果孩子"硬",家长就要表现出温和的态度来;
2. 在孩子情绪平稳后,和孩子沟通,耐心教育;
3. 让孩子学会等待,先理解孩子的要求,不否定孩子,再讲道理;

4. 不去逢人就说孩子任性的问题；
5. 对大一些的孩子（2岁后）的任性，有时候要适当地给予"惩罚"，让孩子懂得，自己的无理要求是要付出代价的，当然惩罚也要得当；
6. 生活中处处引导孩子，建立"规矩"；
7. 全家人的教育方式都要一致；
8. 经过改变方法教育，孩子依然任性严重，要带孩子看医生。

04 过早地把孩子从幼儿园接回来

豆豆3岁了，在上幼儿园，是个个性特别强的男孩子。一开始孩子很喜欢去幼儿园，但是一到幼儿园，遇到许多不认识的小朋友，加上豆豆又不会自己吃饭，自己也睡不好觉等，这些让豆豆很烦恼、不开心，豆豆就会哭，就不愿意再去幼儿园了。这是孩子第一次离开了爷爷奶奶、爸爸妈妈，独自到一个新的地方，不适应是情有可原的。于是，爷爷奶奶每天把豆豆送去幼儿园时都会说："一会儿吃饭我们就把你接回家里。"豆豆呢，就这样"坚持"着，等待着爷爷奶奶来接回家。几个月过去了，豆豆依然不愿意到幼儿园，就算去了，也是嘱咐爷爷奶奶："早一点儿来接我回家啊……"结果，豆豆始终无法适应幼儿园的集体生活。

分析：

孩子上幼儿园就是为了锻炼各种能力，是为以后读书等做准备。豆豆爷爷奶奶的做法，从表面上看孩子是舒服了，不哭了，开心了。但是，孩子的能力没有得到锻炼。孩子依然不会自己吃饭，不愿意自己睡觉，依然不会和同龄小朋友交往，这样就失去上幼儿园的意义了。

孩子上幼儿园，是孩子第一次离开父母、离开家、独立面对同伴和老师的首次锻炼机会。这段时间，孩子有可能会很不适应，有一个短暂的"分离痛苦"期，但是不会太长时间，宝宝就会很好地适应了。在宝宝逐渐适应时，家长应该帮助、理解、鼓励、支持孩子。可是有许多家长，就怕孩子在幼儿园里受了委屈、吃不好、睡不好等等，所以就会每天提早把孩子接回家里来照顾，有的家长要么是接宝宝回家里吃饭，要么是接宝宝回家睡觉……总而言之，没有让孩子在幼儿园里完整地待上一天。孩子呢，也就无法体验到幼儿园里完整的一天生活了，这样的幼儿园生活对孩子来说，意义不大，或者说是收获甚微。如果家长经常早早地接孩子回家，对孩子的影响既有近期的，也有远期的：近期的是孩子不能坚持适应集体生活；远期的是孩子的能力下降，有很强的依赖感，不自信。

不爱上幼儿园的小贴士：

1. 家长先理解孩子，分析孩子不愿意上幼儿园的主要原因是什么；
2. 包容孩子，不去责怪孩子不愿意上幼儿园这件事情；
3. 积极地帮助孩子克服、改变缺点，如孩子自己不会吃饭，就积极锻炼他自己吃饭；
4. 家长不要拿自己的孩子和别的小朋友比较；
5. 家长多说会加重孩子的问题，要耐心地给孩子讲道理；
6. 可以通过各种方式，如讲故事、做游戏等，激发孩子自己主动要去幼儿园；
7. 不要到处说孩子不愿意去幼儿园的事情；
8. 家长要立场坚定"幼儿园是你必须要去的"，不要总问孩子："你愿不愿意去幼儿园呢？"家长要坚持每天送孩子上幼儿园。

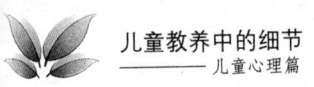

05 重智商，轻情商

我认识许多家长，在教育孩子的过程中，总是以提高孩子的智商为主要目的，往往忽略孩子情商的培养，莉莉的妈妈就是其中一个。莉莉妈妈在孩子很小的时候就教孩子认字、读书、写字，莉莉长大了，又送去学画画、学书法、学围棋等等。可是，家长很少或者不教孩子如何和小朋友相处，如何分享，如何尊重他人。莉莉的脾气很急，经常会和小朋友争执，妈妈呢，总是批评别人。这让莉莉觉得自己什么都是好的，都是对的。因为如此，莉莉稍有不如意就会发脾气，常常独自一个人生气。

分析：

孩子是不清楚自己将来的发展方向的，家长的引导就显得非常重要。孩子的不同经历及经验的获得都会使其增长知识、提高能力。如果家长只片面地引导孩子加强智能发展，不去考虑孩子的社会交往能力、抗挫折能力等方面的锻炼，那么，孩子就失去了提高这方面能力的机会。父母亲对孩子的期望都是望子成龙、望女成凤的，都希望把孩子培养成为有所作为、有能力的人才，但是在教养过程中，许多家长往往只偏重孩子智商的培养，而忽略对孩子情商及各种能力的培养。他们认为孩子聪明、学习好就是培养成功的，其实不然，常有家长在孩子很小的时候就强化孩子的认知，如读书和写字，而不注重孩子良好的生活习惯、各种能力及心理发育的训练培养。家长往往不去引导孩子与人（同龄儿）友好相处，在家里或是在外面不让孩子受一丝一毫的委屈，只是盲目地教孩子认很多的字，背很多的诗词，在孩子幼小时就让其参加各种各样的学习班，以强化孩子智力的培养，这种做法是不可取的。殊不知，培养孩子从小养成良好习惯、培养孩子的各种能力比掌握许多的知识更重要。试想，一个不会与人交往、不懂得尊重他人、没有团队精神的人，即便他的智商很高，那也是不受欢迎的。如果一个孩子从小就不愿意（实际上也不会）和同龄孩子交往，不理别人，没有礼貌，不会分享；家长也没有重视，更没有教孩子如何与小朋友交往，时间久了，孩子的交往能力就更差了。随着年龄的增长，这个问题就会越来越严重，直接影响到孩子的工作与生活。

从最简单的层次上定义，情商是理解他人及与他人友好相处的能力。这种能力是由五种特征构成的：自我意识、控制情绪、自我激励、认知他人情绪和处理相互关系。我们都知道，一个人的成功与否80%是取决于他情商的高低，而不是智商。

培养孩子情商的小贴士：

婴幼儿期（0～3岁）：家长要以培养孩子各种基础的良好习惯为主。

1. 饮食好习惯。要让宝宝不挑食，均衡饮食，18个月后可以锻炼宝宝自己进餐，自觉遵守饮食时间，规律用餐。
2. 睡眠好习惯。要引导孩子独立睡眠，睡前减少刺激，自觉遵守睡眠时间。
3. 二便规律。要引导宝宝养成如厕好习惯，18个月后逐渐锻炼宝宝自己控制二便，家长不给宝宝如厕压力。
4. 独立能力的培养。引导孩子做力所能及的事情，18个月后要帮助孩子逐步建立自己的伙伴关系。

学龄前期（3～6岁）：良好行为习惯的培养和巩固阶段。

1. 给宝宝建立"规矩"，让宝宝懂得哪些应该，哪些不应该。
2. 孩子做错了，要给宝宝适当的"惩罚"，让孩子明白做错事情是要付出代价的，要为自己的行为负责任，当然，惩罚也要适

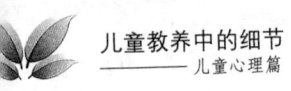

中,不能过度。
3. 学会尊重他人、与人友好相处,礼貌待人,巩固良好的"伙伴关系"。
4. 自理能力的培养,鼓励孩子自己去完成自己的事情。

学龄期(6~16岁):培养孩子良好的学习习惯。
1. 培养孩子独立完成作业。
2. 培养孩子独立思考、解决问题的能力。
3. 培养孩子乐观、积极的生活态度和自立、自强的能力,创造机会让孩子有所表现。
4. 培养孩子集体主义观念。

 **总是让孩子自己玩耍**

玲玲是个5岁的可爱小女孩,一直是比较乖、听话的孩子,可是最近她妈妈有了烦恼:玲玲快要上学了,可是现在在幼儿园都很少和老师、小朋友讲话,总是一个人玩耍,这以后上学了怎么办呢?我理解到玲玲平时说话也很少,妈妈说,这孩子从小就是这样,比较内向,总爱一个人玩耍,家长呢,也就落得清闲。开始的时候,玲玲还拉着要和妈妈玩,可是妈妈虽答应了,却又一直在忙家务,最后玲玲还是自己玩了,时间久了,玲玲就养成了独自玩耍的习惯了。

分析:

孩子在独自玩耍时,不说话与交流,只是动手,而经常独自玩,语言发育就落后了。在孩子成长过程中,特别是在孩子早期的发育阶段,家长的用心陪伴很重要,家长要积极参与到孩子的游戏中去，要在游戏中不断地变换角色，启发、引导孩子，这样孩子的玩耍才会更有意义，才不会让孩子觉得无聊，才不会是浪费时间。一件玩具，也许孩子有他们自己的玩法，家长要尊重他们的想象与创造力，不断地启发孩子，挖掘、调动他们各方面的潜能。孩子幼小时，还不具备很好的独立学习、自我成长的能力，有的家长为了"养成孩子独立自主"的能力，往往是让孩子自己去玩耍：买来新玩具，让孩子自己玩；到了游乐场，让孩子自己玩。我们认为，适当地让孩子自己玩是可以的，特别是当孩子年龄大了，有自主学习的能力时，但是，当孩子幼小时，学习都是在玩耍中进行的，这样的玩耍要能够让孩子有兴趣参加，并且能够较长时间吸引孩子才行。若总是让孩子一个人去玩耍，孩子不能够从玩具和游戏中得到启迪，久而久之就没有了兴趣，或者是没有收获。如果家长陪伴孩子一起玩，会让孩子快速学习，家长的引导也会使孩子更容易进入角色，孩子会更快接受家长传递的知识；并且，直观的教育、有目的的玩耍更会加强孩子的注意力及记忆力。

训练孩子会玩儿的小贴士：

1. 针对不同年龄段的孩子设定不同的游戏，家长和孩子一起玩；
2. 在游戏中家长要给孩子自信、鼓励与理解、包容；
3. 鼓励孩子在游戏中创造、想象，挖掘孩子的潜能；
4. 在游戏中，家长要发现孩子的问题，并且积极地给予纠正；
5. 不要让孩子独自玩太长时间；
6. 对特殊的孩子要设计特殊的游戏；
7. 家长的引导固然重要，也要鼓励孩子独立思考，要尊重孩子的"胡思乱想""异想天开"；
8. 孩子如果一直不愿意和小朋友玩耍，那么家长就更应该多引导

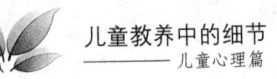

9. 对一直不愿意和同伴玩耍的孩子，且又伴有情绪等问题，家长就要带去看心理医生。

 **经常帮助孩子整理东西**

嘟嘟上大班了，是个很聪明、活泼的男孩。但是，妈妈说这些天嘟嘟有些情绪低落，还会经常说"老师不好，老师讨厌……"妈妈问孩子什么原因，嘟嘟就是不愿意说，这可是急坏了妈妈。到底发生了什么事情呢？妈妈带着孩子找到了我。

我和孩子耐心地沟通后才知道缘由：最近老师让小朋友分组玩玩具，玩好玩具要自己整理好、收好，一开始，嘟嘟还愿意收，可是到后来就再也不愿意收了，小朋友看到嘟嘟光知道玩儿，不愿意收玩具，就都不愿意和嘟嘟一个组了，嘟嘟就很不开心。

分析：

嘟嘟在家里，玩具从来都是大人帮助收拾的，到了幼儿园自然也就没有主动收玩具的习惯。这样做，老师就会批评，小朋友还不愿意和他一个组，孩子当然很郁闷、不开心、情绪低落了。要知道，孩子的良好习惯是在生活中一点一滴培养起来的，形成习惯后，就会自觉自愿地去做，就会感觉到快乐；孩子如果没有养成好习惯，家长又强迫他做时，他就会不开心，就会抱怨，嘟嘟就是如此。

妈妈说，嘟嘟小时候家长也让他自己理玩具，可是，孩子的爷爷奶奶经常会帮着收，时间久了，嘟嘟自然而然以为玩具玩好就会有人帮着收好的，不需要自己整理。

孩子良好的行为习惯会伴随他一生的工作、学习和生活，整理东西，也是孩子良好行为习惯之一。孩子在婴儿期，没有自我料理的能力，也没有整理东西的意识，但是，随着孩子年龄的增加，到18个月左右，孩子的自我意识加强了，这时候，家长就要有意识地锻炼、培养孩子的自我料理及整理东西的好习惯。可是，有些家长怕孩子做不好，经常会主动帮助孩子做很多的事情，那样就会使孩子的自我能力得不到锻炼，久而久之，还会由此带来其他问题。

教育孩子整理东西的小贴士：

1. 孩子1岁左右时，家长要边做边说，让孩子看到、听到。例如每次吃完奶，妈妈可以说："我们把奶瓶放好，下次再用。"
2. 孩子18个月左右时，家长在孩子玩好玩具后，要引导孩子自己收好玩具，可以这样说："我们让玩具回家休息吧！"
3. 当孩子不愿意做的时候，家长也不要严厉地训斥孩子，不要逼迫孩子去做，要耐心、微笑着和孩子说："妈妈和你一起收玩具吧，来，我们比赛！"
4. 家长要坚持鼓励孩子整理好玩具，才可以做后面的事情。
5. 利用事前肯定法。可以对孩子说："妈妈就知道你会理得非常好！"
6. 给孩子讲能够听得明白的道理，不讲大道理。
7. 不要强化孩子的错误行为，例如说："这孩子就是不爱收玩具！"
8. 全家人要保持一致。

08 把孩子当成木偶

我在门诊时，遇到16岁的男孩健健，他做事没有主见，并且有强烈的依赖心理，家长带他来就诊。我仔细地询问了家长和孩子有关情况，因为家里是几代单传，从小到大，孩子都是在爷爷奶奶及父母的百般呵护下成长的。对待任何事情，要么是依着孩子，要么一定要按照家长的想法去做，要么就是替代孩子去做，家长就怕孩子自作主张把事情做坏了。长期下来，孩子就养成了强烈的依赖心理，当自己想要做主时，又怕家里人反对，按健健的话说，"我做的事情，要是爸爸不同意的话，就会大发雷霆的，他发脾气可是全家人都要遭殃的""他们办事从来不问我的，我只要按照他们的意思做就是了……那样，就不会犯错误了"。爷爷奶奶及母亲则是替代孩子做了许多事。

分析：

不同年龄的孩子都会有自己的想法和主见，他们有些做法也许是合理的，有些也许是不合理的，但是一定有孩子自己的想法，家长不要一概否定，不要让孩子轻易就放弃了自己的想法。当孩子的想法和做法与客观事实不符合时，家长也不要粗暴地阻止，要耐心地引导，让孩子明白错在哪里，以及为什么错，这样会避免今后犯类似的错误。盲目的替代会使孩子产生依赖心理。

家庭中的大小事情，凡是与孩子有关的，家长都应该首先和孩子沟通，问问孩子的想法，听听他们的意见，尊重他们，不能什么事情都是家长说了算，完全按照家长的意愿而不考虑孩子的想法是不可取的。在喂养和教育孩子的过程中，许多家长往往是一意孤行，从来不考虑、不尊重孩子的意愿，他们认为孩子小，什么都不懂，无法自己做决定，所以，总是命令式地告诉孩子该怎样去做、要去做什么。比如，年幼的宝宝睡得很香，但是家长一定要把宝宝叫醒，因为到了吃饭的时候了；有时孩子情绪不佳，饭量很小，家长却一定要强迫孩子多吃饭；年长些的孩子喜欢画画，可是家长一定要孩子学习书法；孩子喜欢小提琴，但是家长却一定要孩子学钢琴……孩子在这种强硬的主观教育模式下，会很压抑，长久就养成了没有主见、没有信心、唯唯诺诺的性格，最重要的是没有了自信！个性强的孩子就有可能强烈地和父母对抗、争执、叛逆，从而做出了更加出格的事情来。我们说一个人无论做什么事情，心理状态是很重要的，家长要尊重孩子，当孩子做出不符合常理的决定时，家长首先要理解，然后再积极说服教育，家长需要有耐心，讲话需要有技巧。盲目地替代孩子做任何事情更会使孩子的自身能力降低。

让孩子既听话又独立的小贴士：

1. 家长首先要理解孩子的幼稚、无知，知道孩子可能会提出各种各样的想法，特别是在学龄前（3~6岁）；
2. 不去责怪孩子，耐心了解孩子的真实想法是什么；
3. 家长可以采取各种方法，如讲故事、做游戏等，给孩子讲道理，使孩子愿意接受家长的建议；
4. 不强迫孩子接受家长的意见，要让孩子心服口服；
5. 肯定孩子，理解孩子，尊重孩子；
6. 不包办、不替代孩子做事情；
7. 给孩子信心，放手让他们自己做；
8. 用具体的事情鼓励孩子，让孩子明白自己哪里做得好。

"不用操心"的孩子

姚家的宝宝多多，虽然是男孩，但是胆小不爱讲话，谁都说孩子很"乖"，妈妈逢人就夸孩子"我们这孩子就是乖，不淘气，很听话,也不乱跑……"。妈妈的话,让孩子牢牢记在了心里,久而久之,孩子的话就越来越少,也变得不主动讲话,更不愿意和别人多交流。孩子性格变得孤僻,幼儿园里没有小朋友愿意和他玩。等家长发现了问题,再纠正就困难了。

分析:

多多的性格是内向的,家长在生活中没有弥补孩子性格的弱点,反而在教育中"发展"了孩子性格不利的一面。如果孩子的特点是难养型的,比较吵闹,那么家长就要用极大的耐心来引导、教育孩子安静;当孩子吵闹时,家长就不能用更严厉的方法"压"孩子,要缓和教育,不然就会助长了孩子的急躁脾气;如果孩子是易养型的,家长就要多引导孩子"动"起来。孩子的特点比较内向,家长就要多和孩子一起游戏、讲话。而姚家的宝宝得到的教育却不是这样的,孩子的性格自然就会变得孤僻。

每个孩子的性格特点及气质都是不相同的。家长不能片面地认定"乖、听话"的孩子就是好孩子,要全面地看待孩子的心智发展,观察是否与同龄孩子相仿。家长若是经常夸孩子怎么样,孩子就会因为妈妈的肯定和鼓励照此做下去。实际上,也许妈妈的肯定和夸赞是片面的。每个孩子的个性特点、气质不同,会受到家长、老师及同伴不一样的看待,常有家长为自己家里有乖巧的孩子、不用操心的孩子而欣慰。每个孩子生活的环境不同,所受的教育程度及方式方法也不同,性格特点也不相同。内向的孩子往往很少言语,不善于经常和别人交流想法,内心的需求也不善于表达,自己的事情总是自己闷头做,而无论做得怎样;外向的孩子就相反,他们经常活动不止,爱问这问那。作为家长,要善于分析孩子的性格特点,如果是较内向的孩子,不善言语,就一定要经常引导,多带孩子出来与不同的人交往,要多与孩子沟通,特别是了解孩子的真实想法,不能因为孩子"乖巧、听话",

不用自己操心而欣慰。

每个孩子的性格特点受遗传、家庭环境、教养方式的影响而各不相同，按气质特点一般分：难养型、易养型、偏易养型和偏难养型。我们的教养方式要根据孩子的气质特点进行，扬长避短，有的放矢，给予孩子积极的、针对性的教育培养。

易养型孩子的教育小贴士：

1. 要制造一些适合孩子年龄特点的游戏，和孩子一起玩；
2. 经常带孩子到亲子中心，和同龄的小朋友玩；
3. 多关心孩子，和孩子多沟通、交流；
4. 引导孩子主动帮助家长做一些事情；
5. 在生活中给孩子更多的鼓励、自信；
6. 平时要鼓励孩子多出去，不要经常"宅"在家里；
7. 不要经常说"这孩子就是不爱出去……""很乖的……"等类似的话；
8. 在游戏中，要多引导孩子"动"起来；
9. 在引导孩子学习的时候，要扬长避短地选择适合孩子的游戏项目；
10. 对于不符合年龄特征、特别"乖巧"的孩子，要尽早看医生。

10 "不听话"的孩子是"坏孩子"吗？

4岁的牛牛是个十分聪明淘气的男孩，可家里人包括妈妈总是说牛牛不听话，就爱捣乱，将来就是个"不乖的坏孩子"；这样，牛牛就越来越淘气了，常常欺负小朋友，想怎么样就怎么样……妈妈着急了，这将来怎么办啊？妈妈带他来看医生，牛牛自己就说："我就是个爱打人的坏孩子啊，我就是要欺负人的。"我问："谁说你是坏孩子的？"孩子立刻回答："我妈妈就是这么说的啊！"医生无语了。我了解到，牛牛有时候还会帮家里做事情，但是，往往会很着急，会把事情做成另外的样子；妈妈就会严厉地斥责孩子："看看，你做的好事！就知道你做不好的！"想想看，孩子那时的心情会是怎样的呢！妈妈的话把孩子"变成"了什么样子啊！

分析：

家长不能轻易就给孩子下结论，特别是否定孩子的话要少说。牛牛的情况就是这样，孩子经常被家里人说，自己都觉得自己就是个"爱欺负人的坏孩子……"。那么，孩子就会不知不觉那样去做的。当孩子不能够按照家长的意见做事时，特别是面对比较有个性、有想法、好动的孩子，家长更要尊重孩子，问他们有什么想法。当孩子说出他们的想法后，尽管想法是幼稚的、不合乎逻辑的，有的甚至是十分可笑的，但是也要理解孩子，然后再耐心地说教。对于年幼的孩子最好就以讲故事、做游戏的形式传递正确的东西给他们。

在孩子不听话时家长要善于分析，不听话和"坏孩子"根本就是两个概念，不可以画等号，特别是孩子在成长过程中有明显的"逆反期"，家长要理解孩子的生理、性格及心理特点，耐心地引导，不能总是夸大孩子的"不听话"。

在生活中我们发现有许多孩子，特别是男孩子，生性好动，个性特别强，做任何事情都喜欢自己做主，总是不听父母亲的话，有些家长往往为此很烦恼，觉得自己的孩子怎么总是不听话啊，长大一定是个不懂事、不孝顺的"坏孩子"。家长会花费很多的精力与时间在"教育孩子"上；有的还经常说孩子："你怎么就是不听话啊？将来也是不省心的孩子！"

"不听话"孩子的教育小贴士：

1. 任何时候都不去说他是"不乖、不听话的孩子"；
2. 尊重孩子的想法，哪怕是"不合理"的；
3. 让孩子首先谈谈他自己的想法，不轻易否定孩子；
4. 耐心地给孩子讲道理，可以采取讲故事、举例子的方式；
5. 肯定、鼓励孩子的爱动脑筋；
6. 让孩子做事时，以商量的口气；
7. 事先和孩子一起制定"规矩"，并督促、帮助孩子执行好；
8. 指出孩子做事不到位的地方，告诉他为什么；
9. 家里人的教育方法要一致、统一；
10. 凡事多引导孩子，及时总结。

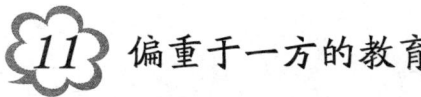

11 偏重于一方的教育

4岁的妞妞，很可爱，是个乖巧聪明的小女生。母亲说妞妞很懒，不爱动手做事。我了解到母亲在孩子小时候就特别注重于对妞妞的语言训练，每天都和孩子讲许多话，还积极引导宝宝开口讲话，所以孩子的语言发育特别好，能说会道，小小的年纪都会背很多唐诗，会讲好多故事，很是讨家长及老师的欢喜。家长也因此常常在亲朋好友面前夸赞妞妞"我们妞妞就是聪明啊，口才特别好，会唱很多的儿歌呢"，更是经常鼓励孩子说话、表演节目，等等。这样无形中就忽略了对孩子动手能力的培养。

分析：

　　有些和妞妞一样大的孩子都有很强的动手能力了，可是妞妞就是不愿意做，越是不愿意做就越是做不好，这与妈妈经常夸奖孩子语言好而忽略了其他方面的综合培养（如动手游戏少了）有关系。像妞妞这样的孩子，语言特别好，可是不爱动手，等到读书了，可能语文的表达阅读能力很好，可是书写能力就会比较差，读书好会常常得到表扬，写字慢又写得不好，可能会受到批评。这种极度的反差就会给孩子带来心理上的压力和情绪上的不愉快，也会影响孩子的学习兴趣。

　　孩子的发展要全面培养，促使德、智、体、美均衡发展。有相当一些家长对孩子的教育培养往往会偏重于某一方面，而忽略了孩子的整体发展，殊不知这样就会使孩子的身心健康发展不均衡，严重的还会导致孩子的心理发育出现障碍。当家长发现看到孩子某一方面有潜质的时候，可以引导挖掘其潜力，但是不能顾此失彼。

合理教育培养孩子的小贴士：

1. 根据孩子的年龄特点来培养；
2. 首先要从培养孩子的良好习惯做起；
3. 认知的培养，应该从生活中一点一滴做起；
4. 最大程度地尊重孩子，如孩子不愿意写书法，那么要耐心做工作，讲道理，还不愿意，也不能强迫孩子；
5. 孩子的长处要表扬，但是孩子的不足之处要积极地帮助纠正；
6. 对于孩子应该做到的，但是做不好的，要积极引导；
7. 对孩子的教育，要有的放矢，扬长避短；
8. 对孩子的弱点，要积极引导做得更加好，补"短板"；
9. 应该将培养孩子的综合能力放在首位。

12 孩子的"反抗期"

上初二的小强,个性特别倔强,每每遇到事情一定要按照自己的想法办,不愿意听从别人的安排,可是父亲也是脾气不小、容易发火的家长,父子俩经常争吵,闹得不可开交。爸爸觉得儿子就应该听话,可是儿子觉得如果爸爸说的是不对的,为什么要听呢?自己都长大了,要有自己的主张,不愿意听从任何人的意见,你越厉害,我就越不听你的!时间久了,爸爸的烦恼俱增,为自己管教不了自己的儿子而苦恼;妈妈为孩子的不听话又增加了许多唠叨;儿子心里的不痛快不知如何调节,情绪低落,不愿意回家,使自己的学习也受到了影响,父母亲又加以指责,小强就更是烦恼了。孩子的困惑烦恼,家长不能理解;家长的烦恼孩子也不明白,最后双方出现了很明显的"对抗"。

分析:

孩子"青春期"的烦恼和情绪如果长时期被压抑,家里人又无法体谅、理解,孩子自己又调节不了,就会出现严重的心理障碍,接下来自然没有兴趣读书了,必须休学。小强就是这样的,当家长明白了自己儿子"反抗"的原因时后悔莫及。许多的家长都知道孩子的成长过程中会出现"反抗期",可是却不能够正确地认识和对待、处理好孩子的"反抗期"。如果在孩子的"反抗期"处理不好和孩子的关系,就会给家长和孩子带来情绪、心理上的烦恼。所以,当孩子生长发育进入"反抗期"的时候,家长要敏锐地察觉孩子各方面的变化,作出正确的回应。

孩子的第一个"反抗期"是在2~3岁左右,这时期孩子会走了,也会说一些话了,似懂非懂的他们常常像个"小大人"一样,遇到事情会处处和大人"对着干",总是"不听话",经常喜欢按照自己的意愿做事，他们有自己的小主意，根本听不进大人的话，特别是你越不让他这样做，他偏要那样做。因为他们不明白为什么不可以，这时候的家长应该耐心地跟孩子讲道理，不要讲大道理，要讲宝宝可以听懂、明白的道理。在和宝宝说"不可以这样，不可以那样做"的同时，要理解孩子，站在孩子的角度分析问题，体谅他们，耐心地告诉他们为什么不可以这样做，这样做的后果将会是什么。

　　如冬天到了，2岁多的豆豆对电油汀感兴趣，可是妈妈就是不许孩子碰，妈妈越说不可以碰，豆豆就越是好奇，终于在妈妈离开一会儿的时候大胆地碰了电油汀，结果被烫伤。怎么避免这个事情的发生呢？妈妈应该先耐心地告诉孩子电油汀的用途、发热会烫伤、烫伤后会怎样，还可以让豆豆的手到电油汀附近感受热，孩子会有本能的反应把手缩回，经过小小的"体验"以后，豆豆就一定不会主动触摸发热的电油汀了。

　　第二个"反抗期"是孩子快进入或者是已经进入青春期的时候，男孩在12～16岁左右，女孩在11～16岁左右。他们有了自己的许多想法，他们常常需要被重视、被尊重、被赞扬、被理解、被肯定、被关怀。家长在这期间一定要掌握好和孩子讲话的尺度，最大限度地尊重他们。遇到事情，要先和孩子沟通，问问孩子的想法是什么，不要经常与孩子"对着干"，更不要试图"压"倒孩子，也不要经常跟孩子讲大道理，遇到孩子脾气比较大，和家长起冲突时，要用"转移法""回避法"减少和孩子正面矛盾的发生，事后还要耐心说服教育孩子去明白道理。在生活中，要时时给孩子信心和勇气，相信、鼓励孩子自己能够解决好问题。如孩子在学习上遇到了挫折，家长就要更多地理解、尊重孩子，看看孩子是否是努力了，帮助孩子找找原因，不能一味地指责孩子。

对待青春期孩子的小贴士：

1. 最大限度地尊重孩子，如不偷看孩子的日记等；
2. 遇到和孩子有关的事情要首先和孩子商量，问问孩子的想法；
3. 不强迫孩子做其不愿意做的事情；
4. 要理解和接纳孩子的一些"出格的想法"；
5. 要和孩子建立平等良好的关系，不要用刻薄的语言和孩子讲话；
6. 当孩子遇到问题，要耐心地倾听；
7. 尽可能每天和孩子一起做运动；
8. 正确认识孩子"早恋"的问题，耐心引导；
9. 实行家庭民主化，使孩子因为自己是家庭的一员而自豪；
10. 多关心孩子，多和孩子交流、沟通。

13 "一本正经"地教育孩子

小雨是个不爱说话的女生，个性又比较强，平时大多和母亲在一起。爸爸长期在外地出差，但是对小雨的关心程度一点儿也没有减少，只要爸爸一回来，就会花很长时间和小雨谈话，谈学习、谈未来、谈很多爸爸想谈的话题。爸爸的口才很好，所以大多数的时间都是爸爸在说，小雨在听。时间久了，爸爸说得很累，小雨听得也很累。后来，小雨就害怕爸爸回来"说教"了……因为这种一次又一次的"关爱式的交谈""为了孩子好的交谈"，缺少了父女之间的互动，更缺少了彼此心灵上的沟通。表面看来，父亲说的话女儿是听了，但是孩子是否认同呢？是否理解呢？不得而知。

分析：

最好的沟通是和孩子互动，是彼此的理解，像小雨父亲那样总是用一本正经的教育方式"说教",实质上对孩子没有起到好的作用。小雨告诉我:"我现在最烦听到老爸说教了!"我说:"你爸爸是为你好啊!"小雨说:"我知道为我好,可是他不许我说话啊,永远都是他在说教!我的头都大了!"

我们教育孩子的最终目的,是要让孩子自己领悟、自我反省、自发成才。如果达不到这个目的,只是得到了孩子表面上的"认同",而没有让孩子从内心深处明白,那么这样的教育就是失败的。经常一本正经地教育("教训、训斥")孩子,结果就是把家长和孩子之间的距离无形中拉得很远,这不是我们所希望看到的。正如案例中的小雨后来便不爱听父亲的教育了,这种教育起到的就是相反的结果。

和谐的家庭教育中,家长和孩子应该相处得如同朋友一样,能够敞开心扉地交流,能够和颜悦色地在一起畅谈。如果家长做错了,也要真诚地向孩子道歉。倘若家长总是像个严肃的"长者"一样,常常以自己的经验和见识"压倒"孩子,一本正经地"教训、训斥"孩子、一本正经地讲大道理,时间久了,孩子就会产生强烈的抵触心理。有时候孩子表面上是"听话了""屈服了""懂道理了",可实际上,孩子的内心深处会有许多的逆反想法,这些想法又会助长孩子的对抗心理,使其行为朝着不健康的方向发展。他们会不愿意再和家长交流,他们会把家长视为"不会理解自己的人",同时还会"封闭"自己的许多想法,更不会向家长表达自己真实的需求了。

教育孩子好效果的小贴士:

1. 理解孩子的"犯错",包容孩子,要相信孩子以后不会再犯同样的错误;
2. 和蔼地和孩子讲"道理",分析缘由;

3. 不是遇到问题首先指责孩子，而是耐心询问；
4. 指出错误做法的弊端认真分析给孩子听；
5. 问孩子"以后应该怎么做"，相信孩子；
6. 教育孩子时，态度要尽量缓和，不要带有非常严肃的样子，要不时地和孩子沟通、互动；
7. 给出一些时间让孩子说话。

14 "好动"的孩子

彭宇小朋友，这个活泼可爱的2岁多男孩，就是常常被爷爷奶奶、爸爸妈妈说成是"多动症"的孩子，按照家长的说法，"这孩子除了睡觉老实些，其余时间就是动个不停……""我们真是拿他没有办法了！"我仔细询问家长，孩子的"爱动"是有原因的，家长没有给孩子养成良好的行为习惯，孩子不知道哪些应该做、哪些不应该做，所以，孩子就只有"自我探索"了。简单地说，家长不希望孩子乱动、乱跑，那么，希望孩子做什么就引导孩子去做吧，少些责怪孩子会好很多！如果经常责怪孩子，孩子的"探索精神"就会减弱，也会常常因为家长的阻碍而变得不愉快。

分析：

对一个活泼爱动的2岁多孩子，家长整天不让他动这个干那个，有没有想过孩子的感受是什么呢？家长过分的限制、语言的不断强化，更会加重孩子的好奇心。孩子在2岁左右是十分活泼爱动的，与这个阶段他们的神经网络极其丰富、新陈代谢旺盛有很大的关系，加上这个年龄段的宝宝特别需要"探索世界，积累经验"，所以就会经常跑来跑去、动个不停，他们对什么都感到很

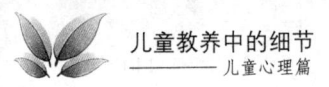

新奇,对什么都有强烈的兴趣,都愿意搞"清楚"。很多家长不理解孩子的这些身心发育特点,对于好动、不听话的孩子会常常责备"这孩子怎么总是动个不停呢""你怎么就是一刻也不停呢?总是乱动呢",有的甚至说孩子是得了"多动症"。这其实是给孩子贴了一个"多动症"的标签,还有的家长因此过分地惩罚孩子,久而久之,孩子就有可能真的变成"多动症"了。

教育"好动"孩子的小贴士:

1. 不去说孩子"就是爱动"的事情;
2. 要夸奖孩子"是很听话的好孩子";
3. 不可以打骂、惩罚"好动"的孩子;
4. 在出门前,要事先和孩子耐心、平和地讲好规矩,应该怎么样,不可以做什么;
5. 引导孩子做注意力的训练,如画图、下棋、捡豆子等,设计"安静"的游戏和孩子玩;
6. 家长如果有"多动"的情况,要注意是否还存在有遗传的问题;
7. 要和老师、学校说清楚孩子的状况,希望配合,多鼓励、帮助并关心孩子;
8. 对于持续出现"多动"半年以上的孩子,家长要带孩子到专业机构就诊,排除真正的"多动症"。

15 常给孩子讲恐怖故事

我遇到护士长时,她闷闷不乐、愁眉苦脸的,一问才知道是她2岁多的儿子不好好吃饭、不好好睡觉,孩子都瘦了一圈了。仔细询问，原来是奶奶每天晚上哄宝宝睡觉时都讲一个"大灰狼的故事"给孩子听，讲完就告诉孩子"你快睡啊，不然那个大灰狼就会来的……"，孩子每次都缩到被子里，又惊又怕地很快就"睡着了"，但是，夜里常常从梦中惊醒。睡眠不好，孩子的饮食自然受到了影响。刚会说话的孩子，最近却常常说"怕……我怕……"，白天还好，一到晚上会加重。如此发展下去，孩子的身心发展会受到很大的摧残。

分析：

每个孩子的个性特点不同，遇到负面事情后，受到的伤害程度也会不同的，特别是内向、胆小的孩子更容易出现异常的恐怖、抑郁心理。护士长的儿子就是听了奶奶讲的恐怖故事后感到害怕，无法调节，形成心理恐惧，影响了睡眠，导致情绪低落后不爱吃饭的。孩子都喜欢听故事，但是孩子处在生长发育的阶段，他们的分析及思维能力远远没有发育成熟，有一些父母不考虑孩子的身心发育及内心的感受，常常给孩子讲一些恐怖的故事，诸如鬼怪、虎狼一类的；有的家长特别爱在宝宝睡觉前讲恐怖故事，他们的目的是"让孩子好好地、快快地睡个好觉……"。殊不知，这种做法大大影响了孩子的情绪及身心健康。有的孩子被吓得不敢说话、不敢乱动、缩在被子里……孩子会在惊恐的状态下睡觉，但是，那个状态下脑细胞的活动却没有停止。如此下去，表面上孩子是"乖了"，实际上，孩子的内心变得懦弱、胆小，遇到事情会后退，接人待物唯唯诺诺，表现得一点儿不阳光。我在心理门诊，会不时地遇到家长带"胆小""脆弱"的孩子前来就诊，仔细询问后得知，60%的孩子都听过家长在睡前或者是白天讲恐怖的故事；有时家长还会连说带吓对孩子说"再不好好睡觉大灰狼就会来啊……"，这些话对孩子发育还不成熟的心理会起到不同程度的伤害作用。

讲故事的小贴士：

1. 不要讲恐怖的故事给孩子听，特别是对胆小、内向的孩子；
2. 不在孩子睡眠时讲恐怖的故事；
3. 孩子大一些（6岁后），有一定的调节能力，可以在故事中夹带一点儿，也不要专门讲恐怖故事；
4. 对于因为从别处听来的恐怖故事而感到害怕的孩子，就要尽快利用故事来化解，去除恐惧心理；
5. 不要经常提及让孩子觉得恐怖的事情，要用"转移法"分散孩子的恐惧情绪；
6. 平时多关心孩子，积极给予正面的教育；
7. 不和孩子开"恐怖"的玩笑；
8. 孩子无端的"胆小"伴有情绪问题，要看心理医生。

16 父母的教育意见不统一

二年级的丽丽同学，聪明好学，谁都喜欢，可就是经常会在父母之间"讨好"其一，还会说一些"不利于家庭团结的话"，如和爸爸说"妈妈又买了衣服……"，和妈妈说"爸爸回来后什么事情都不干，只是打电话"等等。这使父母很头疼，还引起了不少的家庭矛盾。这究竟是什么原因呢？我了解到，父母在许多问题上意见不一致时，会经常争吵，而且也不避讳孩子，久而久之，孩子就自认为"弄懂了"父母的心思，就会"讨好"某一方。

分析：

父母教育应该一致，孩子看到的、听到的要没有太大的出入，像丽丽这样，父母的教育不统一，双方的不断争执也会使孩子学会了"讨好"一方，这样对孩子的心理成长很不利，也不利于家庭的团结和睦。社会、家庭都会有矛盾存在，如果父母在养育孩子过程中有分歧、有矛盾，互相意见不统一，都是正常的，家长可以私下交流沟通，千万不要当着孩子的面争论不休。父母的争论会给孩子带来很多的负面影响，孩子的判断及分析能力还不完善，他们往往会以"主观意识"来判断，然后还会在自己今后的言行中表现出来。父母若总是在孩子面前诋毁另一方，会使孩子接受家长教育的程度大打"折扣"的。

父母是教育孩子最好的，也是第一位老师。在引导、教育孩子成长的过程中，父母的意见、家庭成员之间的意见一定要统一。对于不一致的教育，幼小的孩子不会明白应该听谁的，谁对谁错，孩子就会不知所措，时间长了，孩子对家长的依从性就会动摇，同时，还会养成双重性格。如爸爸说让孩子学钢琴，妈妈却说学书法，父母亲的争执和不同的意见使孩子搞不清楚自己到底该学什么。爸爸说得有道理，妈妈说得也有道理，就算最后孩子选择学了钢琴，但是，妈妈对学钢琴反对的话语会时刻在孩子的耳边响起，会影响孩子的情绪及心理，对孩子的身心发展会起到消极的作用。

家长教育不统一时的小贴士：

1. 家长之间不要在孩子面前争吵，家长一方不在孩子面前贬低、诋毁另一方；
2. 教育理念不同时，要协商，统一意见；
3. 听听孩子的意见，家长可以达到暂时的统一；
4. 教育孩子时，家长要相互配合、互相支持；
5. 父母之间一定要相互尊重，有矛盾时，要多听听孩子及他人的意见；

6. 在孩子面前,积极化解孩子对父母一方的误解。

 给孩子玩过于"超前"的玩具

清扬是一个 8 岁多的男孩。由父母带到门诊来看"注意力不集中"的问题。父母说,清扬一直有注意力不集中的问题,时好时坏。最近呢,功课多了,孩子的问题也就显现出来了,经常不愿意听课,作业也写不好,拖拖拉拉的。我了解到,清扬很聪明,从小家里的玩具就很多,父母为了让孩子更聪明,经常会买一些"超前"的玩具给孩子玩。孩子呢,有的时候很感兴趣,有的时候无从下手,会常常"放弃"玩玩具。经检测,清扬有明显的注意力缺陷。我还了解到,家长在教育孩子的问题上也存在许多分歧,如,双方意见不统一、打骂孩子等。

分析:

经常给孩子玩"超前"的玩具,就容易分散孩子的专注力。因为孩子可能不会玩、玩不好,就很容易放弃,而去选择比较容易玩的玩具,时间久了,就不会专注玩一种玩具了。家长望子成龙的想法都能够理解,甚至家长在孩子生长发育过程中"不惜一切代价"满足孩子的要求,有些家长还会做出许多"拔苗助长"的事情来。为了使孩子更聪明,有些家长会给低年龄的孩子玩超过他年龄的玩具,殊不知,孩子的生长发育都是有一定的规律和特点的,每个宝宝又会有个体差异,对于过于"超前"的玩具,孩子只会盲目地玩,或者感觉无从下手。例如,小婴儿最好玩带声响的玩具,以促进视觉、听觉及感知觉发展,如果家长经常给他玩拼装的玩具,孩子就可能会"乱玩",玩具的价值和孩子的智

能发展都无从谈起了。玩具是给孩子带来身心愉悦,带来满足的,如果孩子从玩具中得不到快乐,就起不到玩具应有的作用了。"超前"的玩具不是绝对不可以玩,只是当孩子玩的时候,家长最好边指导边和孩子一起玩。

选择玩具的小贴士:

1. 首选适合孩子目前年龄段孩子喜欢玩耍的玩具;
2. 玩具要能够促进孩子的认知发展;
3. 玩具制作的材料要环保、无毒、不含铅;
4. 玩具最好能伴随着孩子成长而"长大",如积木;
5. 玩具要可以"经得起"消毒;
6. 要定期给宝宝更换玩具,但是数量不要过多,最好2个月就给孩子添置1~2个新玩具;
7. 最好不要一次让宝宝选择很多的玩具。

18 用"武力"教育孩子

小如是个清秀文静的女孩,这次父亲带她来就诊,是因为孩子交了"数学白卷"。家长不可思议,孩子到底怎么了?父亲是一个非常认真、严谨的人,固执己见,对孩子的要求来不得半点的"马虎"。父亲把分数看得比任何事情都重要,他认为孩子的分数是教育中的首位。父亲严格地"规定"孩子要怎样、不能怎样,当孩子做不到的时候,父亲就会着急,甚至对孩子进行打骂。妈妈更是如此,按爸爸的话说"我有时候还和孩子讲道理呢,她妈妈就不会了,直接就打"。孩子已经习惯了,她告诉我,她在家里最不开心的事情就是挨打，小如还笑着调侃着和我说："我们家里周四是男子单打，周五是女子单打，周六是男女混合双打。"我开始还不解，后来就明白了，原来是周四爸爸打她，周五妈妈打她，周六爸爸妈妈一起打她！小如和同学的关系也相处得很不融洽。

分析：

我在门诊遇到不少因为"经常欺负小朋友""爱打人"来就诊的儿童，仔细询问下来，大约80%的儿童都有过被家长"暴力"的经历，家长脾气暴躁的占了很大一部分。有一个男孩子都读初中了，还经常欺负同学，动不动就对同学大打出手，老师批评他，他还不以为然，脾气一上来，什么都不管，对同学就是拳打脚踢，不考虑后果，学校多次教育无果，只有勒令他退学了。这个同学却说"正好我还不想读书了呢"，家长焦急万分，正是家长的暴力行为影响了孩子，熏陶了孩子。家长的"暴力"行为会给孩子带来许多不良影响。

打就能解决问题吗？小如的父亲说："好像不能，但是会好几天。"我们担心的事情还是发生了，孩子就因为不喜欢数学，竟然交了白卷，做父母的是否想过，孩子为什么不喜欢数学呢？为什么要交白卷呢？为什么打过孩子之后，孩子依然还是那样呢？聪明的家长就不应该对幼小的孩子采取"武力"教育，一定要以引导、讲道理、耐心说服教育为主，如果打骂成了一种"家常便饭"，那就糟糕了。打骂，会成为促使孩子产生心理问题及行为异常的催化剂！2岁后的孩子经常犯错误，家长是可以"惩罚"的，但是，惩罚一定要有个"度"，惩罚的时间要短，要"点到为止"（如绝不能让孩子一个人在黑房间待很久）。

在不同的生长发育过程中，孩子会常常出现"不听话""管不住"的情况，特别是个性强的孩子，处于"逆反期"更是有自己的主张，许多事情都自己做主，不愿意听父母的话，这样总是会引起家长动怒，有家长就会常常以"武力"来使孩子屈服。这些家长认为"棍棒底下出孝子""不打不成才"，可是也会有许多家长在打过孩子后表现得十分懊悔，又加倍地对孩子"好"，这里的"好"其实是无原则的宠爱。我们且不说孩子是幼小的弱势群体，就从孩子的心理生理发育的特殊性来讲，家长最不明智的做法就是常以"武力"来教育孩子了。"武力"是可以让孩子一时"听话"了，可是家长是否想过会产生什么样的后果呢？一是孩子不知不觉地就学会了使用"武力"，他就会在不同的场合也欺负小朋友；二是孩子的心理会产生更大的不满，他会更不服气，因为在不明白道理的情况下挨打，心里会十分地抵触；三是"听话"是暂时的，极大的不满情绪产生是长久的。"冰冻三尺，非一日之寒"，孩子幼年早期受到的教育，不愉快的经历等，都会给孩子带来一生影响的。

杜绝"武力"教育孩子的小贴士：

1. 不在众人面前打骂孩子；
2. 与孩子耐心温和地谈心，先倾听孩子的想法，再作评论和判断；
3. 营造温馨、和谐的家庭氛围；
4. 家长教育方式要统一。

19 宣扬孩子的弱点、缺点

薛小峰是我的一个小患者，今年10岁，是一个患有多动症的孩子。有一段时间孩子的症状明显减轻了，学习成绩也上去了，受到了老师的表扬，家长很欣慰。然而一个偶然的机会，小峰和同学发生了矛盾，动了手，老师自然是批评了他，家长又把小峰打骂了一顿，在大家庭的聚会上，妈妈又说起了这件事情，说小峰如何不懂事、如何"爱打架"等等。当时，孩子就生气地不吃饭跑开了，几天过去了，孩子还不顺心，读书也没有积极性。家长又焦急地来到我的心理诊室，我说："家长要允许孩子犯错误啊……还是要多鼓励孩子！"小峰的妈妈却说："他没有一点儿的好，都是缺点，我们怎么鼓励他呢？"我说："您不能在那么多人面前夸大孩子的缺点啊，孩子也是有自尊心的。"小峰的妈妈却说："我那是为他好啊！他哪里有什么自尊心呢！"我简直无话可说。

分析：

孩子没有优点吗？孩子没有自尊心吗？只要孩子有一丝的进步，家长就应该看到，要鼓励，这样孩子才会有信心坚持下去。像小峰家长那样从来不鼓励孩子，更谈不上表扬孩子，孩子怎么会有自信心努力坚持下去呢？孩子在成长过程中一定会出现这样那样的问题，也会有许多的缺点存在，更会暴露一些弱点，如孩子不好好吃饭、孩子乱咬玩具、孩子经常欺负小朋友、孩子乱拿别人的东西等。我们做家长的应该及时发现，并且采取正确的方式方法，积极帮助孩子克服、纠正缺点和弱点，同时还要调整好自己的心态，而不应该总是在人前人后说孩子的问题。有些家长还会经常夸大孩子的问题，总是唠唠叨叨，如经常说"这孩子就是喜欢拿人家的东西"。其实，孩子就是对别的小朋友的新玩具很感兴趣而想自己玩而已，如果家长总是唠叨，给孩子贴标签，还就真的成了问题。如，孩子偶尔不好好吃饭，家长就到处说"我家宝宝最近都不好好吃饭了"，还经常质问孩子："你怎么不好好吃饭了呢？怎么回事啊？"幼小的孩子是无法回答这些问题的。孩子的心智还没有发育成熟，他们不知道自己会发展成什么样，孩子如果经常听到妈妈说这些话，就会自然而然地认为自己就会是那个样子，所以就不由自主地朝着那个方向发展了。这就是心理学上说的"标签效应"！家长在发现了孩子的任何问题后，首先要找找各方面的原因，特别是家长自身的原因、孩子的主观和客观原因、家庭中存在的原因，然后和孩子聊聊，再给孩子指出问题的严重性，改变自己的教育方式方法，帮助孩子尽快克服自己的弱点和缺点。

 **对待孩子缺点的小贴士：**

1. 不要经常说孩子的问题，特别是不在外人面前说；
2. 在生活中引导孩子积极去改正，要相信孩子是一定能够改正好的；
3. 不以孩子的弱点、缺点去笑话孩子；
4. 孩子越是做不到的，越要帮助孩子去努力做到；
5. 积极地鼓励孩子改变，而不是回避问题，给孩子自信："相信你会克服缺点的！"
6. 多说孩子的优点，扬长避短，给孩子信心；
7. 引导孩子看大局，看整体；
8. 家长要随时端正自己的心态，调整好，不焦虑。

20 从来不肯定孩子

小青是个8岁的男孩子，比较内向，不太爱主动说话，读书还好，就是和同学相处得不是很融洽，不会和老师及同学交流沟通，自卑心理不断地滋生。他说"别人是不会和我玩的""我什么都不如人家……"。我询问妈妈："小青有什么优点呢？"妈妈立刻

说：“他哪有什么优点啊！一点儿都没有！”这时的孩子把头低到最大限度了。当我对孩子说"你的字写得很认真啊！你的画也画得非常好啊"的时候，孩子的表情令我惊讶——有感激，有兴奋，有得意，有怀疑，也有惊讶，还有伴随在眼眶里打转的泪水。我深深感觉到孩子渴望得到周围人的肯定与鼓励的心情是多么的迫切！

分析：

我遇到很多没有自信的孩子，大多与父母经常指责、没有鼓励、没有理解、没有心理情感的支持有很大的关系！我分析，有超过50%的孩子从来没有得到过家长的鼓励，更不要说表扬了。就像小青那样，孩子的自信从哪里来呢？孩子怎么会愉快成长呢？孩子幼小，他们的成长是需要家人的鼓励和支持的，更需要理解和尊重。在他们的自信心还没有完全建立起来的时候，更需要得到亲人的肯定与鼓励，如孩子刚学会走路时摔倒自己爬起来、孩子刚写字时写得很慢却不着急、孩子在玩耍时会与同伴分享、孩子对人很有礼貌，等等。这时，父母的鼓励非常重要，因为这是对孩子表现的肯定。孩子从父母那里得到了肯定就会更有自信做好了。父母的肯定可以有很多表现形式，可以是一个微笑、一个眼神、一个手势、一个动作，这对孩子的心理、情绪稳定发展都会有很大的积极作用，有的家长却从来不这样做，永远都是发现孩子的不足。其实，每一个孩子都有他们的长处，家长对孩子的进步如果很吝啬地没有任何表示，这样久而久之，孩子就会对一切事物失去信心，没有了自信，凡事就会常常怀疑自己"我可不可以做好呢"，又会担忧父母"爸爸妈妈会不会同意呢"，从而顾虑重重，产生不必要的犹豫。

使孩子变自信的小贴士：

1. 多鼓励孩子，表扬具体的事情，而不是笼统地表扬；

2. 放手让孩子自己做事情;
3. 当孩子遇到了挫折,要积极地安慰孩子:"没有关系,下次你一定会做好的!"
4. 父母双方都要一致地鼓励孩子;
5. 经常表现出对孩子的信任,要说:"你可以的!"
6. 希望孩子快些做好功课,不说:"你要快点写啊!不要磨蹭!"要温和地说:"妈妈相信你会很快做好作业的!"
7. 锻炼孩子独立解决事情,做得好坏,都鼓励。

 敷衍孩子的提问

6岁的小童是由爸爸带来看心理门诊的,原因就是孩子最近不爱说话。孩子以前很爱问问题的,什么都问,但是最近不知道为什么不爱问了,爸爸为此很着急。我了解到,这个孩子以前很愿意问问题的,但是由于爸爸工作忙,对孩子的问题,多有不耐烦。时间久了,孩子就不愿意再问了。小童的父亲告诉我,孩子总是问很奇怪的问题,比如"人为什么不在水里工作""天上的飞机碰到老鹰会怎么样啊"等。爸爸就说:"他的问题是让人很头疼的!"家长也会经常对孩子的问题表现得不耐烦。爸爸说前几天孩子就有问问题,爸爸很不高兴地说了孩子:"就你问题最多!能不再问吗?"爸爸这么说,可想而知孩子有多失望!

分析:

不知家长是否想过,孩子能够提出各种各样的问题,说明孩子思考了;孩子能问家长,是期待能从家长这里得到满意的答案。可是家长呢,没有意识到这些,非但没有给孩子一个满意的

答复，反而还指责孩子。家长这样做严重地挫伤了孩子求知好学的积极性，自尊心也会受到伤害。孩子天生就是爱"打破砂锅问到底"的，特别是刚学会说话的孩子，他们的语言发育促进了他们的脑发育。孩子的思维及分析事物的能力也在不断地提高，但是，他们的生活经验是远远不够的，他们需要学习，需要不断地探索，他们会整天拉着大人问这问那，他们的问题可以是"五花八门"的，也可以是"毫无道理"的。但是，家长们对孩子的所有问题都一定要认真地回答，不可以敷衍了事！因为家长的回答就是孩子潜能发挥的闸门，家长不经意敷衍了事，会给孩子带来很多的问题：一是孩子可能会因此不再喜欢提问题了；二是孩子会以为家长讨厌自己，会对自己的言行产生怀疑；三是当严重的挫败感产生后，孩子就不再愿意问问题了，自信心也会因此受到打击。

对待孩子提问的小贴士：

1. 要用赞许的眼光看孩子："你的问题问得很好！"
2. 要认真地回答孩子的问题，既要幽默，又要科学化。
3. 当回答不出来时，家长可以说："你难倒妈妈了，妈妈要看书学习后再告诉你！"当有了"答案"后一定要和孩子说，不能不了了之。
4. 最好在回答问题前，先问孩子："你是怎么想的呢？"
5. 无论孩子说得对错，都鼓励他："你想的也有道理啊！"
6. 不能用厌烦的口气和孩子说话，要尊重孩子！
7. 即使孩子的问题很"出格"，也要耐心地解答。
8. 家长也要不失时机地给孩子提出问题。

 **爱动的孩子就是"多动症"吗？**

小华是个上大班的5岁多的男孩，非常活泼。老师经常会向家长告状：孩子经常不遵守纪律、乱跑乱跳，没有规矩。在家里呢，小华也是"忙忙碌碌的"，只能是在看电视、吃饭、玩积木时会安静一些。父母就觉得孩子是不是有"多动症"啊？那以后孩子怎么学习呢？所以就带孩子来看医生了。我们经过询问、检测评估，确定孩子并不属于"多动症"，只是个好动的孩子，只是许多的"规矩"没有建立好。小华的家庭教育方式也存在问题，加上孩子的性格特点等许多因素，就导致了小华好似"多动症"，其实不然。

分析：

爱动是孩子的天性。很多大人在面对"乱跑乱跳"的孩子时，要么就放任不管，要么就强行制止，要么就觉得孩子有"多动症"……其实，这些都是大人对孩子缺乏耐心和关心的表现。小华的活泼，在其老师和父母的眼里被误解了。个性特点活泼的孩子，特别是男孩子更爱动了。学龄前期（3～6岁）的孩子，他们的脑发育处在快速发展阶段，他们的脑神经细胞联结不断地在完善，神经网络非常丰富，新陈代谢也极其旺盛，因此孩子就是爱动，他们要探索、要学习、要不断地积累生活的各种经验。在此期间，家长要适时地引导孩子，不能轻易就给孩子扣上"多动症"的帽子。如果家长经常说孩子就是爱动，那么时间久了，孩子就会真的越来越爱动，不守规矩了，因为孩子会不由自主地"按照"家长说的去做。尽管有些孩子的确很好动，很像多动症的症状，但是并非就是多动症。为什么这样说？多动症之外造成孩子好动的情况有哪些呢？

一是年龄特征。孩子年龄小，活泼好动是他们的本性，是再正常不过的事。这是孩子和大人之间的一个最明显的外在区别。特别是外出的时候，孩子对什么都感兴趣，总是跑个不停。反之，在宽松的场合，孩子若像个大人似的沉稳不动，倒真是个令人担忧的事了。

二是气质特征。人的气质有不同的类型，有一种类型叫作多血质型。多血质孩子的明显特点就是活泼好动，情绪不稳，注意力和兴趣容易转移，做事常常不够专心。年龄越小，气质类型的特征就越明显，这也是很正常的事。这在很大程度上取决于遗传因素。

三是智力特征。人的智力是有差别的。有的孩子智力确实比一般孩子明显高出一截。这样的孩子和一般的孩子在一起上学，教学内容就会让他们"吃不饱"，他们学有余力。这些多余的精力怎么办？孩子是不会安排自己的精力的。于是，就常常表现为不注意听讲，活泼好动，时间一长还会形成习惯。结果，让人没看出他们有多聪明却看到了他们多动的一面。相反，另一些孩子可能是知识上有了较多的缺漏，失去兴趣和信心，因而面对课本和作业难于集中注意力，总想做点别的活动。

四是教养习惯。有些孩子还会因为从小教养失当，养成了不能安静的习惯。家长在孩子小时候就让孩子乱动乱跳，对不良的行为习惯也不加制止，习惯一经形成，就很难改变了，也常常表现为多动。

五是标签效应。人的心理行为的发展有个很奇怪的现象，就是常常按照自己期望的方向发展。说得通俗些就是，认为自己是个怎样的人，自己就常常成为怎样的人。孩子更是如此，只是孩子是从大人那里学来的，也就是说，大人认为孩子是个怎样的人，孩子常常就成为怎样一个人。正因如此，孩子常常会来"证实"

大人的评价似乎总是有根据的。因为孩子还不知道自己究竟是怎样一个人，大人的评价常常形成孩子的自我认知，于是就朝着大人评价的方向发展了。这里，大人的评价如同一个标签，所以，心理学上把这种现象称为"标签效应"。就是说，有些孩子的类似多动症的表现，是大人不经意间经常的评价"培养"出来的。

儿童的"好动"和儿童多动症似乎一样，其实是不难区别的：

一是有无目的性。好动儿童的活动是有目的的、有序的；多动症儿童的活动是无目的的、杂乱的。

二是有无离奇性。好动儿童即使特别淘气，他的好动并不离奇，能为人们所理解；多动症儿童的多动，则离奇得让人难于理解。

三是有无选择性，这一条最关键。儿童的"好动"常常在活动内容和场合上具有选择性，比如在学习活动上表现为"好动"，而在看电视或做游戏等孩子自己感兴趣的活动上，则能专心致志；多动症儿童的"多动"在活动内容和场合上是没有选择性的，不论什么场合什么活动都不能使其安静下来全神贯注，都会表现出多动、注意力难以集中等症状。

对待好动孩子的小贴士：

1. 不去强化孩子好动的事实，不说也不问："你怎么总是爱动？""你为什么动个不停呢？"
2. 对好动的孩子，要在生活中适当地建立"规矩"，不要打骂孩子，惩罚孩子要有度。
3. 不要处处限制孩子的活动，这样只会适得其反。
4. 不在别人面前教育、指责孩子。
5. 多正向教育引导孩子，制定"安静"的游戏和孩子一起玩；
6. 家长要以身作则给孩子做榜样，家庭教育要统一。

7. 惩罚孩子要有"度"。
8. 对"好动"时间超过6个月,并且有其他行为问题的孩子,要尽早去看医生,排除"多动症",积极干预。

23 孩子注意力不集中

许多家长只看到孩子注意力不集中、被老师批评,却没有帮助孩子仔细找原因,来就诊的男孩文豪就是这样。这个9岁的男孩,总是注意力不集中、上课分神、作业拖拉……多次被老师批评。妈妈说,孩子从一年级的时候就是这样,时好时坏,怎么说都没有用。我问家长:"你们都是怎样做的呢?"妈妈说:"我们说他、打他、骂他、惩罚他……都没有用啊!""我们以为孩子大一些就会好起来呢,没有想到,现在却更严重了!"我看得出来,家长因此产生了焦虑情绪。孩子呢,回答得简单而肯定"我就是这样子的,没有办法了",表现出一副无所谓的样子。

分析:

孩子在不同年龄阶段表现的注意力是不一样的,家长要适时地加以引导。像文豪家长的做法,只会使孩子注意力的问题更加严重。家长在生活中的"强化",更会不由自主地使孩子认为自己的问题是"理所当然的"。我们从孩子注意力表现产生的过程来分析,孩子注意力不集中的表现,主要有四大根源。

第一个根源是外注意力。也就是孩子注意力不集中、容易走神、集中时间短、容易受外界信息干扰等外部注意力表现。内因有负责注意力能力的脑神经元连接发育不健全或不稳定,也可以称为注意力缺陷。孩子注意力能力可分为集中性、稳定性、持久性、抗干扰性、宽度、广度、手眼协调七个方面。任何一个方面的问题都会影响对应的注意力表现。

第二个根源是内注意力。这里的内注意力指的是大脑内部的工作效率、速度和准确率带来的表现。即作业完成慢、粗心马虎、阅读障碍等，通过外注意力吸收足够的信息进入大脑，大脑要对诸多信息加工、整合、处理和输出。内注意力受到大脑内感官能力的影响，如果内感官能力不足，就容易导致大脑速度慢、准确率不高等，表现出来就是作业拖拉、速度慢、粗心马虎等问题。

第三个根源是心理状态的影响。孩子的自信心、责任心、自我时间管理能力、情绪管理能力、学习目的、学习动力、主动性、兴趣和行为习惯等方面，对注意力都有直接的影响。这些与家庭教育方式方法及环境的熏陶都有直接关系。

第四个根源是周围的环境。这里有大环境及小环境的影响，如学校老师及同学的态度、家里的教育方式方法等。由于孩子的内外注意力及脑功能发育不十分完善，自然会受到这些外界因素的影响。在孩子的脑发育及认知发展不十分完善的情况下，就更会受到各方面的影响。

人的注意力有两种：一种是"主动注意"，即要按照自己的主观意志把精力集中到某一事物上，以达到某个目的或完成某项任务，也称作"有意注意"。"有意注意"与人的意志活动、环境要求及个人的兴趣爱好有关，需要作出努力，可以说是一个"费劲"的过程。另一种是"被动注意"，也称作"无意注意"。是客观事物通过其自身的特点吸引了人的注意力，于是人可以随意地、不费劲地把注意力转向和集中到这些事物上，不需要自觉的努力。

孩子玩游戏、看电视的时候，画面是不断变化的，每个画面持续的时间可能就一两秒，孩子不断受到外界的刺激，这个时候用到的是被动（无意）注意，而非主动（有意）注意。

孩子的注意力出了问题,主要是主动注意差,如"注意力缺陷多动障碍",注意力是难以集中的。所以,要彻底地解决注意力问题,必须综合调整,孩子的问题才能改变,并且不会出现效果反复的情况。

孩子注意力不集中的小贴士:

1. 家长要从孩子的年龄、个性特点及生活环境来考虑、分析孩子的注意力问题,不要轻易就下结论。
2. 不要去说孩子:"你就是爱走神、拖拉……怎么回事啊?"
3. 生活中要设计适合孩子年龄特点的游戏,让孩子参与,以培养良好的注意力;定期和孩子一起做"注意力游戏",如捡豆子、串珠子等。
4. 家长要给孩子创造良好的温馨环境,使孩子愉快地游戏、学习。发现孩子的情绪问题要及时帮助解决。
5. 发现孩子的问题,积极调整一段时间(1~2个月左右),如果没有改善,要带孩子去看保健或者心理医生;不主张家长随便给孩子服用"调节注意力"的药物或是保健品。
6. 积极排除铅元素(有毒有害的重金属)对孩子脑神经的影响。

 经常说"不行!""不要动!"

我遇到过一个17岁的男孩小琦,凡事都要问家长,没有自己的主见,就连自己单独在家里吃什么、做什么都要"请示"妈妈。每天要给妈妈打很多电话或者是微信交流,我告诉小琦,自己的事情自己可以做主!他却说:"不行啊,那样他们(指父母)会不

高兴的啊，我不能做，也不敢做！"我说："为什么啊？"小琦的回答是："那样他们会生气啊！他们一生气就会骂我、打我的！"我了解到，从小他父母就是不让孩子自己单独做事，这样不行，那样也不行，每件事情都必须要事先和父母说。

分析：

看看，父母亲的包办与不信任都把孩子培养成什么样子了！孩子都17岁了，还不能够自己做主做事，将来要怎样独立生活和学习呢？一方面，家长要理解不同年龄阶段孩子的"出格"行为，有些"错误"是可以允许犯的；另一方面，在告知孩子"不可以"的同时，要耐心地和孩子讲明白道理，让孩子明白为什么不可以，且下不为例。

家长的言行对孩子的影响是很大的，我们常说阳光的孩子是在宽松、严谨、柔和的环境中成长的。小孩子正处于一个动态变化的发展过程中，他们需要不断地学习和探索，因此，就会常常做不符合常理的"出格"的事情来。他们的脑细胞活动经常处于兴奋状态，如果家长经常对孩子说"这个不能拿！那样不行！不要动这个！"等否定的话，孩子就会不知所措。他们的脑发育处于快速发展的阶段，常常以神经的兴奋形式表现，家长的强行制止会使孩子的脑细胞从极其兴奋状态快速转到抑制状态，这样孩子很容易出现情绪及心理的问题。孩子的调节、适应能力也是有限的，他们要么反对，要不就很不情愿地接受。前者会和家长起冲突，后者会给孩子心里留下"不愉快"。长期如此，孩子就会被培养成不愿意大胆尝试新事物、遇事唯唯诺诺的人，因为自己的行为总是被否定，导致孩子经常和家长"对着干"，或许还会走极端。

☺ **正面地引导孩子的小贴士:**

1. 要告诉孩子,你自己的事情应该自己去做。
2. 一定要鼓励他自己去做,尽管孩子做得不够好,也不替代他做。
3. 孩子不愿意做时,也不要责怪他,可以示范、引导孩子去做;启发孩子、教会孩子掌握不同的技巧。
4. 不打击孩子,不说:"你真是没用!"等话,要常鼓励孩子:"你可以做到的!""你会做得更好!"
5. 耐心告诉孩子,"妈妈以前也是做不好的,再努力努力就会做好了"。
6. 给孩子创造机会去实践、去感受,获取各种经验。
7. 给孩子与同伴分享其经验的机会。
8. 家里人的言行要一致。

25 从不拥抱孩子

妈妈带着10岁的女儿小雪来就诊,原因就是女儿一直都很不自信,没有安全感,做事总是怕做不好。我了解到,家里还有一个5岁的妹妹。妈妈的个性很强势,样样事情都要孩子做得很好,要求很高,如让10岁的姐姐给妹妹教数学,教过后妈妈还要检查、考妹妹,考得不好就会责怪姐姐教得不好;妹妹如果"考得好",那也是因为妹妹学得好,妈妈是不会表扬姐姐的。我和小雪聊天,她说:"妈妈是从来也不会说我好的!""我什么都不如妹妹。"我问:"妈妈会拥抱你吗?次数多吗?"孩子的目光诧异,红着眼圈说:"从来没有啊!妈妈经常抱妹妹的。"我无言了,不由自主地紧紧搂住了小雪。

分析：

孩子是要在鼓励中成长的，他们的心理发育需要被呵护、被理解、被关爱、被鼓励。家长的语言只是语言，孩子能深深感受到的还有家长的深情拥抱。小雪的不自信自然与妈妈平时的言行有关系，妈妈对孩子不放手、不肯定，孩子自然就会没有自信。

每个孩子在成长过程中，都需要父母时时刻刻地呵护和关爱，家长给孩子的爱抚是多方面的，这关爱包含了很多的内容：有微笑地肯定、有赞许地鼓励、有点头地理解、有给孩子一个温暖的拥抱！孩子的心智发育不是十分健全的，他们特别需要父母的关爱。给孩子最好的安慰和鼓励最简单的就是给孩子一个拥抱！有些家长觉得平时都是抱着孩子的，就等于拥抱了，其实不然，当孩子独立做了一件事情，当孩子变得懂事，当孩子讲出了一句很"不平常"的话时，家长给孩子的一个拥抱，就是给孩子最好的鼓励和肯定；当孩子委屈、遇到了困难时，家长给孩子的拥抱也是对孩子最好的支持和安慰。

拥抱孩子的小贴士：

1. 在孩子不愉快时，给他们拥抱，使孩子感到温暖；
2. 在孩子犹豫不决时，给孩子拥抱，使他们得到信心；
3. 在孩子胆怯时，给他们拥抱，使他们得到鼓励；
4. 在孩子抱怨时，给他们拥抱，能起到平和情绪的作用；
5. 拥抱时，可以不需要语言，或者说："妈妈理解你！"
6. 不要轻易、随便、经常性拥抱孩子；
7. 当孩子到了青春期，适当的拥抱会给孩子鼓励，但不宜过于频繁，特别是对异性的孩子；
8. 有时候，拥抱是对孩子的鼓励和奖赏。

儿童教养中的细节
——儿童心理篇

26 从不惩罚孩子

16岁的李铭,是个在学校出了名的"问题孩子",不听课、不交作业,总是和老师对着干。当几个学校决定不能再接受李铭读书时,父母才认识到问题的严重性,带孩子来就诊看心理医生。我见到李铭时,他表现出一副无所谓的样子,不好好读书、打架、不完成作业,不听老师的话,更不听家长的话,说谎、偷窃。仔细询问家长对孩子的教育方式时,家长说:"我们可是从来都不打他啊,我们只是骂骂他!"我问:"他做错事情的时候是否有惩罚过他呢?"父亲说:"我们从来不惩罚孩子的!""他要怎样就怎样,我们也想管啊,但是,小时候不高兴就睡地上不起来,大了就砸东西,我们怎么管呢?"看看,平时不给孩子建立"规矩",样样事情都依着孩子的结果终于显现出来了。家长说:"我们以为孩子长大了就会好呢,谁知越来越不像话了!"

分析:

家长凭什么说,孩子长大了,就会自己好呢?孩子小时候有错,家长不"管教",无任何"惩罚",那么孩子就不会知道自己是否有错,错在哪里,如果不及时帮助孩子纠正,孩子从小养成的坏习惯只会越来越重。孩子在成长过程中是会不断犯错的,家长要清楚哪些错误可以原谅,哪些错误不可以原谅;不原谅的,那就要让孩子记住,特别是当孩子长大后,家长一定要让孩子记住教训,惩罚的目的不是打骂,而是让孩子记住。所以,2岁左右起,宝宝犯了错误,就要给予惩罚,让孩子记住教训,下次不再犯同样的错误。如果家长从来都不惩罚宝宝,宝宝就会屡犯错误,更会在成长过程中养成任性、霸道的不良行为。孩子犯错,家长纵容孩子,孩子是舒服、自在了,家长也不烦恼了,但孩子就会因此"错"下去。家长样样事情都依着孩子，会使孩子感觉是理所应当的，缺失了责任感；样样事情都替代孩子做，会使孩子的能力降低，因此会不自信；对孩子过多的约束及管制，会限制了孩子的自由，孩子也会没有安全感；当孩子遇到问题时，就无法面对，就会怨天尤人，出现许多的负能量表现，继而就会叛逆，无所事事，样样事情都期待坐享其成，他们会觉得这些都应该是顺理成章的。随着时间的推移及孩子年龄的增加，如果再遇到家长的暴力等负面的影响，那么就会加重这一切。教育不是一定要"惩罚"，而是要适时地引导孩子明白为什么错，那种不责罚孩子的做法也是不可取的。

"惩罚"孩子的小贴士：

1. 在孩子2岁之前不要惩罚孩子，因为2岁之前孩子的理解、思维能力有限，他们往往会记住那些"不愉快"的经历，孩子做了不应该的事情，家长要表示不高兴，表情要严肃；
2. 孩子2岁后，家长要逐渐让孩子明白自己做了不对的事情，是要付出"代价"、受到"惩罚"的；
3. 对孩子的惩罚不要千篇一律，对年龄越小的孩子"惩罚"的方式就越要"简单"，如让宝宝在墙边站一会儿（2~3分钟左右）；
4. 对孩子的惩罚，也可以是让其得不到最想得到的，或者是让其去做最不愿意做的；
5. 惩罚不可以过度，如关进房间1个小时、罚跪好久等等；
6. 惩罚后要有解释、说服教育，让孩子明白为什么被罚；
7. 只要孩子真心知道错了，就要停止说教，让孩子心服口服；
8. 要和孩子"互动"，切忌家长没完没了地说教大道理；
9. 不要让孩子觉得"惩罚"的方式是一件很好玩的事情；
10. 同样的惩罚手段，不要短时间经常用，特别是对年龄小的孩

子,要注意方式方法。

 27 不给孩子讲故事

小刘的孩子上一年级了,可是才上几天学就出现了一些问题,让妈妈很焦急。孩子说,不要上学了,作业也不爱写了,说是写得手疼、很累。妈妈苦口婆心地讲了许多道理都无济于事,只好来找心理医生。我了解到,孩子在上学前是没有接受到任何的学前"教育",也没有做好上学前的准备,这样孩子很容易在读书后出"状况"。我告诉家长要给孩子讲故事,说道理,家长却说,"我们从来都不讲故事的,孩子会听吗""怎么讲故事呢"。我有些不知道说什么好,家长在孩子成长过程中怎么会从来不给孩子讲故事呢。

分析:

有时候家长直接说教,孩子会难以接受,如果通过讲故事的形式,就会很自然地使孩子认识到自己的问题而愿意改正了。因为在孩子的世界里,他总是希望被别人"认可的",特别是自己的父母;而不能认可的事情,就需要家长巧妙地给孩子指出,讲故事就是最好的方式,可以督促孩子改正。孩子童年没有故事的陪伴,则是有缺憾的童年。

孩子长大了,总是要缠着妈妈讲故事,可是,有的妈妈就会说:"工作忙了一天,回家没有精力再讲故事了。"许多家长会因为种种原因从来不给孩子讲故事,或者只是机械地讲书本上的故事。可是,孩子成长中需要故事,孩子是在故事中长大的;孩子对故事的喜爱程度是我们理解不了的。他们常常会把故事中的事情与现实生活联系到一起。那正是我们教育孩子的好时机。那么，我们给孩子讲什么故事好呢？怎样讲故事才能够引起孩子的兴趣，使孩子获得最大的收益呢？家长讲故事的学问可大着呢！讲故事要有针对性，要符合孩子的年龄特点；不要总是读故事书上的故事，那样会让孩子厌烦。

给孩子讲故事的小贴士：

1. 家长要想好故事的"主题"，不能为了给宝宝讲故事而讲故事。故事一定要适合孩子的年龄特点、个性特点及生长发育发展的规律，要让孩子能够听得懂并且能够理解，故事的情节要通俗易懂，由浅入深。家长最好能够想好要问孩子的几个问题，在讲故事过程中或故事结束后引导孩子开动脑筋，充分调动孩子的思维与想象力，启发引导宝宝回答问题，真正达到和孩子互动的效果。无论孩子回答得对错，我们都要给予积极的鼓励和理解。

2. 家长所讲的故事最好能够和孩子日常生活中的表现有所联系，让孩子从听故事中得到启发，使宝宝的优点得以鼓励和保持，缺点得以逐步纠正。让孩子可以从故事中发自内心地明白一些道理，愿意主动地去改正缺点，这样就能够收到意想不到的效果。比如，孩子白天欺负了小朋友还不认错，晚上家长就可以讲一个动物乐园的故事：森林里的好多动物在一起和睦相处互相帮助才快乐，可是小猴子却常欺负别人，不把东西分给其他的动物，最后大家都不喜欢和它在一起玩了，后来小猴子遇到了困难也就没有朋友帮助了，很孤单……故事讲完后可以问他："你说小猴子做的对不对呢？你要不要学小猴子啊？你愿意没有朋友吗？"大多数的孩子都会说："我才不学小猴子呢！"家长就可以联系孩子白天的表现说服教育孩子，这样的方式要比家长简单粗暴地说教甚至是打骂孩子、讲大道理要好得多，会收到事半功倍的效果！问题可以小到孩子的穿衣戴帽、挑食等不良习惯，大到孩子的举止言行，都可以编进家长要讲给孩子的精彩故事里！

3. 故事讲得要精彩、生动。故事要讲得语言生动、表情自然、描写确切、长短适中。重复故事时可有意中断或故意讲错，让孩子接下去讲，这样孩子的注意力、记忆力会得到很好的启发和锻炼。家长还可以引导鼓励孩子接着家长的故事讲下去，以充分发挥孩子潜能和对不同事物的想象及思维、分析能力，无论孩子的发挥多么幼稚可笑，回答多么"离谱"，作为家长都不应该训斥或耻笑孩子！正确的做法是理解孩子、适时地鼓励孩子、循序渐进地引导孩子。孩子不好好吃饭，你就讲一个"不好好吃饭的小花猫，最后没有力气抓老鼠的故事"。孩子没有礼貌，你就讲一个"没有礼貌的小猴子，后来没有了朋友的故事"。通过听家长讲的故事，孩子自然就会明白显而易见的道理了。

总之，讲故事是引导孩子认识世界、开启智慧曙光及发展社会性能力的一个"窗口"，家长一定要充分把握好这个机会，把健康的、积极向上的、益智的、丰富生活的美妙故事讲给孩子听。家长们对孩子的要求、期望也统统可以在故事中贯通、体现；同样，家长们的辛苦、烦恼也可以在给宝宝讲故事的过程中化解。

28 遇事不和孩子商量

我遇到一个有情绪问题的12岁男孩小彦，5岁时就开始学习钢琴了,他说"我就是喜欢弹钢琴",小小年纪已经考出了九级,他说"长大要当个钢琴家呢"。可是,最近的烦恼让他闷闷不乐,因为父亲怕他学习压力大,功课多,没有和孩子商量就取消了小彦的钢琴课。孩子不理解,觉得自己学钢琴也没有影响学习和功课啊,可是家长就是觉得会耽误孩子的很多时间,自行取消了孩子的钢琴课。家长口口声声是为孩子考虑,怕孩子学钢琴太累了。可是,为什么不征求孩子的意见呢?为什么不相信孩子能够自己选择好呢?在家长不信任孩子的同时,也就使孩子失去了对自己的信任。小彦虽然不去弹钢琴了,可是学习成绩并没有上来!

分析:

家长不尊重孩子的想法,孩子怎么会开心起来呢?情绪怎么会好呢?孩子的钢琴家梦想是否还能实现呢?家长不能总是站在自己的角度想问题。家长的做法是对孩子的不尊重,没有站在孩子的角度想问题,孩子的情绪不好,学习自然就会出问题了。家庭是一个整体,家庭成员之间一定要相互尊重;父母尊重了孩子,孩子就会尊重父母。父母在遇到一些事情时,一定要和孩子商量,特别是与孩子有关的事情,要听听孩子的意见,尊重他们。有的家长从不和孩子说道理,遇到了事情又要求孩子这样那样去做,自然是收不到好的效果,有时候还会起到相反的作用,孩子的一句话"我根本不知道啊"或者"我是不同意的",家长就会非常被动。

孩子是家庭里重要的一员,有知情权、参与权。当家长和孩子商量时,孩子会感觉到在家里被重视、被尊重。当孩子作出了自己的选择与决定后,自己就会有一种"使命感",因为这是自己选择决定的,不是别人强迫去做的,孩子就会主动地自觉自愿地去做,在他做的过程中,当遇到了困难和问题时,孩子也就不会有那么多抱怨了,这样做还会增加孩子的自信心。相反,如果家长遇事不和孩子商量，不征求孩子的意见，自己做主，那么孩子就会很不舒服，在"执行"的过程中就会出现很多问题，如家长一定要孩子学围棋，而孩子自己想学象棋，家长不顾孩子的想法就给孩子报了围棋班，那么，想想看，这个孩子会有怎么样的反应呢？去学吧，自己不愿意，因为自己喜欢学象棋；不去吧，又怕父母不高兴。

 **家长和孩子商量的小贴士：**

1. 首先问孩子是怎么想的；
2. 无论孩子怎么说都表示理解，不责怪；
3. 和孩子谈事情的起因和家长认为要做的理由；
4. 如果决定做，就要和孩子说清楚利与弊；
5. 鼓励孩子要坚持努力做好；
6. 用商量、尊重的口气，不能用命令式的；
7. 不去和别人比较，如不说"谁谁，都去了……"；
8. 孩子如果不愿意立刻做，可以缓和一下，不能强迫孩子立刻做。

29 不问孩子想什么

在门诊遇到17岁的女孩婷婷。近来婷婷很叛逆，不听话，还不爱读书了，无论家长怎么说她就是不理睬，家长着急了。我在咨询中发现，婷婷是个很有主见、很有个性的女孩。婷婷还有个弟弟，家长说婷婷就不像个姐姐，总是和弟弟闹矛盾；家长还说："婷婷总是出状况，我们真是拿她没有办法，一点儿也不省心！"当我和这个17岁的女孩交流时，却发现孩子很有思想，很有个性,她告诉我她最大的愿望就是父母做什么事都能告诉她一下,哪怕是问一问也好。孩子最希望的事情就是她最缺乏的事情,我了解到,在家里,小到吃什么东西,家长是从来不问婷婷想要吃什么,直接就让婷婷吃;大到是否要上补习班,家长也不会问婷婷是否愿意,是否合适,直接就给婷婷报好班,婷婷愿意或不愿意都得去上。和弟弟有了矛盾,永远都是婷婷的错,永远都是婷婷被父母说道。

分析:

家长从来不考虑婷婷的想法,不问孩子是怎么想的,这样的结果导致每一次的不愉快都会叠加。随着孩子年龄的增加,孩子一定会越来越叛逆的。家长是真正和孩子做朋友吗?有没有关心孩子都在想些什么?他们的内心需求是什么?有的家长口头上经常对孩子说"我们是好朋友啊",可是实际的做法却不尽然。我了解到,相当一部分家长根本不了解自己的孩子每天在想什么,孩子最大的愿望是什么。家长对孩子想什么一无所知,不知道孩子的真实想法,不清楚他们的需求,怎么和孩子做朋友呢?我们家长要站在孩子的立场想问题。如果经常违背孩子的愿望,不考虑孩子的感受,那么孩子做事就是消极的、被动的、不愉快的,时间久了,必然会出现情绪问题。

了解孩子在想什么的小贴士:

1. 家长要和孩子做好朋友,凡事都尊重孩子;
2. 和孩子有关的事情,要在第一时间和孩子商量,问问孩子有什么想法;
3. 和孩子互动,听孩子说他的开心、不开心的事情;
4. 经常问孩子:"你最喜欢做什么?"
5. 孩子说出不开心的事情,要积极地帮助解决,让孩子开心起来;

6. 接纳孩子的想法,不指责,否则孩子就再不愿意和你说了;
7. 对于小孩子,家长要蹲下来和孩子说话;
8. 当孩子说出他的愉快,家长要积极和他共享;
9. 仔细观察孩子的一举一动,发现问题,及时干预;
10. 融入孩子的游戏中,和他真正做朋友。

 不更新玩具

我在商场里遇到肖童时,这个5岁的男孩正在和父母闹不愉快呢。肖童哭着蹲在地上,爸爸很生气,妈妈在孩子旁边说着孩子:"你看,你看,一出来就要买玩具,你是怎么搞的啊?家里不是有那么多玩具吗?"孩子委屈地说:"那些都是以前的,我不要玩了,我就要这个遥控车!"爸爸非常生气,就差拳头打过来了。我恰好认识他们,父母就过来"求救了",一定要我说说肖童。我微笑着蹲下来问孩子:"你为什么一定要那个遥控车呢?"孩子说:"我家里没有这样的,以前的都坏了。"孩子说着哭了起来,我摸摸孩子的头,说:"我明白了。"然后我站起来和孩子的父母说:"是这样的吗?家里的都坏了?孩子没有玩的了?"妈妈说:"坏是坏了,但是还有其他的玩具啊。"我又问父母:"那么,有多久没有给孩子添新的玩具了呢?"爸爸想想说:"有一年多吧,去年六一节买过玩具了。"

分析:

不是孩子的要求过分,是家长太久没有给孩子添置新玩具了。这一年多孩子的智能发展需要多少的刺激呢?没有新玩具,孩子就只能玩以前的玩具,再看到新玩具,孩子强烈的"求知欲"就

会被点燃，自然就会出现非要买新玩具的一幕了。后来，家长听从了我的建议，高兴地给孩子买了新玩具，我看到孩子怀着喜悦的心情，蹦蹦跳跳地离开了商场。

玩具是孩子成长过程中不可缺少的"伙伴"。孩子在不断地成长，伴随着孩子成长的大小玩具也需要不断地变换更新，可有些家长就是会因为种种原因忽略这个问题，孩子1岁时的玩具，3岁了还给孩子玩，我们不是说绝对不可以玩，而是说不同的玩具要符合孩子的年龄段和生长发育及心理发育特点，那样孩子才会感兴趣。玩玩具的目的是为了开发、促进孩子的身心发展，如我们给孩子玩"钓鱼"的玩具，是为了让孩子在"钓鱼"的过程中，培养注意力、精细动作、手眼协调等能力，那么在2~6岁时，孩子是很感兴趣的，也会积极地参与玩耍，但是6岁以后孩子就不那么感兴趣了，因为他们已经完全能掌握"钓鱼"的技巧。同样2岁以内的孩子，也会因为无法完成而不感兴趣，所以家长要随着孩子的年龄变化，选择、更新更适合孩子年龄特点的玩具，满足孩子的生理、心理的需要，促进孩子脑神经细胞的功能更好发展。建议每2~4个月给孩子更新选择一次玩具。

给孩子选择、添置玩具的小贴士：

1. 1~6个月的宝宝——可以选择鲜亮的，带声响的摇铃玩具，促进孩子视觉、听觉和触觉的发展；
2. 6~12个月的宝宝——可以选择动感的、质地稍硬的玩具，如积木，孩子可以搭、敲，以促进孩子的抓捏、敲打及精细动作发展；
3. 12~18个月宝宝——可以选择简单图形、拼装的玩具，促进孩子对组合及立体形状认识的发展；
4. 18个月~2岁宝宝——可以选择鲜艳的零散的玩具，还有工具

类,如小铲子、小锤子等,让孩子认知常用物品及用途;
5. 2~3岁孩子——可以选择绘画、积木、拼装图自由组合,促进动手动脑相结合的能力,增加孩子空间感觉的认知;
6. 3~4岁的孩子——可以选择图书、有拼装技巧的玩具,促进孩子阅读及理解表达能力的发展;
7. 4~5岁的孩子——可以选择三轮车、遥控车及立体大型组装玩具,促进孩子的想象力及运动能力发展;
8. 5~6岁孩子——可以选择图画书、拼插组合的玩具,以锻炼孩子读书阅读、综合分析能力的发展;
9. 学龄期的孩子(6~12岁)仍然可以在学习之余玩玩具,要以动手动脑、轻松减压的玩具为主;
10. 家长一般最好每1~3个月给孩子添置新玩具1~2件,婴儿期最好每月添加;
11. 玩玩具要让孩子感到喜悦,玩出"成就感"。

31 孩子"说谎"的问题

10岁的毛毛,是个可爱的女孩,但是,妈妈说她有"爱说谎"的毛病,只要放学晚回家,就会撒谎说去了哪里哪里。我问了毛毛:"为什么不和妈妈讲实话呢?"毛毛说:"我说实话了就会挨妈妈的打,说去同学家了,或者拿作业本等,妈妈就不会打骂我了。"毛毛也说,自己知道要做个诚实的孩子,可是,不敢说真话,就是为了躲避妈妈的打骂。毛毛的说谎习惯已经很久了,妈妈拿这个孩子没有办法,就来找心理医生。我们的家长为什么不去思考是什么原因促使了孩子撒谎呢?这值得我们深思。

分析：

家长最头疼孩子"说谎"了，孩子一说谎，家长就紧张。门诊遇到过一些家长说宝宝经常撒谎，很头疼。当孩子有说谎的情况发生后，家长一定要认真了解实情，听孩子解释，理解孩子说的那个"理由"，尽管那个"理由"根本就不是理由，家长也要理解，然后耐心地跟孩子讲道理，不要轻易下结论，说孩子就是爱撒谎。

对于说谎这个问题，我们要具体分析。

首先要了解宝宝说谎的年龄，因为不同的年龄有不同的心理特征。其次要了解缘由。家长千万不要轻易地就给宝宝戴上"爱撒谎"的帽子。有时候宝宝说谎，是为了讨大人欢喜，为了掩饰自己的不良行为，家长首先要了解宝宝撒谎的缘由，如果不分青红皂白就打骂孩子，或者给孩子贴上"爱说谎"的标签，那样，孩子就会觉得自己就是一个爱说谎的孩子，他就会自然而然地真的说谎了。说谎孩子的心理是复杂的，他们也有顾虑，也有担心和恐惧。但是，如果因为家长的疏忽，孩子的真话不被理解，孩子会因此受到身体及心理的伤害，那么，他们就很有可能选择说谎了。

对孩子"说谎"的小贴士：

1. 要先理解孩子说谎的缘由，不把责怪放在第一位；
2. 再耐心地问问孩子是怎么想的，为什么会说谎；
3. 无论孩子说得对错，家长首先都要表示理解；
4. 温和地给孩子讲说谎的害处，并联系这次的事情进行交流；
5. 相信孩子以后不会说谎了，告诉孩子："下不为例哦！"
6. 家长也要说话算话，给孩子做榜样；
7. 千万不要给孩子下定义："你就是个爱撒谎的孩子！"

8. 对年长儿童的经常性说谎，一定要去看看心理医生；
9. 不要采取打骂的方式惩罚孩子。

 不能以身作则

我遇到一位焦虑的妈妈，和自己 12 岁的女儿（小静）总是吵架，每天闹得不可开交，妈妈用尽了方法调节就是没有用。我和小静在交谈过程中了解到，小静是奶奶带大的，对奶奶的感情比较深，可是小静的妈妈和小静的奶奶关系紧张，相处得不是很愉快。平时小静的妈妈对婆婆很厉害，动不动就会发火，就更不要说是尊重婆婆了。小静是看在眼里记在心里了。我和小静交谈时，小静和我说："妈妈对奶奶很不好，我就对她不好！她总是对奶奶那么凶，也不给奶奶吃好的，我就是要和她吵！"看看这个连锁效应……

分析：

每个人在家庭中都会不由自主地感受到一些东西，孩子更是如此，家长的言行举止时时刻刻都在影响着孩子，小静家里的情况就是典型的例子。在家庭中，父母常常会要求孩子应该这样做，应该那样做，这无可厚非，关键是孩子大多数是"学"出来的，不是家长硬"教"出来的，最好的教育就是家长以身作则：你让孩子玩耍后将玩具收拾好，那么你就和孩子一起收玩具；你要求孩子好好吃饭不要挑食，那么，你自己也要好好吃饭不挑食；你要求孩子尊重自己，那么父母亲就要做到尊重他人。俗话说，"榜样的力量是无穷的"，孩子看到家长的做法自然就会照着去做，这比家长说教几十遍都有效果啊。简单地说，家长希望孩子怎么样，

自己就一定要做到，给孩子做好榜样。因为，孩子的言行是从生活中学出来的，而不是家长刻意"教"出来的。

家长以身作则的小贴士：

1. 家长不让孩子做的事情，自己也不要去做；
2. 家长不让孩子说的话，自己也不说；
3. 在惩罚原则上，家长犯错误了，要和孩子一样受到惩罚；
4. 父母之间不相互偏袒；
5. 孩子经常出的问题，家长要想想自己是否也存在，如果存在，就要立刻改变；
6. 家长也有做错的时候，要诚意地道歉；
7. 家长之间要相互提醒。

33 满足孩子的一切要求

17岁的朝一，是个帅气的大男孩。父亲带他来看医生，是因为他太过"叛逆"。家长的话朝一什么都听不进去，反而认为父母是故意刁难自己。我们了解到朝一是家里三代单传的男孩，从小在爷爷奶奶的百般溺爱、呵护中长大，要什么都能得到满足。到了17岁，已经是青春期的朝一，自然是听不进别人的话，从小养成了什么都得依着自己的习惯，但是家长却单纯地认为，你都长大了，不能样样事情都依着性子来，要适当地限制。可是，孩子已经养成了样样事情都要依着自己的习惯，又到了青春期，对家长的关心、指责极其不满意，觉得家长在干涉自己自然就会反驳。家长感觉孩子长大了，不应该提出无理的要求了，应该懂事了。

但是,往往事与愿违,双方的矛盾由此产生。

分析:

孩子的各种习惯不是短时间养成的,都是需要有个过程的,像朝一这样的孩子,在溺爱中长大,自然不懂得体谅父母,不珍惜所得,因为一切来得都太容易了;再加上青春期的孩子又会有许多特殊的心理。孩子对父母总是有这样那样的要求,随着年龄的增长,孩子的要求也会越来越多,越来越高……怎么去满足孩子的各种要求呢?许多家长就是统统满足,孩子要怎么样就怎么样,要什么就给买什么,无论孩子对与错,总是满足孩子的一切要求。孩子幼小,他们的心智发育还不十分成熟,他们的要求有的是合理的,有的是没有道理的,这就要求家长需要根据孩子的年龄段特点和所提的要求以及家庭等方面的因素,综合考虑,合理就满足,不合理就要说服孩子放弃。

对孩子的不合理要求的小贴士:

1. 在一开始就要严肃地告诉孩子:"这是不可以的!你怎样闹也是没有用的!"态度真诚,语气温和。
2. 要蹲下来,和孩子说:"你是个听话的好孩子……"
3. 孩子再不听,家长就不要多说了,可以说:"你自己想想吧,我们要走了。"
4. 孩子在气头上,不要硬说道理,不要多理他;事情过后家长要和孩子耐心沟通,讲道理。
5. 无论怎么样,都不要打骂孩子。
6. 家庭成员的教育方式方法要一致。
7. 对年长的孩子,经常有不合理的要求,教育又无用的,最好去看看心理医生。

 **很少带孩子到大自然中去**

我咨询过一个12岁的男孩,叫小雷,有焦虑、抑郁的情绪问题。妈妈说:"这孩子以前还好,就是最近不对头了,经常不开心、发脾气,作业也不愿意做了……"我在咨询中了解到,小雷的父母工作都很忙,没有很多时间陪伴孩子,也没有时间带小雷出去玩,小雷就习惯了自己在家玩。孩子自己玩,是不需要讲话的。我问孩子最大的愿望是什么,小雷告诉我:"就是能和爸爸下一次象棋,和妈妈出去走一走……"我问小雷的父母有多长时间没有带孩子出去旅游了?他们说:"孩子的功课那么多,我们工作又很忙,两三年都没有出去玩了。"

分析:

其实孩子的愿望很简单,家长就是不明白。家长陪伴孩子,抽出时间带孩子一起出去玩是任何物质都无法替代的。孩子到了青春期,会有许多的情绪需要发泄。像小雷父母这样整天忙工作,没时间陪伴孩子、不带孩子出去旅游的父母大有人在。孩子的不良情绪无处释放,长期积压就容易出现情绪障碍。

每一个孩子的成长都离不开丰富的大自然,大自然是孩子最好的天然大课堂。很多家长整天忙于工作,有时空闲再玩玩手机,很少或者根本不带孩子到大自然中去玩耍,使孩子失去了许多感受自然、体会自然的好时机。我们知道,孩子的学习是要靠丰富的视觉体验、听觉感受以及直观的教育来完成的,大自然就是孩子最好的免费课堂。从婴儿期到青少年期的教育都离不开大自然,孩子在田野、在河边、在树林、在山上,都会十分放松地融入大自然中,排解学习的压力,放飞心情。很多家长只是给孩子买来许多书、许多玩具等等,但是,就是"抽不出时间"来陪孩子出

儿童教养中的细节
——儿童心理篇

去,这实际上是错误的养育方式,脱离大自然。青春期的孩子体内有适量激素的分泌,更需要到大自然中去释放、调节。

带孩子到大自然中的小贴士:

1. 孩子3岁前,不一定要出远门,可以经常带孩子到附近的花园、假山、儿童游乐场等地方去体验;
2. 要引导孩子看美丽风景,听小鸟叫、听流水声、说说什么最好看,教会孩子感受自然;
3. 要在大自然中,教孩子认知常见的事物;
4. 在大自然中逐步规范孩子的行为;
5. 回家后,让孩子回忆大自然中的所见所闻,加深记忆;
6. 大一些的孩子可以定期带出门旅游;
7. 让孩子承担出远门的一些事情,如整理需要带的东西;
8. 回来后,让孩子写下心得体会与感想;
9. 家长和孩子一起总结外出的趣闻;
10. 要和亲朋好友分享大自然中的趣闻。

35 吃饭时"教育"孩子

8岁的小希是个男孩,妈妈带他来看"厌食"的问题。我仔细了解了孩子的情况,妈妈说从幼儿园开始,小希在家就不好好吃饭,在幼儿园里吃得还挺好的。我和孩子聊的时候,小希就告诉我:"他们很烦的,就会在吃饭的时候说我!一说我,我就吃不下去了。"我和小希父母沟通时,家长说:"只有在吃饭的时候他会老实一会儿,吃饭的时候不说他、不教育他,那什么时候说呢？"我说："那你们说的有用吗？"父母说："有啊，有段时间他就会老实一些。"但是，最后的结果还是没有如家长所愿。小希的厌食情况很大程度是家长在饭桌上"说出来"的。

分析：

想想看，孩子在吃饭的时候，家长一遍一遍地说"你要好好吃饭，不能挑食、不好好吃你就长不好"等等，还一边往孩子碗里夹菜，孩子能有心情安心好好吃饭吗？长期如此，孩子对吃饭怎么能不产生厌烦呢？吃饭本来是件愉快的事情，可是孩子没有感觉到快乐，反而增加了许多的烦恼。

许多家长喜欢在饭桌上教育孩子，一边吃饭，一边说教。这对孩子的身心发育是极其不利的！进餐是一件愉快而轻松的事情，如果家长在饭桌上"教育"孩子，一是影响孩子进餐的心情，孩子会很不愉快地吃饭，那样食物的消化吸收均会受到影响，严重的还会引起消化不良；二是孩子会听不进去，极其反感，家长的"教育"就根本起不到作用，有的还会起到相反的效果。进食的心情对食物的选择很重要，一天情绪的好坏，特别是就餐前、就餐时的情绪都会直接影响到孩子，还会使孩子在食物的选择上、进食的速度上及消化吸收的过程中受到不同的影响。因此，家长一定要注意给孩子创造一个优良的就餐环境。

选择合适的时间教育孩子的小贴士：

1. 不要在孩子吃饭、学习、休息时对孩子进行说教；
2. 不要在孩子情绪低落时还不停地训斥孩子；
3. 在孩子心情愉快的时候，温柔地与孩子沟通交流；
4. 在与孩子有摩擦时，切忌多说，可以先"冷"处理，等到彼此都平静下来，再慢慢地就事论事；
5. 当孩子遇到困难时，首先应该帮助孩子克服困难，而不是先责

怪孩子;
6. 家里长辈的教育方式方法要一致。

 在孩子面前说话不注意

小凤是个13岁的女孩,家长带她来看"厌学"的问题。孩子这段时间就是不愿意去读书,也不说是什么原因。家长想尽了所有的办法都没有用,在与家长和孩子沟通后,我们仔细分析了小凤不愿意读书的原因:第一个原因就是和同学相处得不好;第二个原因就是小凤觉得读书又辛苦,又没有用处。在小凤的观念里,反正父母的钱以后都是要留给自己的,读书干什么呢?读书的艰苦,让小凤惧怕,她就选择了后退。我们在和小凤的沟通中,家长不无感慨地说:"这都是我们在她小时候一直给她灌输的错误观念造成的,我们说家里的钱都会留给她的,不会给任何人!"那么,孩子自然就会想到自己的努力是毫无意义的。还有,就是在孩子的眼里,做家务是父母的事情。

分析:

所有的孩子对父母的行为都是很敏感的,生活中他们会十分注意、在意自己父母的举止言行,家长一贯的说法及做法都会潜移默化地影响着孩子。如小凤的父母那样的说法,就会使孩子不愿意努力读书。孩子上学是要有明确目标和动力的,家长在无形中动摇了孩子的这些目标,孩子自然就会觉得不努力读书是理所当然的了。这样的父母培养、教育出来的孩子,会懂得"来之不易"吗?会明白人生是需要付出才会得到吗?孩子会理解、体谅父母吗?知道感恩吗?小凤就是典型的例子。儿童处在快速生长发育时期,他们缺乏各方面的经验,理解、思维能力也有限,许多时候,他们不能够正确地分辨、判断事物的是与非,如果家长不经意地、常常在孩子面前说这说那,就会给孩子留下不好的印象,久而久之,就会给孩子"打"下深刻的烙印,并且难以改变。有个孩子非常信任她的姑妈,可是却经常听母亲说起姑妈的不是,开始孩子还争辩,后来孩子也不争辩了,他也认为姑妈就如同妈妈说的那样,从而对姑妈产生了极其不好的印象,发展到不愿意让姑妈来幼儿园接他,姑妈根本搞不清楚状况,一头雾水。

在孩子面前正确说话的小贴士:

1. 在孩子面前,不说互相埋怨、抱怨的话;不说不利于家庭和睦的话;
2. 对老师的意见、看法不去议论;
3. 对长辈的做法有意见,也不在孩子面前抱怨;
4. 对其他家庭、孩子的看法不要说给孩子听,如"她妹妹有病"等;
5. 遇到事情,要说积极解决问题的话;
6. 尖刻、讥讽的话不去说;
7. 挑剔、推卸责任的话不去说;
8. 一旦在孩子面前说了不该说的话,要及时和孩子解释,说"对不起";
9. 特别是关系到孩子未来发展的话,要慎重,有时家长只是随意说说的,但孩子就会当真了。

37 夫妻常常争吵

22岁的李梅,各方面都很好,就是不愿意结交男朋友;性格内向的李梅是自己主动来找我的。李梅说:"从小我就看到爸妈每天都吵架,还动手,结婚有什么意思呢!"我们了解到李梅的主要原因就在这里,她看到了父母的婚姻,认为它是一个失败的婚姻,父母每天都会因为这事那事争吵、相互指责,从而使得李梅对婚姻产生了恐惧、失望,所以就不愿意结交异性。孩子是家庭的一分子,家庭中发生的每一件事情都和孩子有关系,父母的言行更会直接影响到孩子的身心发育,所以,对孩子最好的教育,就是让孩子看到父母的相爱、家庭的和睦。

分析:

一直没有人给李梅讲道理、做工作,那么,李梅就会按照自己认为的那样去做,导致了李梅不愿意结交异性朋友,更恐惧婚姻。家庭是养育孩子的重要场所,父母是孩子最好的第一任老师。生活中不可避免地会有矛盾发生,如果父母常常为大小事情在孩子面前争吵,有的甚至大打出手,就一定会给孩子的身心带来很大的伤害。试想,处在生长发育中的儿童,他们的心智没有发育成熟,怎么可以承受父母的争吵呢?他们不明白、不理解大人之间的矛盾,自然不会自我调节,孩子就会"胡思乱想",结果就往往会使孩子变得偏执、暴力、急躁、胆小,对家庭和父母产生怀疑,最后导致孩子出现严重的心理问题,甚至发生行为的异常和障碍。即便是夫妻分离,也要尽量减轻孩子的心理负担,依旧给其关爱。

🐟 在孩子面前处理夫妻矛盾的小贴士：

1. 家长有分歧及矛盾时，不在孩子面前争执；
2. 家长一方不在孩子面前诋毁另一方；
3. 告诉孩子，家庭、社会都会有矛盾存在，要正确面对，共同解决问题；
4. 家长发现一方没有做好，要善意提醒；
5. 生活中，要引导孩子去关爱父母；
6. 家长希望孩子怎样，那么自己要首先做到；
7. 夫妻有矛盾，要"关起门"来说；
8. 不要让孩子参与到"夫妻争吵"的事情中来；
9. 不去让孩子来评判家长的对错，特别是年幼的孩子；
10. 夫妻之间，对彼此的关心、体贴、谅解及宽容都是对孩子最好的"爱"的教育，父母不仅仅要让孩子感受到爱，更重要的是要理解爱的含义。

38 明显偏袒另一个孩子

我遇到的龙凤双胞胎强强和玲玲，这两个孩子不仅性别不同，还各自有着不同的个性特点。一直以来，父母亲看着哥哥什么事情都能做好，而妹妹就是做不好，就会经常在不同的场合夸奖哥哥，妹妹就会"很受伤"。同样一件事情哥哥很快就接受了，而妹妹就是接受不了，父母亲总在人前人后说"你看看哥哥怎么就会了呢？你是怎么搞的呢""妹妹你怎么就是不如哥哥呢"等，久而久之，妹妹就会很自责，自己怎么什么都不如哥哥呢？妹妹幼小的心里就深深地种下了一个感念——"自己什么都比哥哥差，自己就是比不上哥哥"。但是，好强的妹妹凡事还愿意争一下。因为得不到父母的鼓励和支持，妹妹就出现了情绪问题。妹妹气父母怎么就对哥哥那么好，感到委屈、无助，长期的心里不愉快不知怎样排解，后来在5岁的时候，产生了严重的心理障碍。父母焦急地带妹妹来到我的门诊，经过咨询，父母对自己以往偏袒哥哥、忽略妹妹感受的做法感到深深的懊悔。

分析：

每个孩子都有很强的自尊心，都渴望被亲人肯定、夸奖，个性比较强的孩子更是如此。偶尔被忽视，孩子会感到很不舒服，长时间被家人"遗忘"或是指责，就会使孩子怀疑自己，自尊心受到伤害，多数引发心理及情绪问题，玲玲就是典型的例子。现在家庭中不仅仅只有1个孩子，可能会有两三个孩子同时生活在一起。那么，孩子之间就会有冲突和矛盾，遇到事情后，如果家长不问清楚情况，总是偏袒其中一个孩子，时间久了，就必然会出问题，被偏袒的孩子会变得趾高气扬、骄横跋扈、霸道，得理不饶人，因为他总是"对"的；受委屈的孩子会出现行为上的退缩，胆小怕事，不自信，做事谨小慎微，因为他总是被责怪的。这样发展下去，孩子们还会混淆是非观念。每个孩子的性格特点是不相同的，他们承受家长的批评和教育的程度也是不一样的，家长一定要区别对待，考虑每一个孩子的感受。

对待两个孩子争吵的小贴士：

1. 首先要耐心、全面地了解事情的原因；
2. 分别问问两个孩子是怎么想的；
3. 因事论事，说说事情应该怎样处理；
4. 不指责，不偏袒一方；
5. 分别告诉两个孩子在这件事情上应该怎么做；

6. 在一个孩子面前树立另一个孩子的"威信";
7. 不因为孩子做得不妥而讽刺、诋毁、贬低他们;
8. 公正、公平地处理事情;
9. 多安慰受到批评的孩子。

39 孩子不尊重长辈

李晓丽是个12岁的可爱女孩,父母亲带她来到心理门诊,因为晓丽"脾气变得很坏,还经常发火"。孩子平时对别人还好,就是对自己的父母很不尊重,经常不听劝告,还常常和父母喊叫、争吵,父母因此很头疼。孩子到底怎么了?我在和晓丽交流时发现,他们家里是三代人住在一起,孩子的父母就一直不尊重自己的父母,经常争吵,许多事情总是和父母对着干,还总是怪父母"多管闲事";而晓丽的爷爷奶奶又很疼爱晓丽,所以,晓丽将父母的行为看在眼里记在心里,她就选择对自己的父母"不好",以此来报复自己的父母!按晓丽的话说:"我就是要对他们凶,谁让他们那样对待爷爷奶奶呢?"

分析:

形成这样不良循环的恶果是必然的。晓丽的父母当知道了"原因"后,竟然无法回答,他们为自己的行为感到深深的自责和内疚。我们中华美德之一就是"孝为先",可有一些家长就是不尊重自己的长辈(父母):在生活中出现一些分歧时,年轻的家长往往会固执己见,不听长辈的话,有的还经常会在孩子和自己父母面前发生争执,孩子都会看在眼里"落实"在行动上的。孩子们有时分不清谁对谁错,他们搞不明白问题的实质是什么,他们看到的就是父母对爷爷奶奶的无理和不尊重的态度，孩子是会学的，他们也会如此对待同伴，如此对待自己的长辈。有许多家长不明白，自己的孩子怎么就是对自己无理呢，他们没有反思自己对待长辈的行为给孩子做出了什么样的榜样。

❀ 尊重长辈的小贴士：

1. 告诉孩子为什么要感恩，要学会感恩；
2. 自己以身作则，孝敬父母，尊重他人；
3. 遇到事情，教孩子体谅长辈；
4. 生活中多引导孩子想到、尊重、孝顺长辈；
5. 对待不同的长辈做到一视同仁；
6. 对长辈有意见等，不要在孩子面前表现，更不要发泄；
7. 平等、真诚对待别人；
8. 在生活中尽量缩小和长辈之间的代沟；
9. 不去刻意夸大和长辈的矛盾。

40 不让孩子受累和吃苦

小威是个 8 岁的男孩，任性、好强。小威的父亲长期在外地工作，照看、教育小威的任务就落在小威的妈妈身上。妈妈就怕小威受委屈，所以样样事情都不让他做，样样事情都会依照小威的想法去办。孩子可以说话不算数、孩子可以买不该买的玩具、孩子可以不好好吃饭、可以挑食等等。小威的全部就是妈妈，妈妈的全部也都是小威。直到有一天，小威说，上学没有意思，不想去读书了，妈妈这才着急了，怎么说都没有用，小威就是不愿意再去上学了，还动不动就发脾气。妈妈实在是不知该怎样教育小威了，才找到了我们，这时孩子已经休学半年多了。

分析：

我在和妈妈交流时，妈妈告诉我："我不让这孩子做任何事，不给他吃一点儿苦，就为了让他能安心好好学习，可是他竟然不想去读书了！"小威的妈妈显得很无助，对儿子的教育她是"用尽了方法"，感觉已经是无能为力、精疲力尽了。我们和孩子交流、游戏时，发现小威已经出现了很严重的心理情绪问题：敏感、多疑；长期没有建立好"规矩"，使小威缺失责任感、同情心以及安全感、自信心。现在许多家庭都是独生子女，几代人住在一起的情况很多见，相当一部分家长会把孩子当作"公主""皇帝"来养，集万千宠爱于一身，走路要抱着，吃饭要喂着，睡觉要陪着，书包帮忙背着，水壶帮忙拎着，等等。孩子要什么家长就给什么，要怎么样就怎么样，有的孩子到了读中学了，家长还陪着、帮着写作业，这能培养好孩子吗？最后的结果就是孩子什么都不会做了，都不愿意做了；手不能提，肩不能扛，没有自信、不会自理、受不了挫折、不会担当，这样的孩子怎么能够成才做接班人呢？其实，让孩子好好读书与经受"吃苦"的训练及培养并不矛盾，好好读书是要孩子懂得读书的目的，认真学习；能够吃苦，也是培养孩子要懂得感恩且做事要有责任心，可以磨练孩子的坚强意志。不能"吃苦"的孩子，将来到了社会上，也是要吃亏的。

锻炼孩子吃苦的小贴士：

1. 在婴儿期（0~12个月）时，不要宝宝一哭，家长就立刻给奶吃，或者立刻就抱，不要马上满足孩子，要稍微等一下，和宝宝说"不要着急，等一会啊"，让孩子学会等待。
2. 在幼儿期时（1~3岁）时，孩子一定会有许多"合理"或者

"不合理"的要求,家长要耐心地给孩子讲道理,不时地给孩子建立"规矩",引导孩子做力所能及的事情,孩子自己的事情一定要自己做,如吃饭、如厕、整理东西等。

3. 在学龄前期(3~6岁)时,家长要培养孩子独立做事情的习惯,不要样样事情都替代孩子做,不要怕孩子做错,不要怕孩子"吃苦、累着"。家长要有奖有罚,激励孩子,培养孩子的自理、自立。
4. 在学龄期(6~12岁)时,家长要有意识地培养孩子承担家务的习惯,让孩子有责任心,让孩子觉得在家中是被需要的。
5. 在青春期(12~18岁)时,家长要有意识地让孩子养成能"吃苦"、不怕"吃苦"的精神,让孩子明白付出的意义。
6. 在孩子不同的年龄阶段,有意识地让孩子做力所能及的事情。
7. 多鼓励孩子,要教孩子如何从"吃苦"中获得快乐。
8. 对待男孩,更要有意识地培养其吃苦耐劳的精神,要有担当。
9. 孩子在身体上"受点苦"是不要紧的,家长更要关心孩子的心理健康,在孩子心理上受到"伤害"时,家长要及时关心、体贴孩子,积极帮助孩子抚平"创伤"。

41 哄孩子"读书、写字"

王小刚,是个10岁的男孩,父母是带着他来看"学习"问题的。家长说,近来孩子时常有不想读书的想法,总是会找各种理由不去学校,也不知道为什么。父母很着急,像小刚这种情况只是许多有学习问题孩子中的一个。父母说,小刚自从上学后就一直不爱做功课,做作业总是拖拖拉拉的,能1个小时完成的,他总是要拖到 2 个小时完成,家长就只好经常陪着、看着、盯着孩子做作业,有时还帮着孩子做,就这样小刚还是对做功课很头疼。后来,妈妈就想出了"激励学习法"。只要在规定时间写好作业就会奖励十元零花钱,还许诺小刚只要自己写作业、考出好成绩就带他出游。可是,家长的承诺往往不能够兑现,孩子就会很失望。在我和孩子谈话时,孩子说:"我不知道为什么我妈妈那么想要我读书啊!还老是骗我!"

分析:

孩子没有明确的学习目的,这书怎么能够读好呢?家长许多不明智的做法,只会加重孩子不愿意去读书的想法。我在工作中经常会遇到一些有学习问题的孩子,家长们焦急地带孩子来咨询治疗,咨询下来竟有 70% 的孩子对自己学习的目的不知晓。有的孩子说"学习就是为了以后挣钱呗";有的说"是爸爸妈妈让我去学习的,我不知道为什么";还有相当一部分孩子直接就说"不知道学习的目的"。这样的孩子怎么能学习好呢?在学习中遇到了一点儿困难就很有可能退缩。一些家长"为了孩子能好好学习,取得好成绩",每天哄着孩子,甚至是骗着孩子读书写字"你去读书,妈妈就给你买耐克鞋""你把作业写好爸爸就带你去……"。孩子是去读书了,但是不知道为谁读书,孩子的作业是完成了,但是自己却没有真的掌握所学的知识。这样的结果就是害了孩子,也给家庭带来了问题!其实,家长没有将孩子看成是一个独立的人,并且要求其对自己的行为负责,凡事都由家长操心。孩子呢,自然就不上心了,就没有责任感了,他可以不负责任地想去上课就去上课,不想去就不去,自然不会考虑家长的感受。

让孩子自觉学习的小贴士:

1. 休闲时间,家长要首先自己看书看报学习;

2. 家长要引导孩子爱书、看书，积极和孩子讨论，使孩子体会到学习的乐趣；
3. 鼓励孩子，夸他是个爱学习的孩子；
4. 根据孩子的年龄特点来"要求"孩子看书学习的时间；
5. 不能强硬逼迫孩子看书、学习；
6. 在孩子2岁多的时候就锻炼孩子翻书、看图片，但是每次的时间不宜过长；
7. 家长要坚持培养孩子的好习惯，不能半途而废；
8. 让孩子明确读书、学习的目的；
9. 不因孩子去读书学习就给予奖励，因为那是孩子应该做到的；
10. 不总说孩子不爱看书、不爱学习，要多引导。

42 家里太脏乱

小凤是个13岁的女孩，由父母带来看心理问题。妈妈说："这孩子非常懒，什么事情都不愿意做，自己的房间也不愿意整理，吃的东西乱丢，房间里的垃圾都发霉了，也不愿意整理，我去帮她整理吧，她还觉得烦。"这孩子怎么了呢？我在给小凤做心理疏导的时候，聊到了这个问题，小凤说："我不觉得脏啊，我又没有让他们来打扫。再说了，他们的房间也不是很干净的啊。房间里干净不干净有什么影响呢？"

分析：

我了解到，小凤长这么大，都没有单独整理、打扫过自己的房间，妈妈也没有要求孩子房间要干干净净的，并且妈妈又包办了这么多年，现在要求孩子做到自己要求的那样，怎么可能呢？

孩子在脏乱的环境中会有好心情吗？会很好地学习吗？妈妈的唠叨、要求自然会对孩子的心情有影响。环境是无声的"语言"，家庭环境的好坏直接影响到孩子的情绪和心理发展。试想，一个孩子在嘈杂、杂乱无章的环境中会是怎么样的感觉（感受）呢？如果房间里摆放整洁，有条不紊，会给孩子一种规范的感觉；如果很乱，很不清洁，孩子的体验就是非常不舒服的。玩具一地，东西乱放，想想孩子会有好心情吗？杂乱的环境会使孩子焦虑、紧张有压力，心情自然不会愉快的。还有，孩子的良好心情与家庭环境、家长的言行都是有关系的。

引导孩子整理房间的小贴士：

1. 不要总是责怪孩子不整理房间；
2. 引导孩子和自己一起做，享受整洁的环境；
3. 鼓励孩子，说他可以做得很好；
4. 和孩子耐心讲清整理好房间的益处；
5. 不在他人面前去批评孩子不爱整理房间；
6. 可以带孩子到不同的环境里去感受、体验；
7. 不要经常帮助孩子整理房间，你做了，孩子自然就不需要做了；
8. 家长以身作则，做榜样给孩子看。

43 逼迫孩子学习某种"技能"

9岁的妞妞是一个非常可爱聪慧的女孩，可是妈妈却说："不知为什么，这孩子近来脾气很大很大，经常逃课，不爱学钢琴了，我都快急死了！"我说："特别能理解您着急的心情，那么，我想知道您怎样教育、引导这个孩子的呢。"这位母亲红着脸，忏悔地说："我做错了很多事情，做了很多对不起孩子的事啊，现在想想后悔死了"。我了解到，当孩子最初表现出不爱学钢琴时，家长没有耐心地去引导，没有和颜悦色地说服教育，而是采取了极端的"教育方式"——孩子只要不弹钢琴，妈妈会用牙签扎孩子的手、臂膀，就会得到妈妈的"牙签惩罚"！一次，一次，又一次……孩子害怕了。妈妈痛心地说，有几次都扎出了鲜血，妈妈也很心疼，可是没有办法啊，就是为了让孩子弹钢琴。每次学钢琴是在放学之后，孩子为了不去学钢琴，就选择了逃学，孩子一次次地"逃课"反抗，终于引起了妈妈的重视。但是，家长却不知错在哪里。"我是为孩子好啊，怎么会出现这样的结果呢？这孩子到底怎么啦？"

分析：

家长违背了孩子的意愿，强行逼迫孩子做她不愿意做的事情，不考虑孩子的感受，其结果自然是适得其反的。孩子正处在身心发育的重要阶段，他们的自我调节能力还很差，他们的意志力、自控力等还比较薄弱。当他们遇到违背自我意愿的事情时，或者是自己不十分情愿做的事情时，首先表现的就是情绪的不愉快，其次是心理上的极度对抗，接下来就是情绪及行为的"异常表现"。而家长是孩子的重要"老师"，家长的举止言行对孩子的影响是很大的！生活中，家长每决定做一件事情时，都一定要尊重孩子，征求孩子的意见，如果孩子说"不"的时候，家长一定要了解孩子有什么真实想法，孩子只有得到了尊重，他才会告诉你他的真实想法是什么；同时，家长更要耐心地说服教育，仔细地讲道理，讲孩子能听懂、能理解、能明白的道理，万万不可以经常讲许多的大道理，更不可以采取极端的做法。妞妞的母亲出发点是好的，想让孩子多学些本领，将来更有用武之地，但是，强迫孩子学钢琴的做法实在是极端的错误。有的家长是用语言来辱骂、"惩罚"孩子，有的家长是让孩子的身体受到伤害，有的家长是二者兼备！无论怎样的做法，都会给孩子幼小的心灵带来深深的伤害。一旦孩子的心理受到了伤害，要恢复就不是件简单的事情了。我们所有的言行都是由大脑支配完成的，而完成这些的基础是需要良好的情绪。试想，你准备做好一件事情，但是做的过程中却十分地不愉快，不情愿做这件事情，那么在做的过程中你会愉快地做好吗？那一定是做不好的，成人是这样，孩子更是如此了。我们回到妞妞不爱上学、逃课的事情上来，妞妞不愿意学钢琴，家长有没有了解到底是什么原因呢？也许孩子有她自己的想法呢。比如说，上了一天的课，孩子已经觉得很累了，孩子可能就会觉得最好不要去学了，这是常理啊。家长如果很好地与孩子沟通，调整一下学习钢琴的时间安排，是不是就会好一些呢？是否告诉孩子，学习钢琴是一件很辛苦的事情，要克服懒惰，努力才会学好？而不是在孩子不情愿的时候还采取极端的做法——用牙签扎孩子的手！甚至扎出了鲜血！这对孩子幼小心灵是怎样的一种伤害啊！家长是否有想过？最初，孩子是惧怕扎，坚持继续弹琴，家长却误认为有效果。可是她幼小的内心是怎么想的呢？是她最亲爱的妈妈做出了让她最心痛的事情。有一段时间，孩子和妈妈就如同陌生人，妈妈的话孩子无动于衷，孩子对妈妈不理不睬。妞妞以自己的幼稚想法，去思考这件事，以自己幼稚的行为去"对抗"这件事情，那就是"逃课"！"妈妈放学接不到人，看她怎么带我去学钢琴！"后来妈妈意识到了问题的严重性，才开始重视了，但是，那时孩子的心理已经出现了问题。

现代社会的竞争激烈、压力增大，家长都希望自己的孩子能有一技之长，将来能有很好的发展，能够很好地适应社会，所以，许多家长就拼命地不顾一切地让孩子学这学那，也不管孩子是否

愿意,强逼着孩子去学习。这样不顾孩子感受的做法,不尊重孩子,是对孩子的身心极大的伤害。有的家长的"手段"甚至让人发指!

引导孩子学习某些技能的小贴士:

1. 和孩子耐心讲学习这技能的诸多好处;
2. 尊重孩子,问问他的想法是什么样的;
3. 允许孩子有一个思考期和准备期,但是不要很长;
4. 要和孩子讲清楚,要学习就必须努力坚持下去;
5. 和孩子分享学习中的许多乐趣;
6. 无论怎样,都鼓励孩子;
7. 随时发现孩子在学习中的问题,及时帮助孩子解决;
8. 全家人的教育方式要统一;
9. 鼓励孩子,不给孩子压力,轻松愉快地学习;
10. 肯定孩子,调动孩子的积极性,自觉学习。

 ## 44 经常用刻薄的语言说孩子

15岁的小雪,一直以来就不愿意住校读书,后来竟然发展到不想上学校读书了,要休学。小雪还经常有消化不良的问题,吃了一些药物都没有效果。我和她父母沟通后,了解到小雪的个性比较强,家中长女,但是很少谦让弟妹。为此,当小雪和弟弟妹妹发生矛盾时,父母就会不分青红皂白地训斥小雪,"你哪里像个大姐啊,一点儿也不会谦让弟弟妹妹,真是白养你了""你这样不懂得谦让弟妹,我们真后悔生你啊""要你有什么用啊!你离家

出走算了"等等。父母的这些话让孩子的自尊心受到极大的伤害，孩子就会觉得自己是没用的，因此和同学相处不好，别人的一句话、一个眼神，都会让小雪感到很受伤，最后发展到出现了情绪问题，再到厌学。

分析：

家长是孩子最亲的人，如果家长都经常出言不逊，而且不顾孩子的感受，用刻薄的语言说孩子，那么，孩子一定会很"受伤"的，孩子自己调节不好，就容易出现情绪障碍。如果孩子在家里没有得到关爱，在学校没有体验到学习等方面的乐趣，又受到来自家长和老师的指责和批评，心里一定会产生不愉快情绪，这些不愉快的情绪无法发泄排解，就会出现情绪障碍。有些家长对孩子的教育非打即骂，但是也有的家长是不打不骂，却用刻薄的语言"教育"孩子，这对孩子其实也是一种身心的伤害。根据门诊遇到的有"心理问题"孩子的表现，我深入了解到，不少父母在不同程度上都经常对孩子以刻薄的语言说教，让孩子自尊心很是受伤。每个人都有很强的自尊心，孩子更是如此，特别是处于特殊阶段的孩子，如果自尊心长期得不到尊重、鼓励与支持，那么孩子自然就会感觉到"很受伤、很失望"，继而引发心理、情绪的异常。

避免刻薄的小贴士：

1. 多与孩子谈心，了解孩子的真实想法；
2. 不说伤害孩子的话，尽可能站在孩子的立场教育孩子；
3. 尊重孩子，保护其自尊心不受伤害。
4. 营造良好的家庭环境，家庭成员和睦相处；
5. 家长教育方式统一。

45 把在单位的不愉快带回家

我遇到过一个有心理问题的女孩子，名叫小雅，12岁了。家长说小雅近期不安心读书，有些情绪反应，最后发展到不想上学了，无论家长怎样劝说都无济于事。我仔细和家长沟通了解到，原因来自多个方面，其原因之一就是妈妈总是把单位里不愉快的事情拿回到家里说，说自己的烦恼，说自己的不满，说自己遇到的不愉快。时间久了，孩子就觉得读书有什么用啊，将来上班还有那么多的不开心！我问小雅："你怎么会觉得将来工作会不愉快呢？"小雅肯定地回答我："就是会不开心的！我妈妈就是经常因为工作而不开心啊，妈妈每天回家都会说很多单位里不愉快的事情。"我在和妈妈沟通时说起了孩子的不愉快，妈妈惊讶地说"哎呀！我是随便说说的啊，没有想到都给孩子听到了"，妈妈懊悔不已。

分析：

家长是随便说说的，但是，孩子却记在了心里，孩子还想帮妈妈"分担"呢，可是，孩子的理解、分析、处理事情的能力是很有限的，时间久了，这些负面的东西无法去除，就一定会影响到孩子的情绪。我们生活在复杂的社会里，总会遇到各种各样的问题，这些问题会或多或少地影响我们的情绪。家长如果经常把这些不良的情绪带回到家里，又不断地在孩子面前"发泄"不满，说这说那，那么对于一个思维及分析、判断问题能力还不十分健全的孩子来说，就是给他增添了一份烦恼。孩子能帮忙解决家长在单位的问题吗？当然，有时候家长也会从孩子那里得到答案的。但是，更多的时候，家长发泄的不满、抱怨等情绪化的东西对孩子是一种负担。家长应该自己不断地调整，带给孩子积极的、正面的东西，抱怨、消极的最好不带回家。

🌀 消除孩子烦恼的小贴士：

1. 不在孩子面前说单位、公司的事情；
2. 如果不经意说了，就要积极地"圆"回来，即正面解决；
3. 不在孩子面前怨天尤人，不诋毁别人；
4. 要乐观、积极地对待各种"问题"和"困难"，给孩子做榜样；
5. 表里如一，真诚待人；
6. 把乐观的态度传递给孩子；
7. 出现问题，积极地面对，正向解决；
8. 有时也可以和孩子分享自己的事情，最好是积极向上的、正面的；
9. 发现孩子的情绪问题，要及时帮助解决；
10. 善于引导孩子说出心里的烦恼，倾听孩子的心声。

 经常在孩子面前抱怨

小成是被妈妈带过来看心理问题的，这个12岁的男孩一副没精打采的样子。妈妈说，孩子总是没有精神，什么事情都不是很积极主动，最近还流露出"上学没有意义、不想读书了"的想法，这可是急坏了家长！我和孩子沟通时，孩子就说："上学有什么用呢？他们（指爸爸妈妈）还不是一天到晚抱怨吗？"我问："抱怨什么呢？"小成说："什么都抱怨啊！工资奖金少了、上班没有意思、没有时间也没有钱旅游了、别人家又添新车了……烦都烦死了！"看看，家长的抱怨给孩子带来了什么？我说："他们经常说吗？"孩子回答"没有一天不说啊！我爸还乱发脾气！""我爸爸还是大学生呢，读书有什么用呢？还不是挣不到钱。"孩子说这话

儿童教养中的细节
——儿童心理篇

时,一副理直气壮的样子。小成的母亲说,我们也是随便说说的,家里地方小,声音大就被孩子听到了……

分析:

家长的情绪化经常表现在孩子面前,孩子无形中就得承受这些,他们缺乏社会经验与完整的世界观,自身又调整不过来,就会导致错误的认知。小成就是受到了父母经常抱怨的影响,产生许多负面的情绪,如烦躁、焦虑等等。良好的心态在工作学习中会起到积极的调节、促进作用。相反,消极的、经常抱怨的人会处处感到不自在,情绪低落。孩子良好心态的形成需要在早期家长给予积极向上的良好刺激。如果家长遇到事情不是积极地去解决,而是发脾气、抱怨,那么,孩子就会受到这种消极负面情绪的影响,久而久之,孩子也就学会了发牢骚、抱怨,遇到事情就会往消极方面想,越想就会越不开心。不良情绪的积累就会出现情绪障碍,影响工作与生活,发展到成年还会严重影响到社会人的发展。

😊 对待孩子负面情绪的小贴士:

1. 首先不要责怪孩子,耐心问清楚缘由;
2. 孩子无论说出什么样的"理由"都要表示理解;
3. 给孩子讲道理,要讲孩子能明白的道理;
4. 积极引导,给出几个答案,让孩子自己选择;
5. 带孩子外出,到游乐场、到大自然中"释放"不良情绪;
6. 要关心孩子的心里在想什么;
7. 多鼓励孩子自己做事;
8. 要用心陪伴孩子;
9. 发现孩子的情绪问题严重,要及时带孩子看心理医生。

 **47 用"知识性的谎言"回应孩子**

我遇到一个中班的 4 岁小朋友,在做智能测试的时候,我问:"告诉老师,你吃的蛋,是从哪里来的呢?"孩子的回答让我吃惊,孩子说:"我吃的蛋是妈妈下的!"我问孩子:"为什么这样说呢?"孩子认真地、一字一句地说:"是我爸爸告诉我的,他说妈妈会下蛋!"我简直是哭笑不得,爸爸当时也在场,十分得难为情。过后我和这位父亲沟通,"您怎么能这样和孩子说呢?"他说是开玩笑的,实际上这孩子是当真了。我还遇到因为喝墨汁来就诊的 2 岁多小朋友,就是因为孩子的妈妈头发很黑,孩子问:"妈妈你的头发怎么那么黑啊?"妈妈说:"你说呢?"孩子天真地问:"是不是妈妈喝了墨汁啊?"妈妈笑着说:"哈哈,就是,就是,你说得对!"这下孩子记住了,趁妈妈不在时,孩子就也去喝墨汁,为的是让自己的头发变得和妈妈一样的黑。这些事情,孩子错在哪里了?

分析:

家长有些"玩笑"是不可以在孩子面前开的,孩子认真的程度是家长无法想象的。孩子在学习积累的过程中就会记住这些"答案"。这些"答案"是孩子最信任的父母给的,孩子自然就会认为是"正确的"。可事实呢,可能是家长敷衍孩子的玩笑。孩子好学、问问题是件好事,但是,有时候孩子问的问题让家长很难回答。我们说,孩子在生长发育的关键期,思维的发育还不是十分完善,他们可以漫无边际地问任何问题,合理的、不合理的都可以问!家长呢,无论怎么样都要认真地回答孩子的问题,不可以敷衍,更不能给孩子灌输"知识性的谎言"。什么是知识性的谎言呢?就是不符合科学事实的错误观点。如果家长也不知道孩子问题的答案,可以说:"你这个问题提得好啊,妈妈要好好思考一下再回答你，好吗？"也可以说："你真聪明啊！这个问题难倒我了，爸爸要看看书才能告诉你。"那么孩子一定会理解的。我们生活中遇到的事例很多，孩子问妈妈："我是从那里来的呢？"有些家长就会乱说"你是捡来的啊""你是石头缝里出来的""你是从妈妈肚脐眼里出来的"等等。这些就是知识性的谎言，是违背客观事实又不合乎道理的，对孩子的教育是没有任何帮助的。

回答孩子"奇怪"问题的小贴士：

1. 首先肯定孩子，爱问问题是非常好的。
2. 巧妙地回到孩子的问题，可以打比方、讲故事；回答之后要问孩子明白了吗？清楚了吗？可以追加一个小问题问孩子。
3. 表扬、鼓励孩子继续问问题。
4. 如果马上回答不出，就告诉孩子："妈妈也需要看书学习才能知道答案，一会儿告诉你。"
5. 一定不可以敷衍孩子的问题。
6. 家长不能以"开玩笑"的形式回答孩子的问题。

48 忽略孩子的语言问题

小东妈妈说，4岁多的小东的语言发育太慢了，都上中班了，还不会讲完整的故事，和其他同学相比真是差了许多，孩子其他方面还好，就是说话少。我了解到，孩子从小就不是很爱讲话，家长也没有重视，还认为讲话晚的孩子聪明呢！奶奶总是说："说话晚的孩子有出息！聪明！不要着急！"孩子什么都懂，就是开口讲话少，看到幼儿园里小朋友都说很多话，小东却很少说，家长就着急了。我们通过检查、评估，发现孩子的语言发育，只相当于2岁左右孩子，明显地落后于同龄的孩子。我了解到，在孩子语言的表达期，家长就没有引导孩子多讲话，只是明白了孩子的意思马上就会帮助孩子完成，甚至是样样事情都替代孩子去做了，孩子自然就不需要讲话了。

分析：

孩子在语言的表达期是需要积极锻炼讲话的，如果家长替代、包办得很多，就一定会影响到孩子的语言表达。孩子的语言发育在人的整个身心发展过程中十分重要，语言发育的好坏直接影响到孩子的智力发育。在孩子18个月时进入语言的表达期，孩子需要开口讲话。有的孩子就是不说话，这样有的家长就很着急，找原因；也有相当一部分家长认为"孩子说话晚，没有关系，长大就会好了"；还有的家长会说"是遗传吧，他爸爸小时候就说话晚"。后两者从而就不注意引导孩子讲话了，反而会在孩子不说话的时候替代孩子"讲话"，那样孩子的语言发育就会受到影响。

家长在孩子学习语言发育过程中最容易出现的问题有：

一是替代孩子完成"任务"。当孩子欲说又说不好的时候，家长马上就明白了宝宝的意图，快速帮着宝宝做了，那么宝宝就不用说了。

二是用多种混杂的语言和孩子说话。家里人讲几种方言，当孩子在语言表达时，就会搞不清楚到底应该讲什么话。

三是家长的焦虑情绪也会影响到孩子的语言表达，比如家长催促、打断孩子的讲话。

四是强迫宝宝讲话。孩子还说得不是很好时，家长硬让孩子说，或者是宝宝说得不好就动怒等，都会对孩子的语言发育产生不良的影响。

还有一些异常的儿童，也会出现语言方面的问题，如"自闭症"儿童的语言障碍,要和语言发育落后相区别。"自闭症"儿童的言语障碍主要表现在词汇少、语法不准确、词不达意等各个方面,甚至还表现在发音等方面。多数自闭症儿童言语很少,严重的病例几乎终生不语,会说会用的词汇有限,并且即使有的孩子会说,也常常不愿说话而宁可以手势代替。有的孩子会说话,但声音很小、很低或自言自语重复一些单调的话……这就需要家长很好地鉴别。

有些宝宝在家里表现非常好,能说会道,可是一出去就不会和人交往,不爱说话了,这是孩子社会性低下的表现。他们没有学会怎样与人相处,再加上大人在旁边讲"这孩子一到外面就不讲话"等强化的语句,如此这样,孩子就更不愿意说话了。作为家长,应该积极地引导孩子在不同的场合和不同的人主动交流,要积极地去鼓励、引导,耐心教会孩子与人交往。

宝宝不爱说话的小贴士:

1. 家长不用语言强化,如"我们孩子就是不爱说话";
2. 多主动引导孩子外出和不同的人交流;
3. 引导孩子和陌生人讲话,多鼓励孩子说;
4. 不给孩子"台阶"下,如不强调"我们就是胆小";
5. 孩子实在不肯说,也不要硬逼孩子说,婉转地说:"没有关系,我们一会儿再叫阿姨。"
6. 家长自己做出来,如有礼貌的握手,家长就首先握手,做给孩子看;
7. 事后不要怪孩子不讲话,可以耐心地讲个故事;
8. 带孩子做综合智能发育检测及评估,了解孩子真实问题,及时干预;
9. 家长要装作"不懂",鼓励孩子自己说,不替代;

10. 在孩子有需求的时候，积极引导孩子自己说。

 忽视孩子"胆小"的问题

小宇是个14岁多的男孩，可是家长说孩子根本不像一个大男孩，胆子非常小，不敢看暴力的电视和电影，一个人不敢在家里，不敢一个人到走廊，甚至晚上看电影后都不敢回家。我在做心理疏导时，了解到孩子不仅仅是胆小，而且任何事情都不愿意自己独立去做，没有安全感，没有自信，思想上有极大的依赖性，就连和同学相处也胆怯，所以同学、师生关系也越来越紧张。家长说，这孩子从小就是这样，很胆小，家长就只好陪着。这一陪就到了现在，陪送孩子上学、陪着写作业、陪着孩子出门、陪着孩子睡觉等等，家长为此也很头疼。

分析：

这是典型的孩子内心弱小、缺乏自信及安全感的案例。孩子的胆小、不自信不是一天两天形成的，这是与孩子从小受到的家庭锻炼及不适当的教育有很大的关系的，是家长在长期的生活中没有引导，没有锻炼孩子的结果。我们遇到许多家长，总说孩子"胆子小，不敢见人，怕出家门、怕见陌生人、怕黑、怕声响"等等。家长当着孩子的面也会说："我们这个孩子什么都好啊，就是胆小些。"结果呢，本来不敢说话的孩子整个人都缩到了家长后面。当孩子没有完全建立自我保护意识时，是很"胆小"的，他们时刻都在提防外人也许会对自己不利，那么，此时家长的正确引导就十分重要了。孩子在不同的年龄阶段的"胆小"是有区别的：如2岁的宝宝胆子小，是与年龄有关系的，孩子没有生活的

经验，会产生"害怕"的想法；而大一些的孩子，如14岁的孩子，很胆小，不敢外出，还怕黑等等，那就是内心虚弱、无安全感、不自信的表现了。实际上孩子是缺乏安全感的，没有安全感的孩子，自然就会表现得胆小、不自信。不自信的孩子就不可能应对许多事情。

胆小孩子的小贴士：

1. 不去说孩子"胆子小"的问题；
2. 专门设计"锻炼胆量"的游戏和孩子玩；
3. 在孩子小时候就积极引导、锻炼；
4. 锻炼孩子的胆量，就从引导孩子自己独立睡觉开始；
5. 对于大一些的孩子，积极请心理老师给孩子做心理疏导，帮助释放不良情绪；
6. 家长要经常给孩子积极的、正面的教育；
7. 不能硬逼迫孩子做他不敢做的游戏，需要慢慢引导；
8. 鼓励孩子自己做事；
9. 肯定孩子的能力，要说："我们相信你能做好的！"
10. 对突然变得很胆小的孩子，要带着孩子看看心理医生，找原因，积极干预、帮助孩子。

对孩子"矫枉过正"

上初中的文轩，学习一直不错，可是近两次开始成绩很不理想，精神状态也不是很好。父母就觉得是孩子电脑玩得多了，染上了"网瘾"，耽误了学习的时间。因此，不管孩子的想法就决定以后再也不许文轩碰电脑了，还强行拆除了所有的网线。不管孩子怎么说，妈妈就是不同意再用电脑，还把电脑锁了起来，说："等你考上了高中再给你玩吧！"可是这样一段时间后，文轩的学习成绩非但没有上来，反而又下降了，孩子还出现了抑郁、焦虑的情绪障碍，这到底是怎么回事呢？父母情急之下来看心理医生了。

分析：

家长不考虑孩子的感受就按照自己的想法做出的决定，会使孩子"受伤"的。很多时候，孩子考虑问题是很感性的，也不会想得那么深远，这就需要家长正确地引导，巧妙地处理一些棘手的事情。开始是家长允许打电游的，怎么突然就完全不可以了？孩子们会简单地想，家长怎么说话不算话、霸道、无理……

孩子的"网瘾"问题不是一两天形成的，文轩就是这样的，从不经常玩到放不下电脑，这种情况也不可能在很短的时间就解决好的，家长应该仔细找找孩子是否还有其他的原因，家长不能性急，简单的做法是不能解决问题的。孩子为什么迷恋"电脑、网络"呢？孩子是否存在情绪的问题呢？表面上看孩子是"浪费时间"玩电脑，可实际上孩子在网络游戏中是寻求一种"解脱、快乐、放松"。是什么让孩子感到压抑、紧张而需要"释放情绪"呢？许多家长对孩子的要求是很严厉的，这是可以理解的，但是不能过了，"过了"就会起到相反的效果。如孩子玩电脑的问题，花过多的时间玩，一定会影响到学习的，有家长就采取坚决不给玩的做法，家长把电脑收起来、锁起来、加密码等等，一分钟都不给孩子玩，不许孩子碰电脑。想想看，在信息高度发达的现代化社会，家长如果坚决不允许孩子碰电脑，孩子的学习自觉性就会提高了吗？

避免教育孩子"矫枉过正"的小贴士:

1. 家长在一开始就和孩子一起制定好"游戏"的规则,并且督促孩子执行;
2. 严格要求孩子,但是宽松、人性化处理,给孩子改正的空间;
3. 告诉孩子不可以的同时耐心地和孩子讲清楚为什么不可以;
4. 尊重孩子的想法,问问孩子"你是怎么想的呢";
5. 接纳孩子的想法与做法,做正确的引导;
6. 鼓励孩子,说他能够做到;
7. 不要总说他做不到、做不好;
8. 家长制定的目标,要孩子能够做到,或者是努力能做到;
9. 家长对目标做更改时,要尊重孩子,不要武断;
10. 每个孩子性格特点不同,教育方式要因人而异。

51 孩子的"网瘾"问题

16岁的毅东,是个帅气的男生。他父母亲因为他迷恋网络、学习成绩直线下降一年多才找到了我。父母说,毅东以前的学习成绩都排在年级前几名,可是前段时间迷上了网络游戏,一有时间就上网,晚上也睡得很晚,学习成绩就直线下滑了。家长也在积极干预,讲道理、打骂、强行限制等等,但是效果不好。后来不让他打游戏,孩子就脾气暴躁、摔东西、不锻炼、不写作业,饮食和睡眠质量都下降了。他每天最开心的事情就是上网打游戏。这是典型的"网络综合征"。我了解到孩子的"网瘾"是逐渐升级的,开始就要求玩一会儿手机或者电脑,后来就逐步要求增加时间,从每天的半小时增加到每天两小时,作业匆匆写完,就为了上网打游戏。试问，一个正在读书的孩子，成天上网打游戏，他哪有心思读书呢？哪有时间钻研课本呢？在虚幻的网络里，人的情绪、心理都会随之改变的，学习成绩自然会出问题。

分析：

在孩子一开始玩电游时，家长就应想到，孩子这样下去会上瘾的。家长没有在孩子一开始玩电脑时就重视这个问题，盲目迁就孩子，致使孩子发展到不可自拔的地步。

信息时代，孩子不用电子设备是不可能的，家长如果管得太死往往会适得其反。有的孩子把大量的时间都用于"网络"上了，他们名曰：上网查资料，可是白天上网看电影，晚上上网打游戏，一有空就会上网聊天，作业不认真做，马马虎虎，整天沉迷于虚幻的"网络世界"，学习成绩下降，出现了心理问题。有的家长起初忽略了孩子上网的事情，结果孩子一旦沉迷于网络就出现很多的问题，难以自控。"网瘾"对青少年的毒害是很深的，这是个综合性的问题，不是断掉了所有的电子产品孩子就会学习进步的，没有那么简单，孩子之所以痴迷电游，是有好多原因的，最主要的就是缺乏家庭的关爱。

家长正确引导孩子的小贴士：

1. 适当限制孩子上网，不能孩子要上网就上网，如规定每周一次；
2. 适当限制上网的时间，不能让孩子长时间地上网，到了时间就要结束，每次不超过30分钟；
3. 正确引导，要引导孩子有广泛的爱好，有良好的自控能力，有规律的作息时间并且要督促孩子严格执行；
4. 家长要帮助孩子严格执行上网的时间，关心孩子的心理及情绪变化，及时帮助孩子走出"不愉快"。

52 忽视孩子"社会性低下"的问题

顺顺和丽丽是一对双胞胎兄妹,因为爸爸妈妈忙工作,就把他们分别放到爷爷家和外公家。三年过去了,该上幼儿园了,他们都回到了父母身边,顺顺是懂事又有礼貌,每天开开心心去幼儿园;而丽丽呢,就是不愿意去幼儿园,送去时哭,爸妈离开时也哭,丽丽在幼儿园里也哭,不敢独立睡觉,父母真是一点儿办法也没有。我仔细了解到,两个孩子早期的生活环境与教育完全不同:对于顺顺,爷爷奶奶经常鼓励他自己做事,不溺爱,不迁就,孩子犯错了爷爷还会"惩罚"呢!而丽丽呢,外公外婆整天就是把孩子"捧在手里",样样事情都依着孩子,从来不给孩子建立"规矩",样样事情都替代丽丽做,所以,就培养出来一个"社会性低下"、不会与人交往的孩子,孩子自然也是不能适应新环境(幼儿园)的生活了。

分析:

社会性发展贯穿于每个人一生的始终,从婴儿期开始,通过儿童期、青年期、成年期到老年期,其中,儿童期是一个人社会性发展的关键时期,也是社会性初步定型的时期。孩子在关键期的成长受到的教育及培养是很重要的,像以上双胞胎那样不同的教养方式,自然会培养出不同的孩子。

社会性是指一种能力,简单地说,就是适应社会各方面的能力。儿童的社会性发展是通过社会教化和个体内化实现的。社会教化是儿童社会性发展的外部动因,是指通过各种教育方式包括家庭教育、学校教育、同辈群体内部影响、社会文化传播工具等,对儿童实施社会化的过程。个体内化是社会教化得以实现的内在因素,是指儿童接受社会影响并对社会文化环境进行选择,从而将获得的知识技能、行为规范、价值观念等内化为自身的个性特征的过程。儿童的社会化是在主客观因素交互作用的过程中,通过儿童积极的社会实践活动来实现的。社会性的问题对孩子将来的学习、工作十分重要。社会性是人类智能的表现,是人的生存能力。人的社会性主要包括:利他性、协作性、交往能力、依赖性等等,这些是人在社会活动中所表现出的有利于集体和社会发展的特性。孩子的社会性是需要家长从小培养的。培养孩子见到生人不胆怯,培养孩子能够和小朋友很好地玩,培养孩子被老师批评了不至于一直难过,培养孩子到了陌生的地方能够较好地适应等等。

许多家长总是说:"这孩子在家里什么都好,可是到了外面就不行了,不说话、没有礼貌、欺负小朋友、不讲道理,真是没有办法啊!"为什么会这样呢?是因为我们的教育模式出了问题。许多家庭都是隔代带孩子,爷爷奶奶全包代养,生活中更是溺爱孩子,宠爱有加,当孩子不讲道理时,爷爷奶奶"让着孩子",当孩子有不合理要求时,爷爷奶奶也"满足孩子",孩子要怎样就怎样。长期下来,孩子就形成了被保护、被关心、被替代的依赖生活模式,显然,当孩子脱离了被保护的环境,到社会中去,就自然会有许多不适应的表现。

孩子社会性发展的小贴士:

1. 首先,要考虑孩子的年龄特点与发展规律,如:在1岁半左右,要经常带孩子出去,使孩子建立起自己的"伙伴关系",因为在孩子发展过程中,"亲子关系"是不能够替代孩子的"伙伴关系"的;在3岁左右,锻炼孩子独立睡眠,只有自己内心不再依赖他人了,有安全感了,孩子才会独立睡觉。
2. 其次,要注意教育的方式方法,引导孩子做事情,而不是硬逼孩子做事情。如当孩子不愿意和别人握手时，家长不要采取强硬的方法，而是自己要先主动和别人握手，做给孩子看，然后再耐心地引导孩子去做。

3. 家长要注意及时地给孩子表扬和鼓励，让孩子有信心做好每一件事情，常说孩子能行！
4. 让孩子和不同的人交往，家长不要责怪孩子不会交往，只需要耐心地指导孩子该如何去做就好了。
5. 要和孩子一起分享交往中的快乐。
6. 对不愿意和外人交往的孩子，家长不要指责、批评，要创造机会，多引导孩子去接触。
7. 最好利用特殊的游戏，让孩子扮演不同的角色，进行各种体验。
8. 全家人都要积极引导孩子外出锻炼。
9. 不能强迫孩子一定要按照成人的意思做，要尊重孩子。

53 对孩子的期望值过高

遇到 14 岁的小彦，是在父母带他来看"厌学"问题时，这孩子已经有一个多月不愿意去读书了，父母焦急万分！妈妈说小彦上个学期表现都非常好，不知怎么搞得，这学期刚上了半个多月，就吵着不要上这个学校了。我和家长谈话了解到，小彦目前上的这个中学，是父母给他选的，原因是到这个中学"有前途"，可以考到更好的大学，还可以出国读书，等等。但孩子是很不愿意到这个学校的。我和小彦聊的时候，小彦就说"那个学校离家很远，都是成绩很好的学生，我才不愿意去做垫底呢""里面的同学、老师我都不熟悉……""就因为父亲是那个学校的，他就要让我也去！也不考虑我的感受""我就是不愿在那个学校读书了"。孩子说起来是一百个不愿意！

分析：

孩子那么不愿意去新的学校读书，就会在各个方面抵触，家长没有很好地尊重孩子的感受，只是按照自己的期望去做，自然是收不到好的效果了。我们想想看，如果一个孩子十分抗拒读一个学校，家长又不顾他的感受非要他读，他能心情愉快吗？他能开心地读书学习吗？在学校里，他如果不能和老师、同学相处得很融洽，自己又无法调节，他会选择什么呢？我们已然明了。孩子是每个家庭中的重要一份子，也是家庭的希望和未来，家长们对孩子的期望值都很高，期望孩子成为国家的栋梁之才：有些家长希望孩子完成自己没有完成的心愿，希望孩子做成自己没有做成的事情，这都无可非议，可以理解。但是有些家长不考虑孩子的感受，给孩子过多的压力，期望值过高，结果往往是事与愿违。家长的期待与要求最好要符合自己孩子的具体情况，合理的期望、合适的安排会使孩子愉快地学习，否则就会给孩子带来无形的压力，反而会影响、阻碍孩子的学习。

孩子寄予期望的小贴士：

1. 根据自己孩子的年龄、生理、心理特点来设定期望值；
2. 根据自己孩子本身的个性特点、能力来设定期望值；
3. 最大限度地尊重孩子的想法；
4. 关爱孩子、鼓励孩子；
5. 帮助孩子努力实现自己的目标及愿望；
6. 家庭的教育理念要一致；
7. 耐心地给孩子做通思想工作，不强迫孩子做。

54 孩子"羞耻心"的培养

我听小刚的妈妈说,最近小刚又发脾气了,原因就是妈妈不允许小刚和妈妈一起去沐浴。小刚快上大班了,妈妈说,都不好意思带他去女浴室了,可是,在这之前,妈妈还一直带小刚去女浴室的,妈妈说,孩子大了,这样会引起其他人的议论,所以就决定不再带孩子去女浴室了,改由小刚的父亲带孩子去男浴室。这本来是件合情合理的事情,可是小刚就为这件事一直不开心,闹情绪。家长无奈,只好带小刚来看心理老师了。

分析:

孩子从小就没有接受到有关"羞耻心"的培养和教育,自然不懂得其中的问题所在了,一直以来的习惯要马上改变,孩子会调整不过来,也调整不好,自然就会发脾气了,小刚妈妈现在才意识到,显然是晚了一些。生活中,我们常常会遇到许多家长谈起不知该怎样培养、呵护孩子的羞耻心。如何引导、怎样把握教育的尺度呢?我们说儿童的羞耻心是在自我意识的发展过程中产生的,它是一种以自尊心为基础的道德情感表现,这也是影响一个人行为品德好坏的内在因素之一。一般孩子到了2岁左右,会产生不同程度的羞涩感,表现也会因人而异,这是与家庭环境、教育方式方法、孩子的气质特点有密切联系的,这是孩子羞耻心的最初表现,如宝宝不愿意在外人面前光屁股、随时大小便等。家长若在这段时间没有考虑到孩子会羞涩,不顾孩子的感受和反应,随便暴露孩子的隐私,那么,这个孩子就不会产生明显的羞涩感。从孩子健康的身心发育角度来看,家长也应该要让孩子意识到羞涩、难为情,这将为孩子日后的羞耻心打下基础,因为没有羞耻心的孩子就不会有健全的自尊心与完整的人格。

孩子3岁以后,会在生活和游戏中开始意识到自己,他们需要别人承认他的人格。这时孩子开始懂事了,他们渐渐感觉到,自己如果做了大人不满意的事情就会不受欢迎,他们的愿望就不会得到满足,孩子会因此感到羞愧,但这种羞愧只有在成人的刺激下才会出现。试想,如果是孩子做了错事,家长没有表示不愉快,相反还迁就孩子的错误,言行表现出无所谓,那么这个孩子就不会感到羞愧了。而随着年龄的增长,孩子到5岁左右,他们不再需要成人的刺激就可以独立地表现出羞耻心了。到了6~12岁,随着生活经验的积累与扩展,他们的自尊心愈加明确,羞耻感也越来越强烈。

家长在孩子不同年龄发展阶段都要考虑到孩子的羞耻心理,要意识到这是孩子完整人格、自尊心的重要组成部分,要细心呵护、引导、培养。让孩子从小体验愧疚、羞耻心理,在不该有羞耻时,要告诫孩子"不要怕羞啊""没有关系的";在该羞耻时,要及时引导、培养孩子体验到并一点一滴地建立正确的羞耻心理。

培养孩子的羞耻心的小贴士:

1. 婴儿期(0~12个月):孩子没有羞愧的心理表现,但是家长也要注意"尊重"孩子。如不随意不分场合地让宝宝大小便,不要随意触摸孩子的敏感部位,最好给宝宝穿连裆裤。

2. 幼儿期(1~3岁):孩子朦胧的羞涩与愧疚产生,家长要引导孩子体验羞愧、内疚的感觉,告知孩子不可以暴露自己的隐私,那样做是不受大家欢迎的,是难为情的;有时孩子会不由自主地做出如随地小便、无意识暴露隐私等举动,家长的态度不可姑息,最好直接告知孩子应该怎样去做,而不是横加指责;另外,考虑到孩子的心理特点,家长不应该过于语言强化,要教会孩子自我意识到该怎样做才会让别人认同;家长不

要在外人面前随意脱宝宝的裤子,给孩子基本的尊重;家长不要带宝宝进异性浴室。

3. 学龄前期(3~6岁):这段时间孩子的生活圈子在不断扩大,他们会随时体验到羞愧与内疚,他们有自己的想法,愧疚、羞耻心理也在不断滋生,家长一定要正确引导,避免语言刺激与嘲笑,如孩子要去异性洗手间时,孩子是不知羞愧的,家长要明确指出"这样做应该害羞的""是不对的""别人不欢迎的";如果孩子过于敏感,家长也要及时开导、给予安慰,一些尖刻的语言不能说,如"你怎么不知羞耻啊""你真没羞""没有想到你怎么会这个样子呢""真是丢死人了""你不知道羞,我还要面子呢"。分析这些语言,不但解决不了孩子的问题,还会给孩子的心理带来极大的伤害,因为孩子是在不断探索、学习与体验的,他们不知道自己究竟要变成怎么样的人。如果孩子最初的羞涩感都没有,那么年长后,羞耻心理就比较慢或比较难建立,那么就缺乏健全的自尊心与完整的人格了。家长还可以设计一些相关的游戏,让孩子在游戏中切身体验。

4. 学龄期儿童(6~12岁):这个阶段的孩子已经产生了羞耻心理,家长要适当地保护与爱护:当孩子不知羞耻的时候,家长不要责骂,耐心地讲道理;当孩子做出"羞耻"的事情时,或者要求家长帮助时,家长要拒绝帮助,告诉孩子"你已经长大,要自己做,妈妈不能帮助"。

 孩子"德商"的培养

我遇到一个高二女生婷婷,在学校里一直没有要好的朋友,

因为她不相信同学会对自己好，对同学的无意过错也会斤斤计较，不依不饶，一点儿也不会宽容别人。妈妈说，有一次打饭时，同学不小心将菜汁洒到了她的衣服上，婷婷就非常生气，大发脾气，尽管同学给她道歉了，还答应帮她洗干净，可是她还是不依不饶的，要这个同学一定给她重新买一件一模一样的衣服。这样的孩子，她怎么会有朋友呢？没有了朋友，她就会常常不开心，怪同学不好，怪学校不好，经常要求家长换学校。初中到高二，四年里婷婷已经换了三个中学了，她现在还在闹着要换学校。

我和家长沟通后得知，婷婷从小就很聪明，家长培养她学习了许多东西，奥数、小提琴、象棋等，就是没有教她如何和别人相处，如何分享与宽容别人，孩子就更不会感恩了，家长为她做的一切都好像是理所应当的，妈妈说她从来没有感激之心。

分析：

婷婷的教育中缺失了"德商"的培养，孩子不懂得感恩，不知感谢，这种情况已经好多年了。家长说孩子从小个性就特强，全家人样样事情都必须依着她，让着她，不让着她的话，婷婷就是一顿大吵大闹，家里为了少些吵闹就让着她。婷婷呢，就在这样的环境中长大，她自然不懂得什么是尊重，怎么做是宽容、体谅、负责任，更不会以平和的良好心态对待任何事和人了。她会为了一件平常的衣服，和同学闹别扭，不顾同学的感受，不依不饶，这已经超出常理了。对待父母，也不知体贴、感恩，经常发脾气，闹意见。

德商（MoralIntelligenceQuotient，缩写成MQ）：指一个人的德行水平和道德人格品质。德商的内容包括体贴、尊重、容忍、宽容、诚实、负责、平和、忠心、礼貌、幽默等各种美德。德商高的人会有较高的自我激励和自我约束的能力。德商似乎是做人应该有的基本能力和优秀品质。那么，这些能力是如何培养的呢？是需要家长在孩子出生后就开始在生活中注意培养的。如果家长忽视了这些能力和品德的培养，那么，孩子就会是一个德商低下的人，一个不受人们欢迎的人，一个不被信任的人，一个有可能被社会淘汰的人。

培养孩子的"德商"，刻不容缓，家长要从生活中的一点一滴做起。德商是一个团队取得胜利的重要组成部分之一。

培养孩子德商（MQ）的小贴士：

1. 培养孩子学会尊重。家长处处尊重孩子，经常询问孩子的想法，孩子就会学习到如何尊重别人。如到了游乐场，可以先问孩子："你想先玩那个项目呢？"而不是强行让孩子按照成人的意愿去做。
2. 学会礼貌待人。不要小看小孩子不懂礼貌的事情，小时候不懂礼貌，长大后就会无视他人，更不要说宽容、谅解他人了。
3. 学会忍耐。家长要有意识让孩子在焦急时，学会等待与忍耐，让孩子等一等、停一停；当宝宝着急要玩具时，妈妈可以说"好，你等一下，妈妈拿给你"，然后妈妈可以适当放慢拿玩具的行动；当宝宝急着要出去玩时，妈妈也可以说"不要着急，我们准备一下就出去"；孩子不愿意坚持做某件事情时，家长也一定要鼓励孩子"坚持一下！忍耐一会儿就好了"，孩子在家长的言行熏陶鼓励下就会懂得"坚持""忍耐"的意义和价值了。
4. 凡事抱有积极的态度。这很重要，需要家长在生活中给孩子做榜样，遇到事情要积极想办法解决。如刚上学的孩子写字慢、写不好、心情不好，那么，家长就要心平气和地和孩子说："你字写得慢没有关系啊，妈妈以前写字也是很慢的啊，坚持认真写就会写好、写快的，你一定可以写好的！"妈妈说的这些话，既有理解、体谅，还有关爱和鼓励。

5. 学会感恩。孩子幼小时,许多事情都需要家长帮助料理,等宝宝渐渐长大,家长就要让孩子体会到别人是在帮你做,对别人的帮助要学会感恩,要懂得"知恩图报",家长不能一味地帮孩子做任何事情而不教会孩子"感恩"。一个不懂得感恩的人,在社会上也是不受欢迎的。
6. 教导孩子知恩。当别人为你付出后,要告诉孩子,让他懂得知恩,只有知恩才会感恩。
7. 当孩子不宽容、不诚实时,耐心说道理,不轻易给孩子戴上"不诚实"的帽子。
8. 全家人的教育理念都要一致。

56 孩子长大了就会好吗?

我遇到过一个有心理问题的16岁高中生小磊。我见到小磊时,看到他很小心的样子,说话声音也很轻,妈妈说他胆子小,不独立,常常被同学看不起,为此妈妈很烦恼。我了解到一个情况,那就是小磊从小一直就不肯,也不能够独立睡觉,总是要妈妈陪着睡觉。到了高中,住校就成了问题,后来小磊是勉强住在了学校,却一直要开着灯才能睡着,这就影响了其他同学的睡眠。家长说,我们在小磊小时候也曾经锻炼过让他自己睡,但是孩子不肯,他自己睡觉就一直哭,一直哭,妈妈没有办法就只好陪着小磊睡觉,父母以为孩子长大了就会好一些,没成想,不但没有好起来,问题反而更严重了,还出现了其他心理问题。

分析:

小磊的情况很大程度上与家庭教育的方式方法有关系。孩子自己不敢独立睡觉,家长也没有找找原因,也没有采取有效的方法来引导孩子,而是迁就孩子,错误地认为孩子的问题等长大了就自然会好。长期的习惯行为已经使孩子形成了强大的依赖心理,而且孩子在很多的方面都会出问题,没有安全感、独立性差、自尊心也受伤,哪里来自信呢?人没有了自信怎么去学习、与人交往呢?

孩子的行为习惯都是从小在生活中养成的,不是一朝一夕就形成的,开始家长也许没有意识到问题的严重性,后期一旦养成不良的行为习惯就很容易出问题,小磊就是典型的事例。所以孩子的情况不是一下子就出现的,每个孩子的个性特点以及家庭的环境与教育方式方法不同,在儿童时期或多或少都会出现这样那样的问题。一些家长则会姑息孩子的问题,常常会说"等孩子长大了,就会好了,现在还小呢""小孩子都是这样的,没有关系",特别是当着孩子的面说,就会让孩子自己觉得是可以那样做的,殊不知,家长经常这样做,只会害了孩子!如果发现孩子偷了人家的东西,家长不教育制止,放纵孩子的行为,那么,等孩子长大他还能够改过来吗?从小不应该有的不良行为习惯,如果家长不帮助孩子积极地纠正,那么,长大后这些问题会更严重,更难以纠正。

对待孩子的"小问题"的小贴士:

1. 错误的事情无大小,家长都要及时、明确地告诉孩子:"你这样做是不对的!"
2. 首先了解孩子的想法比如问孩子,"你为什么那样做呢""你那样做一定有你的道理的吧";
3. 重视孩子的行为习惯培养,不能忽略;
4. 在孩子错误的行为开始有苗头时,就要积极严肃地制止;

5. 不去说孩子的问题，不强化问题，而是积极去引导孩子改正；
6. 全家人的教育理念要统一；
7. 孩子目前的缺点，要想到将来发展下去的危害，如孩子小，偷拿了别人的东西，家长绝对不能姑息；
8. 对孩子的不良行为，家长不要"上纲上线"，如：你就是很懒！你就是没有礼貌……
9. 对待孩子的问题，家长要掌握"就事论事、因势利导"的原则。

 培养孩子的气质

许多家长都会认为孩子小，是不需要特殊培养气质的，认为孩子的气质好坏对将来的发展也没有太大的作用，兰兰的妈妈就是有这种认识的家长中的一位。在兰兰很小的时候，家长就放纵、娇惯孩子，对兰兰的无理要求也不制止，有时候反而还纵容孩子。妈妈说，有几次在朋友的聚会上，兰兰就表现出对人很没有礼貌，还不以为然，妈妈还说不得。有次妈妈一批评，兰兰就甩手跑出去了，搞得大家都不愉快。妈妈说，孩子是活泼好动的，想做什么就做什么，妈妈一般不敢多说孩子，什么气质的培养，妈妈都没有做。十几年下来，兰兰已经读初中了，自然是一个不受欢迎、自以为是、不讲道理、没有气质及素质的人。

分析：

在孩子成长过程中，气质培养是很重要的，如孩子是活泼好动的，家长就要"静养"，不能放纵了孩子。孩子一旦长大，气质形成，就很难改变了。气质是人类所特有的，是不可以模仿的、内在的、由精神到外在的举止言谈的修养，每个人的气质是不同

的。气质是天生的，但后天的培养有重要的影响。家长都希望培养自己孩子有高雅的气质，因为高雅的气质令人赏心悦目。气质美首先表现在丰富的内心世界，有理想则是内心丰富的一个重要方面，因为理想是人生的动力和目标，没有理想的追求，内心空虚贫乏，是谈不上气质美的；人的品德是气质美的另一个重要方面。为人诚恳、心地善良是不可缺少的；文化水平也在一定程度上影响着人的气质；此外，还需要胸襟开阔，内心安然。气质美看似无形，实为有形。它是通过一个人对待生活的态度、个性特征、言行举止等表现出来的。人的气质主要是由遗传决定的，后天的培养也起到一定的作用。

目前，人的气质类型可分为胆汁质、多血质、黏液质和抑郁质四种。每种气质都有不同的特点与表现：

1. 胆汁质，相当于神经活动强而不均衡型。这种气质的人兴奋性很高，脾气暴躁，性情直率，精力旺盛，能以很高的热情埋头事业，兴奋时，决心克服一切困难；精力耗尽时，情绪又一落千丈。

2. 多血质，相当于神经活动强而均衡的灵活型。这种气质的人热情、有能力，适应性强，喜欢交际，精神愉快，机智灵活，注意力易转移，情绪易改变，办事重兴趣，富于幻想，不愿做耐心细致的工作。

3. 黏液质，相当于神经活动强而均衡的安静型。这种气质的人平静，善于克制忍让，生活有规律，不为无关事情分心，埋头苦干，有耐久力，态度持重，不卑不亢，不爱空谈，严肃认真，但不够灵活，注意力不易转移，因循守旧，对事业缺乏热情。

4. 抑郁质，相当于神经活动弱型，兴奋和抑郁过程都弱。这种气质的人沉静，深沉，易相处，人缘好，办事稳妥可靠，做事坚定，能克服困难，但比较敏感，易受挫折，孤僻、寡断，疲劳不容易恢复，反应缓慢，不图进取。

　　家长首先要了解自己孩子的气质特点，有的放矢地培养。其实，每种气质都有正反两方面。如胆汁质的孩子，活泼好动，思维敏捷，率直、热情。但是另一方面，这种气质的孩子脾气比较大，遇事不够冷静，易暴躁，遇到困难时情绪也容易一落千丈。家长了解了孩子的气质特点就要有目的地进行针对性培养，中和孩子气质中不良的情绪，在设计游戏时，就要有意识设计培养孩子稳定、能静下心来的游戏。比如，在"谁来做老师？谁来做学生"的游戏中，家长就要让孩子做学生，培养他的耐性和安静；再如，设计一个超孩子年龄的事情名曰"我来做……"的游戏，有意识让孩子感受"失败"的滋味，孩子一定会很生气，很着急，有可能还会发脾气……那么家长就能够不失时机地"教育"孩子了。

培养孩子有较好的气质的小贴士：

1. 充分了解自己孩子的气质特点是怎样的；
2. 在生活中遇到事情，要发扬孩子自己气质特点中优秀的一面，规避孩子气质特点中不良的一面，对孩子的气质，要扬长避短；
3. 无论孩子是怎样的性格特点，都要十分尊重孩子；
4. 培养孩子良好的气质就从生活中的点滴开始；
5. 多鼓励孩子，有自信的孩子就会有好的气质；
6. 生活中设计特殊的游戏，有针对性地帮助、引导孩子改变自己的缺点；
7. 不去夸大孩子气质特点中不利的一面；
8. 时常给孩子自信心，相信孩子能够做好；
9. 家庭教育理念要统一，教育方法要一致。

58 让孩子学会分享

蕾蕾是一个秀丽、活泼、乖巧的 5 岁女孩，蕾蕾妈妈是一位优秀的小学教师。在咨询会上，蕾蕾的妈妈和我说起了女儿的故事，焦急的心情难以掩饰，"我的女儿什么都好，就是非常自私，她从来都不会把自己的东西分享给其他的小朋友，现在越来越明显了""如果蕾蕾这样发展下去该怎么办呢""如果孩子将来成为一个不懂得分享、不受人尊敬、不招人喜欢的人怎么办呢""我用了很多办法，都没有用啊！我可真的是急死了"……

我了解到蕾蕾和大多数独生子女一样，是家里的"小太阳"，是高贵的"小公主"。因为妈妈工作忙，蕾蕾小时候，多数时间都是爷爷奶奶带的，蕾蕾爷爷奶奶疼爱孙女的做法比一般的爷爷奶奶是有过之而无不及！在蕾蕾的眼里，家里最好的东西就永远应该是属于自己的，蕾蕾的爷爷奶奶也总是说："我们家的蕾蕾就是小公主啊，家里好东西都是我们蕾蕾的。"久而久之，蕾蕾就成了常常吃"独食的"小公主了。进了幼儿园后，蕾蕾和其他小朋友一开始相处得还可以，可是后来蕾蕾就大大不受欢迎了，因为大家都不愿意和一个不把玩具分享给别人玩的蕾蕾相处。可是，蕾蕾就是不懂得"好玩的玩具为什么一定要和别人分享""好吃的东西为什么就一定要给别人呢"，她就是不明白。

蕾蕾的妈妈焦急之下，马上把蕾蕾接回到自己的身边，下决心要好好地教育她。可是，一次次的失败教育让蕾蕾妈妈不知该如何。蕾蕾妈妈说，她在给蕾蕾讲故事的时候，当讲到一些小动物主动帮助其他的小动物，会主动把东西分给其他的伙伴吃的时候，蕾蕾会不由自主地一次次打断妈妈讲故事，并且认真地纠正说："妈妈，你讲错了！香蕉是小猴子的，不应该分给其他人啊。"

妈妈说："因为他们是小猴子的朋友啊，朋友就要相互帮助的啊！"蕾蕾却说："那么，小猴子把香蕉给了别人，自己就没有香蕉了啊！"妈妈说："虽然小猴子没有了香蕉，但是他帮助了别人，他的心里也是开心的啊！"可是蕾蕾说："不对，不对！小猴子自己的香蕉都没有了，他吃什么呢？他怎么会开心快乐呢？小猴子应该哭才对！"蕾蕾还说："我才不要学小猴子把东西给别人呢，就不要！"蕾蕾的妈妈真的是哭笑不得，无可奈何……

分析：

第一，每个孩子起初都有很"自私"的一面，这是很正常的现象。"自私"的孩子将来不一定就是"不招人喜欢的孩子"。这种"自私"是人的初始本能，更是孩子在成长过程中必须要经历的过程，我们对此要有正确的认识。家长要注意在生活的一点一滴中不断熏陶、正确引导教育孩子，纠正那些不利于孩子成长的各种"元素"。家长们应该正确对待孩子的"自私"。

第二，蕾蕾生活的环境，从小受到的教育导致了孩子的一直"自私"。孩子不明白家庭与社会的区别，她认为在家里我的东西是不分给任何人的，为什么在幼儿园就一定要分给其他人呢？在家里，不分给爷爷奶奶也没有什么啊，爷爷奶奶也很开心，他们依然非常喜欢我、爱我。为什么在外面，我不分东西给别人，别人就不喜欢我了呢？孩子不明白。这就是我们教育的误区所在！我们希望孩子将来这样、那样，家庭就是他们最好的第一课堂，我们家长就是最好的老师。我们教育孩子怎样对待我们，就是在教育孩子将来怎样对待别人。孩子今天怎样对待家里人，将来也就可能怎样对待别人。蕾蕾的"自私"观念由来已久，是家里人在不经意的溺爱中渐渐养成的。

第三，孩子在不断地生长发育中，他们的思维空间是有限的。我们的教育必须要符合孩子的年龄特点。我们教孩子学会分享，就要切实让孩子体会到"分享"的快乐和喜悦，还要告诉孩子为什么要"分享"。我们最初的教育是给孩子美好的感觉，随着年龄的增长，我们的教育质量也要不断升华，最后达到让孩子自己真正懂得去"分享"，去感受"分享"的快乐。蕾蕾的妈妈要教蕾蕾不自私、懂得分享，那么就让蕾蕾亲自尝试，把自己喜爱的东西分给别人，亲身体验别人的感激、赞许带给蕾蕾的快乐。

蕾蕾不懂得和小朋友分享是情有可原的，当我们找到了我们教育的"症结"时，就可以"对症下药"了。家长正确的做法应该是：

在孩子幼小时，我们要理解孩子的"自私"。我们要做到不去责备孩子，不要轻易给孩子戴上"自私"的帽子，更不要为了孩子的"自私"打骂、鄙视孩子。但是我们不可以姑息，要积极地在生活中去纠正。如让孩子经常看到家人礼貌、谦让、互相帮助，学习分享，家长要言传身教，还可以设计特殊的故事讲给孩子听。

在孩子懂事时，我们要积极引导孩子，首先让孩子懂得什么是分享，我们为什么要学会分享。家长要有意识地设计一些互动的游戏，让孩子从游戏中体会什么是分享，亲身体验分享带给我们的快乐，真正明白学会分享之后我们会得到什么。

在孩子成长时，我们要教育孩子，让孩子理解、认识到"分享"是一种美德，教育的重点在于让孩子自发地去与同伴分享，去感受、体验其中带给我们的快乐，这个过程中，有意识地引导孩子参与群体活动很重要。

当孩子"不会分享"时的小贴士：

1. 对6岁前的孩子，家长要理解孩子的"自私"，包容孩子的做法；
2. 了解孩子的真实想法，不轻易责怪孩子；
3. 当孩子出现了任何问题，不要责备长辈，首先检讨自己；

4. 通过各种形式，耐心引导孩子；
5. 对6岁后的孩子，家长要明确告诉孩子不会分享的"坏处"；
6. 要让孩子体会到"分享"带给孩子的快乐；
7. 家长不要总是说"这孩子就是自私"等等；
8. 家庭教育要一致；
9. 设计相关的游戏，让孩子获得各种切身的体验。

59 让长辈承担孩子的教育

生活中，让长辈们承担孩子教养问题的事例很多见，我遇到的小凤就是众多被长辈教养的孩子中的一个。7岁的小凤是个很聪明的女孩，父母由于工作忙，又要照顾弟弟，所以，就把小凤放到爷爷奶奶家里代养，这一放就是6年。等到小凤要读书了，父母才把孩子接回来。小凤的父母听爷爷奶奶说，小凤是个懂事的孩子，就是偶尔倔强一些，可是当小凤的父母接孩子回到自己身边后，却发现了许多的问题。小凤凡事都要父母帮忙做，不愿意和弟弟友好相处，特别是和母亲相处得很不好，因为妈妈经常要管教她。小凤总是对抗，十分抵触，家里总是争吵不休，妈妈很头疼，觉得郁闷极了。这孩子怎么啦？为什么到自己家里反而不听话呢？我和小凤沟通时，她说"妈妈很讨厌的，总是说我，总是要我做这做那，我喜欢爷爷奶奶家里，不喜欢这里"。

分析：

当家长和孩子分离很长一段时间再重新在一起生活的时候，家长要首先和孩子建立良好、友善、融洽的关系，先让孩子接纳自己，然后才是培养和管教。如果一上来就说教、指责，那么孩

子一定是抵触的。

孩子的成长最好由自己的父母养育，老一辈是可以适当帮助照顾的。可是如今有相当多的年轻人，由于各种原因，在生了孩子之后却把养育自己孩子的事情全部都交给了老一辈来承担。我们且不说孩子要孝顺父母，减轻父母的负担，就说上了年纪的二老，他们的体力、精力以及他们的反应能力等等都有所下降，完全承担养育小孩的所有事情是很不妥的。隔代亲、溺爱、宠爱有加的爷爷奶奶比比皆是，殊不知，当年轻的父母把本该自己承担的养育孩子的事情交给了长辈来做时，孩子、家庭会出现一系列的问题，这些问题又会使年轻的父母烦恼，还会给孩子的成长带来许多的后续问题。

自己养育孩子的小贴士：

1. 首先要明确孩子是自己的，必须自己带大，没有任何理由一定要长辈来养育自己的孩子；
2. 长辈们可以帮忙，但是只是帮忙，不能完全替代孩子父母的责任；
3. 克服困难，自己养育、陪伴孩子，不要总是依赖自己的长辈；
4. 可以尊重、参考长辈的意见，但是不照搬陈旧的教养方法。

 不让孩子参与做家务

晓丽是个17岁的很聪明的女孩子，学习成绩不错。可是，家长说这孩子就是很懒，什么都不愿意做，妈妈一说她，两人就吵起来，家长的担忧由此产生。我在和晓丽聊的时候，晓丽说"我

不是懒啊，我是不会做，不知道该怎么做，做什么……""妈妈一直说我，一直说我，很烦很烦""我做得不好，他们又得说我，还不如什么都不做了呢"。晓丽的妈妈却说："以前不会做就算了，现在不会做将来怎么办？"我问："以前你们有帮助晓丽做事情吗？有没有教她自己做呢？"妈妈说："我们没有教她做啊，都是我们帮她做了，她不是作业多吗？"

分析：

孩子不会做、不知道该怎么样做，妈妈不能轻易责怪孩子懒。家庭中的喜怒哀乐是一首丰富多彩的锅碗瓢盆"交响乐"，孩子就是这"交响乐"中的主旋律。家务是一个家庭必不可少的事情，应该分工合作：孩子小的时候，"做家务"是为了锻炼他们的能力；孩子长大了，参与做家务，那是为了加强孩子的责任感，让孩子时刻感觉到自己是家里的一份子。孩子在参与做家务的同时，可以得到许多的锻炼，包括能力、责任、协作、分享、快乐、感恩、体谅等等，这些都会在孩子做家务过程中得到提升。可是，许多的家长就是不给孩子这样的锻炼机会：孩子小的时候，说孩子做不好；等孩子大了，又说功课多没有时间做。那么，什么时间做呢？等孩子长大成人了，家长才发现，锻炼孩子做好家务是自身能力的一种体现，只是那时候，后悔已晚。

引导孩子做家务的小贴士：

1. 有意识引导孩子做他力所能及的事情，如捡菜、倒垃圾等；
2. 无论孩子做得好坏，家长都要培养他吃苦耐劳的精神；
3. 手把手地教会孩子做各种家务并不断地鼓励孩子；
4. 不轻易说孩子"就是懒、就是笨"等等的话；
5. 在外人面前要适当地夸奖孩子做家务的能力；
6. 适时引导孩子积极主动做家务，培养责任感；

7. 把孩子当成大人，那么孩子才会长大；
8. 全家人要统一教育方式。

 帮助孩子解决所有问题

小飞17岁了，偶尔要求在同学家住一晚上，妈妈会问：哪个同学？叫什么名字？家住哪里？几点回来？还有谁？一起去几个人？我几点去接你？等等；小飞骑车出去，妈妈也会千叮咛万嘱咐：注意安全，小心汽车！妈妈是完美主义，不允许孩子出一点差错。但是，这段时间小飞却提出不想上学了，父母的震惊程度可想而知，便马上带他来看心理医生了。我和小飞在交谈后发现，在孩子的潜意识里，"我的安全、我的生活、我的人生都是爸爸妈妈给我负责的，我自己不需要负责，我不需要或者也没机会体验更丰富的人生经验，当然，上学或者过什么样的人生也是跟我没关系的"。17岁的男孩子，心智发育明显落后，思想幼稚单纯得就像7岁的孩子。上学对他而言，是想起来了就去两天，觉得累了就不去了。其实，孩子是在用这种方式跟妈妈在潜意识互动，妈妈的照顾方式就像在照顾一个小孩子，儿子所表现出来的"小孩子"行为模式刚好就吻合了妈妈的潜意识。

分析：

这母子俩你来我往，表面看起来是孩子出了问题，实际上是他们之间的内在关系出了问题。一句话，完美的妈妈把17岁的孩子弱化到7岁，使得妈妈感觉自己有用，减少了自己被抛弃的恐惧，然后又指责孩子不成长，不懂事。这就是心理学上常说"任何心理问题，都是关系的问题"。孩子成长了，妈妈却还在原地

还有一个观点，要在孩子开始"恨"妈妈之前，妈妈先"恨"孩子。这个"恨"是一种把孩子"推开"的力量，是让孩子自发成长的力量。这让我想起来《道德经》上的话——"天地不仁，以万物为刍狗；圣人不仁，以百姓为刍狗"。在教育孩子的过程中，我们除了给孩子适当的爱以外，有很多时候也应该不要把孩子"太当回事"。因为世上所有的爱都以聚合为目的，但父母对孩子的爱，却以分离为目的。许多的家长在孩子遇到问题时，不是积极地引导孩子自己处理，而是不自然地帮助孩子解决所有的问题，家长还会认为那样才是"称职的父母"。

我们先说一下什么是"完美的妈妈"。举例来说，如果一个婴儿，在周围没人的情况下，爬到了高一点儿的地方，等他环顾四周，发现了危险的时候，他就开始哭。"糟糕的妈妈"就是在这个婴儿感受到了最大的恐惧和绝望的时候还没有出现。那什么是"完美的妈妈"呢？"完美的妈妈"是在这个婴儿刚刚爬上去，还没有感到任何恐惧时，就把婴儿抱下来了，因为妈妈会一秒都不停地盯着婴儿。然而，"完美的妈妈"则会让婴儿丧失了一次自己体验焦虑和恐惧的机会。所以，"完美的妈妈"实际上是不完美的。"糟糕的妈妈"更是不可取的。生活中，真正完美的妈妈是用心去陪伴孩子的，在某些"危险"来临时，家长会给予孩子鼓励、勇气去面对。"完美的妈妈"其实是"不好的妈妈"，她们会使孩子失去许多探索、尝试的锻炼机会，她们的"完美"，会让孩子在其成长中失去很多。

我接待的关于孩子心理健康问题的案例中，发现有两种类型的父母——直升机型和割草机型。直升机型的父母，就是当孩子遇到任何困难的时候，父母立刻空降下来，帮助孩子解决困难，不让孩子自己动脑筋想办法解决。割草机型的父母，就是随时站在孩子的面前，直接把前面的路障铲平，就像割草机一样，孩子一点儿体验困难的机会都没有,一直跟在父母后面在平坦的大道上一帆风顺地走着。这两类家长的做法都是不可取的。

我们可以想象,一个孩子在完全没有威胁的情况下长大,他在人格层面上该是多么的弱不禁风。如果有一个"完美无缺"、事无巨细的妈妈,那么,孩子长大之后,出现人格障碍或者是精神分裂症的可能性就会非常大。这在咨询时和临床上非常多见。

我来举例:婴儿到高处之后,在感觉到了极度的恐惧,并且要达到绝望的状态的时候,妈妈走过来把他抱下来,让他处在安全的环境中间。在这种状况下,婴儿体验到了危险,也体验到了逐渐增长的失望情绪,但没有到绝望的状态。如果一个妈妈反复这样做的话,婴儿就会有一种渗透到人格层面的信念,在我的情况变得最糟糕的时候,一定会有人来帮我。这个可以成为他内心里面非常强大的信念和力量。当一个妈妈要求自己完美无缺的时候,她就会把自己的不完美投射给孩子,然后孩子就越来越糟糕。在日常咨询中,我会遇到很多妈妈,她们殚精竭虑、呕心沥血、无私奉献、事无巨细地关爱孩子,但孩子的人格却停滞不前,学习成绩一塌糊涂,或者最后厌学逃学。

教孩子"自己的事情自己做"的小贴士:

1. 孩子到18个月后,家长就有意识要引导、帮助孩子自己去完成自己的事情了;
2. 从最基本的吃、喝、拉、撒等习惯行为开始,教孩子自己完成;
3. 孩子做不好时,家长要帮助、引导孩子完成,不去责怪孩子;
4. 要多鼓励孩子:"你自己完全可以做得很好!"
5. 家长有时候要表现得"迟钝"些,孩子的事情,一定要让他自己去做:"你先自己做哦,妈妈马上就来……"
6. 孩子特别不爱做的事情,但又是孩子应该自己做的,家长要有意识地培养孩子去做；
7. 不能逼迫孩子去做他不愿意做的事情；
8. 家长不要将自己的孩子和其他小朋友作比较；
9. 不要贬低、嘲讽孩子做不好事情；
10. 不替代孩子做事，不包办孩子的事情。

62 "教育孩子"不分场合

8岁的男孩李小刚上二年级，写作业总是拖拖拉拉，特别是在吃饭时，爸爸都要给他讲好多的"大道理"，搞得他情绪不好，很不愉快，接下来做作业，也就定不下心来。当我问到他有什么不开心的事情时，他脱口就是："爸爸就是不让我好好吃饭，一吃饭，他就开始说道理了！"孩子的表情很无奈，很反感爸爸的做法。我在和家长谈到此事时，小刚的爸爸就说："吃饭不说什么时候说啊？我就是不让他好好吃饭！那样才能记住我的话！"我说："您觉得在吃饭时间说孩子效果好吗？"小刚的父亲迟疑了一下说："不知道，但是，就算没有效果也要说啊！"

分析：

像小刚父亲这样经常在饭桌上教育孩子的做法，必然会引起孩子的不愉快，吃饭的不愉快又会影响到孩子的学习，家长只看到孩子学习的问题，却没有找找原因。许多家长总是喜欢在孩子吃饭的时候"教育"孩子，这是最不可取的。我们的教育目的是要孩子懂得道理，自己领悟而自觉自愿地去纠正自己的错误，而不是为了教育而教育，不能起到作用的教育又有什么意义呢？在孩子不愿意听的时候说教，不但不会起到好的作用，相反还会引

起其他的问题,如在饭桌上的教育,会影响孩子的食欲,造成消化不良,最主要的是会给孩子带来许多的负面情绪,他还怎么安心做功课呢?一想起吃饭时的不愉快,孩子就会闹心。

选择"教育"孩子时机的小贴士:

1. 教育贵在及时,给孩子留下深刻的记忆,当场发生的事情当时就解决好。
2. 孩子吃饭的时候要专心吃好饭,心情愉快地进食,家长不要说教。
3. 选择孩子最能够接受的场合来说,如客厅、孩子自己的房间或者是散步的路上。
4. 与孩子谈话要尊重孩子,问他"我们现在来谈谈上午发生的事情好吗",孩子愿意就好,孩子不愿意就暂时不谈,让他确定好时间再谈。想想看,如果孩子十分不愿意谈,那么家长的说教会有用吗?
5. 最好不在人前批评孩子,给孩子最起码的尊重。
6. 孩子情绪很强烈的时候,要先平息孩子的情绪,过后选择孩子情绪稳定的时候再教育做疏通工作。
7. 教育的时间与事情的发生最好不要超过48小时。
8. 全家人要统一教育理念。

 强行"断掉"孩子所有的电子产品瘾

我遇到陶子,是在他读初二的时候,这个14岁的男孩因为网瘾的问题,对什么都不感兴趣了,学习成绩直线下降。父母亲用尽了一切方法,就是不起任何作用,无奈之下找到了我们。我看

到陶子的眼眶都有些凹陷了，显然是长时间看屏幕造成的。妈妈说不知为什么这孩子一有空就会打游戏，一打就是几个小时，不吃不喝，甚至都不睡觉了。怎么说也没有用，好言相劝，打骂强逼，这些手法家长都用过了，就是没有用！家长要没收陶子的所有电子产品，陶子就会威胁说"那我就不去学校读书了""你们越不让我玩我就越要玩"。我在和陶子聊的时候，发现这孩子还是要读书的，只不过他觉得怎么样读书都不会让父母满意，自己的学习成绩一般，也不会得到老师的表扬，将来肯定是考不上大学的，那还不如现在就好好玩呢。我和孩子谈到了学习的目的、学习的重要性时，孩子一脸的茫然……

分析：

孩子对学习的目的不明确，哪里来的学习动力呢？这样的孩子最容易被诱惑了。孩子玩电游，不费力、吸引人，还不用多动脑子，游戏的"乐趣"就会不知不觉地吸引孩子，家长的做法又会加重孩子的逆反心理。当孩子被电子产品吸引后，家长没有认真地找原因，也没有耐心地分析利弊给孩子听，更没有用实际行动去引导、影响孩子，如带孩子参加体育运动、读本好书、出去旅游等等，给孩子一个宽松舒适的环境，这些家长都没有做，那么孩子就难以改变。我们要让孩子从思想上认识到网瘾的危害，让孩子自觉自愿地脱离网瘾，而不能简单粗暴地就断绝一切电子设备。时代在发展，社会在进步，许多的电子产品不断涌现到市场，吸引着孩子的眼球。有一些孩子会痴迷电子产品，没有节制地玩耍，从中获得某种程度的满足。一旦沉迷进去，不玩电子产品时，还会出现焦虑、烦躁、抑郁的情况。家长们担心这样下去会影响了孩子的学业，在说道理没有用的情况下，就会强行没收孩子所有的电子设备及工具，这样孩子就彻底和电子产品说再见了吗？孩子就会一心一意读书了吗？一般迷恋某种东西的孩子都是有原因的,特别是当孩子没有从学习中得到乐趣时,没有真正懂得学习的意义和目的时,就会很容易着迷某一样东西,加上如果得不到家长的正确教育及引导,就会越陷越深。如果家长在一开始采取耐心说服教育和引导的方法,也许孩子就会接受、改变;而家长如果采取打骂、强迫的极端做法,就会让孩子难以接受,甚至会加倍地迷恋。

让孩子杜绝电玩的小贴士:

1. 帮助孩子根据自身的特点自己规划安排学习时间,不占用学习时间玩电游;
2. 合理地帮助孩子安排业余时间,只有安排好学习以外的各种活动的时间,才不会让孩子感觉到学习是单一的、枯燥的;
3. 劳逸结合,让孩子在学习之外学会调剂和放松,适当地接触电子产品,不沉迷其中;
4. 不去强行断绝孩子接触一切电子产品,多引导孩子;
5. 家长不去多说,不去强化孩子的问题,而是用实际行动引导孩子去做;
6. 家长要多多关心孩子的情感需求;
7. 要充实孩子的课余时间,如做家务、锻炼身体、外出旅游等;
8. 家里人的教育理念要统一;
9. 不要轻易、无条件地延长孩子玩电脑的时间。

64 过早地让孩子学习认知

7岁的童童,是一个很聪明的男孩,但是老师就是不喜欢他,因为一上课，童童就会做小动作，影响其他同学听课，老师多次把童童的父母叫到学校。家长很着急，找到了我们。童童的父母都是非常优秀的，他们希望自己的孩子比自己更优秀，所以，在童童很小的时候就开始教他学习认知了。童童4~5岁时就学会了小学1~2年级的课程，他们以为这样孩子就会更轻松地学习，可是没有想到，竟然是事与愿违。童童就是在课堂不好好听讲，又经常去影响其他同学听课，为此，老师也多次批评了童童。童童说："我都会了啊！"老师说："那你也不能影响别的同学听课啊！"童童委屈地说："我也没有办法啊，我看他们听课就觉得好玩，就想惹他们，反正老师讲的我都会了。"孩子反复说着……在其他方面童童表现得都是挺好的，学习成绩也挺好。

分析：

像童童这样的孩子还有许多，家长没有给孩子建立好各种"规矩"，孩子就不知道要怎样去做，如果事先都懂了上课的内容，老师讲课就不会吸引孩子了，那么，孩子思想很容易跑小差。

孩子最初的学习一定是开心愉快的，家长应该想方设法让孩子体验到"学习"的乐趣，而不能让孩子感觉到学习是一种"压力""任务""负担"。每个阶段的孩子的性格特点是不同的，天生的遗传与基因也不相同，所以培养不能过早，要根据自己孩子的个性特点来培养。每个家长们都希望自己的孩子成才，不输在"起跑线上"，但是，有一些家长的做法实在是很成问题，他们强迫幼小的孩子练习写字，做作业，而且一写就是很长时间；有的家长甚至打骂孩子、逼迫孩子学习，这就给孩子幼小的心灵带来了创伤。家长只是想到，孩子读书后，老师教的知识孩子都已经会了，就会很轻松地学习，但是没有想到，当老师讲的时候，孩子都已经知道了，那孩子还会听吗？老师的讲课内容还会吸引孩

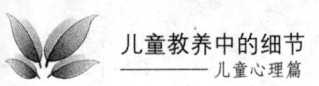

子吗?孩子不愿意听的时候,他会做什么呢?特别是刚上学的孩子,他们需要有一个调节、适应学校的过程。

孩子这阶段的学习,要有兴趣、有新鲜感,家长如果过早地就破坏了这种学习的新鲜感与兴趣,那么非但不会使孩子轻松,反而会影响了孩子的学习积极性。试想,孩子在课堂上不听老师讲课,多动、影响其他的同学,老师会怎么样呢?当受到了老师的批评,这个孩子的心情会是怎么样呢?家长如果不能够正确对待,再打骂孩子,那么就会加重孩子的问题。

孩子早期学习认知的小贴士:

1. 根据自己孩子的年龄特点制订适合孩子的学习计划;
2. 设计相应的游戏,在游戏中学习,特别是对学龄前的孩子;
3. 让孩子体验到学习的乐趣;
4. 培养孩子养成自觉学习的良好习惯,多引导;
5. 经常鼓励孩子,提高孩子的积极性;
6. 不强迫孩子学习;
7. 不给孩子任何压力;
8. 家长以身作则看书学习;
9. 尊重孩子的选择;
10. 不要轻易就中断学习,培养孩子坚毅的性格。

65 孩子与异性过于亲昵

我在门诊遇到一个15岁的男孩,是父母带来看心理问题的。男孩叫肖伟,和妈妈一起逛街、一起睡觉,什么事情都要妈妈参与，孩子会不分场合地和妈妈抱在一起，还常常亲嘴，搞得妈妈都会很难为情。怎么说孩子就是不改变，孩子还为此和父母争吵。甚至说"我的妈妈，怎么不可以呢""在家里怎么就可以，在外面怎么就不可以了"？孩子对母亲的依恋程度大大超过了对父亲，这让家长很头疼，孩子已经青春期了，这样子怎么可以呢？我在咨询过程中了解到，肖伟从小就是由母亲带大的，父亲常年在国外很少回来，平时的联系也不是很多。妈妈说，孩子从小就是这样，对父亲一点儿也不挂念，对母亲的外出是百般的"叮嘱"。

分析：

肖伟这样行为，肯定是不符合年龄的做法，这与家庭的环境、教育的方式方法是分不开的，起码这孩子有极大的依赖性，也就导致孩子内心缺乏安全感。孩子和母亲长期在一起，过于亲近也是可以理解的，但是，不能超过限度，特别是当孩子长大后，母亲就一定要注意到自己和孩子的距离。

家长对孩子的爱是随时都会流露出来的，母爱尤其是任何情感都无法替代的。孩子幼小时，是需要家长的关爱、照顾的，这无可非议，但是随着孩子年龄的增长，经历的增长、经验的丰富，家长若还把孩子当成"小孩子"看待，与孩子过于亲昵，就势必会影响了孩子的心理发育。因为，孩子成长后进入"青春期"，心理及性格会发生一些变化，与异性也应该有一定的距离。所以，随着孩子长大成年，家长就应该用不同的方式方法来对待孩子，如：3岁左右的男孩就不应该再和妈妈去女浴室洗澡了，就不应该再和母亲睡在一起了。妈妈过于和儿子亲昵就会让男孩对性别产生误解，也会给家庭等带来不必要的烦恼，对孩子的身心发展不利。还有就是家庭教育中，不能够缺失了父亲的教育。

与异性孩子相处的小贴士：

1. 不去触摸孩子的敏感部位；
2. 引导孩子独立处理自己的事情，如如厕、洗澡等；
3. 不与孩子过于亲密，如接吻、睡在一个被窝里、抚摸等；
4. 注意保护自己的隐私，不让孩子看到；
5. 告诉孩子男女有别，哪些可以做，哪些不可以做；
6. 孩子有不合理的要求时，家长要温和地引导、教育孩子；
7. 要尊重孩子，不随便闯入孩子房间；
8. 给孩子灌输正确的"性"教育；
9. 家长要以身作则，教育孩子异性有"界线"感。

 66 不和孩子过多地交流

门诊遇到 22 岁的女孩小玉，她是自己来找我咨询的。她发现自己总是不爱说话，不会与人沟通，自己挺苦恼的，不知该怎么办。我了解到，小玉的父母都是性格非常内向的，在儿童时期很少和孩子交流、沟通。小玉说："妈妈从来都没有给我讲过故事，爸爸在家里也很少说话，我以前也不讲话，可是我现在大了，自己都觉得不爱说话会影响我的工作，我也有朋友，可是，因为我不爱说话，有几个好朋友都不和我做朋友了……"

分析：

健康的母婴关系包括在母婴互动中母亲（养育者）所具有的敏感性、接纳性、合作能力、易接近度等等，这对家庭与婴幼儿之间建立安全、信任的心理机制的影响巨大，无可替代。在孩子成长的关键期（0～6岁），家长，特别是母亲对孩子的影响是很大

的,语言的沟通交流更是非常重要。像小玉这样内向的孩子,缺失了语言的沟通,就会变得更内向,从小又不与人交往,孩子的交往能力自然就会很差。

小玉从小就缺乏和母亲的"沟通"与"交流"。生命初期的前3年(胎儿期～2岁)对人生未来的发展,对各种关系的建立和事业的成就,具有独特而深刻的影响。母婴关系是个体生命中的第一重要的关系,这种关系的品质对个体生命未来的社会能力及情感发展都起着决定性作用。在不同阶段母亲和孩子交流的方式方法都不一样,这是根据孩子的年龄特点及性格特点决定的。母亲与孩子的"交流"与"沟通"无论形式怎样,都是在传递着一种"特殊的信息",这种特殊的信息对孩子的身心成长发育都起着至关重要且无可替代的作用。母亲如果忽略与孩子的这种交流与沟通,孩子就会缺失许多东西,如母亲总是生气、抱怨、叹息、不微笑,那么,传递给孩子的就会是很多负面的信息,孩子感受到的就是愤怒、不愉快,孩子就会不由自主地学到这种东西;如果母亲经常是愉快的、积极的、阳光的、开朗的,凡事大度的,那么,孩子处事就会是阳光的、积极的态度。

与孩子沟通交流的小贴士:

1. 充分地相信自己的孩子,不随便指责孩子;
2. 凡事都尊重孩子,遇事首先和孩子商量;
3. 母亲要和蔼可亲地对待孩子;
4. 理解孩子内心的感受,分享孩子的喜悦,有烦恼及时化解;
5. 允许孩子犯错误,包容孩子;
6. 蹲下来、弯下腰、拉着孩子的手和孩子讲话;
7. 不和孩子讲大道理,循序渐进地讲故事;
8. 要和孩子有问有答地交流,重在互动;

9. 了解孩子的真实想法，体谅孩子；
10. 家长希望孩子做的，自己首先要做好。

 入学前学习很多"知识"与"技能"

护士小刘最近因为她的女儿兰兰很"头疼"。兰兰上二年级了，是个聪明的小女孩，小刘说兰兰以前还好，但是最近不知为什么就是不高兴写字，也不愿意做功课了。即便是在写，写得也很粗心、不认真、马马虎虎。妈妈说兰兰特别喜欢上美术课，上什么课都喜欢画画。我在和兰兰家长谈的时候了解到，兰兰上幼儿园前就会认好多字，也就是说在幼儿园的时候兰兰学习了写字、美术、钢琴等等。家长说孩子也有不愿意学的情况，说说就好了，想不通孩子现在怎么会不愿意写字了，将来怎么办呢？我在和兰兰聊的时候，问孩子："你不要写字了，为什么呢？"孩子说："我都会写了啊，我都写了好多年了，不想再写了！""我喜欢画画，我将来要当画家啊！""老师说，画家就画画不用多写字了啊！"看看，家长的"提前教育"给孩子带来了一些什么负面影响……

分析：

孩子不愿意写字的原因很多，有时候也会没有什么原因，可能因为情绪问题不愿意写字，这时候家长的引导教育就很重要。上学前的"硬性学习"给兰兰带来了一些问题，也有家长教育目的不明确的原因，如没有让孩子明白为什么要写字。

家长希望孩子尽早学到许多技能，出发点是好的，可是有些家长过于重视孩子的认知培养，而忽略了其他方面的教育。许多家长希望孩子不要落后于同龄孩子，就会在孩子上学前给孩子

"灌输"许多知识,还督促孩子学习许多的"技能"。家长的愿望是好的,但是有些家长的做法严重违反了孩子生长发育的规律,结果适得其反。各种认知的学习都应该符合孩子的年龄、生理和心理特点,不能盲目学习,要尊重孩子的意愿;学习各种技能也要有的放矢,不能阻碍了孩子的正常生长发育。最重要的一点,就是家长要让孩子明确自己为什么要学习这种技能,要孩子开心愉快地学习。如果孩子前面学了,后面就不愿意再学了,那一定是前面的学习给孩子带来了负面的影响,或者是孩子没有懂得为什么要学,那么,这样的学习就是盲目的,当遇到困难,孩子很容易就会退缩不前的。

入学前教育孩子的小贴士:

1. 入学前,以培养孩子各种良好习惯为主要"任务",加强孩子能力的锻炼,如早睡早起、自己整理书包等;
2. 利用兴趣与游戏的形式,使孩子掌握基础的学习知识,如笔画的书写、学好拼音的技巧等;
3. 培养孩子良好的读书及学习习惯,而不是学习很多的知识;
4. 帮助孩子树立正确的学习目标;
5. 帮孩子设定的学习目标要符合孩子的年龄及自身的特点;
6. 家长要多引导孩子,不能"严重偏科"地学习;
7. 孩子不愿意学习时,家长不能逼迫孩子;
8. 家长不能因为孩子不好好学习,就严厉惩罚孩子,要以说服、引导、讲道理的方式进行教育;
9. 学前家长想让孩子学习的东西,一定要尊重孩子的选择,让孩子愉快、自觉自愿地学习;
10. 家长要以身作则,教育方式一致。

68 忽略孩子交往能力的培养

17岁的女孩小雨,长得挺可爱的,正在上艺术学校。家长说,一直以来父母样样事情都十分照顾小雨。孩子比较安静,不愿意和同学来往,交流也很少,一放学就回家。家长发现了孩子和同学的关系不十分融洽,因此,很担心孩子在学校会因为不愉快而影响了学习,结果母的担心真的成为了事实,发展到后来小雨不愿意去学校读书了。原因就是她没有办法和同学做朋友。小雨说:"我看不上她们,她们也不和我玩,在学校里是没有一点儿意思了!"比如,小雨在学校洗澡时间要50多分钟,同学就不愿意了,说她,双方就会争执起来,本来不十分和谐的关系就越发紧张了。我了解到,小雨从小就是爷爷奶奶和父母宠爱长大的,按照家长的话说,"小雨在家里什么都是很好的,一到了外面就会拘束得不得了,不讲话,也没有什么同龄的朋友"。我问道:"孩子以前有同龄的小朋友吗?"小雨的父母回答:"哪里有什么朋友啊,她从来不和别人玩的。"家长说,小雨在家里洗澡也是很长时间的,家里人都不去说她的。

分析:

小雨从小就缺失了自己的"伙伴关系",代替的是"亲子关系",自然家里人会认为孩子什么都是挺好的,而在外面,小雨就显现出问题了,不会与同龄孩子交往,遇到事情,首先只会选择逃避。

孩子到了1岁多就需要和自己同龄的宝宝玩耍,建立自己的"伙伴关系",而与家人的"亲子关系"是不可以替代孩子的"伙伴关系"的。在"伙伴关系"中,孩子会逐渐学会怎样与同龄人相处,怎样处理好生活中发生的各种事情,这需要孩子自己积累经验来学习。小雨从小就没有这样的经历，那么社会性自然就低下了。当孩子做不好又不知道该如何去做的时候，就会很自然地选择放弃，孩子的社会性与适应能力是健康的重要组成部分。试想，如果孩子无法很好地和同龄的人交往，那么，孩子就不会感受到家庭以外带来的快乐。这种社会交往能力是需要家长在孩子小时候就逐渐引导、培养和锻炼的。儿童的交往能力是社会性发展的重要方面，简单地说，就是在社会不同环境中和不同的人交往的能力。

儿童时期是一个人社会性发展的关键时期，而家庭中的教育和引导是儿童社会性发展的基础。家庭教育对儿童社会性的发展具有启蒙性、持久性、感染性和情感性等特点。在儿童社会性发展的过程中，失败的家庭教育存在着价值观狭隘、教育方式偏失、教育内容片面和教育行为与目标背离等现象。

人的社会性发展贯穿于人一生的始终，从婴儿期（0~12个月）开始到成人，其中婴幼儿期（0~3岁）是人的社会性发展的关键时期，也是社会性初步形成的重要时期。家庭教育在儿童社会化过程中起着学校教育不可替代的重要作用，但是，有许多的家长、家庭会忽略孩子社会性的培养，以致出现家庭教育的失误，使孩子的社会性及社会适应能力大大降低，自然会使孩子的学习及生活质量下降。

培养孩子交往能力的小贴士：

1. 在宝宝婴儿期就要每天带宝宝到外面，走走，看看，和人"交流"，家长要说、做给宝宝看；
2. 幼儿期及学龄前期鼓励孩子出去和同龄的孩子玩游戏；
3. 当孩子和同伴小朋友有矛盾时，要引导、鼓励孩子尝试自己去解决；

4. 家长要经常分享孩子的喜悦或不愉快,耐心地帮助孩子;
5. 遇到不愿意出去的宝宝,就越是要引导、鼓励孩子出去;
6. 不仅仅是要带孩子出去,而且出去后,鼓励孩子要和各种人"交流";
7. 家长不要硬逼孩子和别人交流或是表演节目;
8. 不在别人面前指责、训斥孩子;
9. 尊重孩子的选择;
10. 对孩子的言行家长要做到一致对待。

69 实施"复制"教育

4岁的小小是妈妈和姐姐带来看"厌学"问题的,这是我接触到"厌学"的孩子中年龄最小的一个。小小不愿意上幼儿园已经有一个多月了,家长说,小小在家里什么都很好,就是不愿意再去幼儿园了,说不愿意见到老师和同学。我了解到,小小还有个姐姐,小小的性格和姐姐完全不同,可是一直以来,妈妈都是用教育姐姐的方式方法来教育小小的。小小呢?不像姐姐那么"乖",一直很反叛,有自己的主见,又很固执,对父母亲的教育总是不以为然,到了幼儿园,一直是有抵触情绪的,家长呢?只是简单地说说而已,没有从根本上解决小小的问题,家长还总是说小小的姐姐就是比小小好,听话、懂事等等。这些对小小都是不良的刺激。前几天老师批评了几个孩子,其中就有小小,小小当时就很生气,回家后就表示再也不去幼儿园了。

分析:

每个孩子的性格特点是不一样的,家长的教育方式方法也要有所不同。姐姐是内向的，小小是外向型性格，姐姐能够自己明白哪里做错了，可是小小就不会去想那么多，家长没有及时做好小小的工作，小小就会出状况的。

每一个孩子在不同的年龄阶段都有他们特殊的生理及心理特点表现，也会有很强的个体差异及其性格、气质特点，家长一定要清楚，教育方式方法不要"复制"，要因人而异。

很显然，小小是因为情绪问题调节不好而再不愿意上幼儿园的。当然，小小家长的做法也是不对的，因为小小和姐姐的性格及个性特点都不一样的，对待事情的思维方式也不同，家长的教育就不能千篇一律，要因人而异，完全复制对第一个孩子的教育方法一定会出问题的。目前国家实施了"二胎"政策，好多的家庭都有了两个孩子，个性特点有差别，家长在教育第二个孩子的时候，会不由自主地"复制"以前的教育模式，结果呢？好多的家长都会发现，第二个孩子完全和第一个不一样啊。如孩子外出，家长同样告诉他们要有礼貌，可是第二个孩子就是不愿意叫人；家长同样都会说，到学校要认真听课，可是第二个就是会做小动作，影响其他的同学；家长同样的语气批评两个孩子，但是，第二个就会出现情绪问题。家长困惑了，这到底是怎么回事呢？这就是孩子本身存在着不同的差异，他们的个性特点都不同的，他们理解、接受家长教育的程度的是不相同的。所以，家长的教育不可以"复制"，要因人而异。

教育不同性格特点孩子的小贴士：

1. 要根据孩子的不同年龄、性格特点来教育孩子，同样一件事情，家长的说法、做法要有所区别；
2. 不要在一个孩子面前谈论另一个孩子如何如何；
3. 有的孩子需要家长"事后"继续沟通教育；

4. 特殊的孩子要不同地对待，需要事先规避可能出现的问题，积极引导，扬长避短；
5. 最大限度地尊重孩子，理解孩子。

 70 过分强调学校"教育"

蔷薇是个聪慧的5岁女孩，妈妈带她来是看"脾气很大"的问题的。妈妈说孩子以前还不错，就是近来总是不高兴，回到家里就会经常发脾气，一点点小事就会不高兴，也不知为什么。我问妈妈："孩子在幼儿园里开心吗？有什么不开心的事情吗？"妈妈说："我们也不知道啊！我们是不管幼儿园里发生的事情的，幼儿园里有老师管啊！"我和蔷薇沟通后了解到，原来是孩子和两个小朋友闹不愉快了，孩子小，又不会自我调节，就只有自己生气，回家后还在生气呢，孩子调节不好，就只有选择"逃避"了。

分析：

像蔷薇的这种情况家长能不关心吗？能不管吗？幼儿园只是孩子的一个学习场所，孩子的心理、情绪有什么不愉快是需要家长关心的。孩子在幼儿园里如果有不愉快、情绪不稳定就一定会带到家里来，家长要关心孩子在幼儿园里的言行啊，好的要表扬，不良的情绪，家长要帮助孩子尽快排泄掉。

家长永远是孩子的第一任老师，家庭永远是孩子得到启迪的重要场所。随着孩子年龄的增长，孩子就要离开家到幼儿园、学校了。有许多的家长就会觉得孩子到了学校，就应该由学校的老师来教育，自己就可以减少对孩子的教育了，那样就错了，孩子到了学校，只是变换了受教育的场所而已，家长对孩子的教育依然不可以放松,反而还要加强。因为,孩子到了新的环境中,是否适应?是否有不愉快?有什么想法?等等,这些都是需要家长关心并且帮助解决的。那种把孩子的教育大事交给"学校"的家长,实际上是不负责的家长。

 **配合幼儿园、学校教育好孩子的小贴士:**

1. 要注意关心孩子在幼儿园里的开心与不开心;
2. 要观察孩子的神态、表情,引导孩子分享在外面的事情,当孩子聊起学校的事情,家长要"感兴趣"地倾听、参与;
3. 当孩子在外面有不开心时,要耐心地安慰、开导孩子;
4. 当孩子在外受委屈或者在学校受到批评了,家长不要首先不分青红皂白责备孩子;
5. 经常和老师沟通,了解孩子在学校里的情况,对学校及老师的意见不要流露于孩子面前;
6. 发现孩子有问题,要及时和幼儿园、学校老师沟通;
7. 学龄前的孩子和小朋友不愉快了,家长要积极协助解决;
7. 学龄期的孩子和同学有了矛盾,家长要引导孩子独立解决。

71 强调"结果"不看"过程"

15岁的张兰是一个很"叛逆"的中学女孩,妈妈带张兰来看心理老师,是因为孩子最近情绪波动很大,总是不好好和家里人讲话,甚至说不愿意再去学校读书而要出去工作了,家长很着急!我和家长聊到孩子的情况,得知家长一直拿自己的孩子和别人比较,张兰对我诉说:"他们总是说别人好,我是永远不如别人的""那他们还要我做什么?"我和张兰妈妈聊起这事时,妈妈说:"怎么不能比呢?人家就是比她强啊!"我说:"人家哪里强呢?"妈妈说:"什么地方都好过我女儿啊!学习成绩、对父母的态度、对老师的态度、自我的料理等等都很强。"我说:"这些都是我们看到的结果,那么,您有没有比较人家教育的过程呢?他们是怎么样培养孩子有这些好的品格呢?"张兰的妈妈不说话了。

分析:

来自于家长对孩子的评判,对孩子的影响是很大的。孩子会不由自主地认为,自己的家长就是"看不起自己",不然怎么总是拿自己和别人比较呢?怎么总是说自己的不是呢?孩子不能正确认识,久而久之就会产生逆反的心理。张兰的情况并非是个别现象,孩子的信心、自尊心都是在家长这样的比较后逐渐消失的。每个孩子的成长都不会是一帆风顺的,都会出现这样那样的问题,出问题不怕,关键是要看家长如何对待,如何解决。家长看到其他孩子的好,也要想到人家家长是如何教育培养孩子的,有因才会有果啊!每个孩子不可能天生就那么"好"或者就那么"差"的。要比,就要比其他孩子家长的教育过程,教育的方式方法、讲话的艺术、对待孩子的态度及言行举止等等。不同年龄的孩子心理发展都是有区别的,当家长在比较后数落自己的孩子时,被数落的孩子的情绪一定是低下的,心情自然就不会愉快,如果这种不愉快没有得到正确的释放,积压下来就会出现情绪障碍。家长们喜欢比较,比其他孩子的学习成绩,比其他孩子的懂事,比其他孩子的吃饭好、好习惯、爱护弟妹,等等,总之,好多的家长就是喜欢比较,还经常流于言表。这实际上就是在告诉别人,自己的孩子不如别人,也许家长的初心是好的,是想要刺激自己的孩子努力赶上别人,可是,比较的结果往往是适得其反。现实生活中,大多数的孩子在家长的这种比较下,就会闷闷不乐、自责、自卑，还有的孩子会很反叛，逆反心理会逐渐产生。最好的做法是家长根本不去比较，你希望自己的孩子学习其他的孩子好的一面，就直接教育、帮助孩子去做就是了，比较只会带来负面的效果。

教育自己的孩子向别人学习的小贴士：

1. 发现别人比自己的孩子做得好，不要说，就按照"好的"那样去引导孩子；
2. 遇到了事情，可以说："要是某某……他会怎样去做呢？"给孩子分析结果，如有两种方法，一是积极的，二是消极的，如何选择，让孩子自己醒悟，消极的做法是不对的，自己会放弃；
3. 家长不要强硬逼迫孩子一定要怎样去做，家长的言行，要能够让孩子接受；
4. 引导孩子去发现别人的优点，更多的是鼓励自己的孩子："他能做到的，你也能够做到！"
5. 家长之间可以交流，学习其他家长积极的、比较好的方式方法。

72 事情只看"表象"

5岁的齐齐，以前是很爱画画的，可是这段时间就是不愿意画了，妈妈让老师来家里教，齐齐也不愿意，到底是怎么回事呢？妈妈的意见还是送到老师家里继续画，可是爸爸觉得齐齐这段时间对画画很抗拒，说明孩子已经讨厌画画了，那就不要再学画画了，可是，齐齐到底是怎么了呢？我和孩子沟通时，孩子就说："不要画画了，不要！"我请齐齐的父母先不要做决定，要和齐齐的画画老师沟通一下。但听老师说，也没有发生什么事情啊，就是前段时间齐齐的画没有以前画得好看，老师就没有把齐齐的画挂出来（因为以前每次挂出来的画都是受表扬的），当时齐齐就很不高兴，都快哭了。后来，老师安慰了齐齐，说下次你画好了，老师再表扬你！孩子表面上是接受了，可是内心里的不愉快根本就没有过去，自然就会不高兴了。

分析：

当孩子自己不能够调整好自己的情绪时，往往会产生"逃避"的做法，他们以为，不去做了，就会好，其实不然。齐齐就是这样啊，家长没有及时地帮助孩子，孩子自己也调整不好，不能正确对待老师的批评，就选择了逃避。

齐齐不愿意再画画与老师的举动有很大的关系，孩子每次都会得到老师的表扬，这次没有受到表扬，反而还被老师批评，这让孩子很"受伤"，孩子不能正确对待老师的批评，同时对自己的画画没有了信心，因此就不愿意再坚持画画了。在画画这件事情里，孩子没有得到乐趣、没有被鼓励，反而受到了老师的"批评"（没有肯定齐齐的画），齐齐自然就想到了要放弃，这也说明了孩子的抗挫能力是很低下的。每个孩子在不同的年龄阶段都会有不同的生理、心理发育特点。孩子会因为某件事情做得不好而掩盖另一件事情，所以家长们不能只看到表面现象，要观察、要分析。如孩子不爱画画的背后是什么原因呢？是孩子画不好吗？是真的不爱画？还是因为不喜欢老师呢？有时候孩子的内心感受是被事实掩盖的，我们不能只凭看到的表面现象，就去断定或者决定什么事情，要耐心地去发现、分析。

对待孩子"不坚持"的小贴士：

1. 首先不去责备孩子，理解孩子；

2. 要多方了解孩子不坚持的具体情况；
3. 不轻易给孩子下结论，要相信孩子会坚持的；
4. 耐心给孩子讲坚持下去的好处，鼓励孩子要坚持，可以举例说说；
5. 在做一件事情前，家长就要和孩子讲好，无论遇到什么事都应该坚持下去；
6. 帮助孩子解决影响孩子情绪的问题；
7. 利用各种方式引导孩子，启发孩子自己明白；
8. 杜绝讽刺、打骂、强逼孩子等损伤孩子心理发育的做法。

73 忽略孩子情绪的异常表现

畅畅是个8岁男孩，挺有个性的，妈妈说不知为什么孩子最近有些不对劲，莫名其妙的就闷闷不乐，不高兴时，还总是爱摔东西。我们经过咨询、检查，发现孩子已经有了焦虑情绪。我了解到，前几天，畅畅和要好的小朋友因为一件小事有了矛盾，回来和妈妈说了，妈妈不以为然："他不和你玩就算了，你也就不和他玩了。""是你不好啊！"显然妈妈没有考虑孩子的感受。后来几次妈妈看到畅畅一个人放学回家，很不开心的样子，也没有在意，其实孩子因为和好朋友闹了意见，心里正不愉快呢。我在和畅畅聊的时候，畅畅就说："我很难过，我没有了好朋友。""可是妈妈还怪我，烦死了！"妈妈却说："以为他们过两天就会好呢。""小朋友闹意见，没什么大不了的，可谁也没想到他那么久还不开心"。

分析：

孩子的心理问题没有解决，自然就会不高兴啊，但是有的孩子和小朋友闹别扭后,过后会"没事了",这和每个孩子的性格特点不同有关系,还和孩子的自我调节能力有关系。家长呢?需要积极地帮助孩子尽快从不愉快的情绪中走出来,不能忽略了孩子的情绪变化。

我们每个人都会因为遇到不愉快的事情而产生不良情绪的,孩子也不例外,且他们更会变得情绪化。家长呢?要重视孩子的情绪变化,"用心"去安慰、帮助孩子,让他尽快从不良的情绪中走出来。如果不良的情绪得不到宣泄,就会积压在心里,积压的负面情绪过多、过久,就一定会出现情绪问题。孩子和成人不同,成人有自我调节的功能,孩子呢?他们没有很强的调节能力,或者说调节能力很差。在孩子的成长过程中,没有解决好情绪问题,必然会给孩子以后学习、工作留下阴影。有一些家长经常忽略孩子的感受与情绪变化:孩子哭了,哄一哄就算了;孩子摔东西,呵斥一下;孩子不高兴了,也不分青红皂白就给买玩具,没有想到背后孩子的心理变化。其实,家长只要耐心地询问情况、并帮助孩子化解不良的情绪就可以了。

对待情绪化孩子的小贴士:

1. 先要了解具体情况,是什么事情让孩子不开心呢?
2. 尊重孩子的想法,孩子有权利出现不良的情绪反应,不要怪孩子;
3. 采取多种办法,耐心开导孩子,正确对待;
4. 积极帮助孩子解决问题;
5. 鼓励孩子(大一些的孩子)自己解决问题;
6. 在生活中"创造"开心的事情,使孩子尽快从不好的情绪中走出来;
7. 不打击孩子、不嘲讽孩子;

8. 给孩子更多的安抚、宽慰、关心与拥抱；
9. 要设计舒缓孩子情绪的游戏和孩子一起玩；
10. 如果一周左右孩子的情绪还没有好转，就需要带孩子看心理医生了。

 **74　不能冷静对待孩子的发火**

小剑是个10岁的男孩，看起来很懂事的样子。妈妈说："就是最近经常发火！一发火就谁的话都不愿听了，也不说为什么不高兴，我们用了许多的办法，耐心地说，孩子不理睬，打骂也没有用，孩子就是爱发脾气，还不好好做作业了。"我了解到，这个孩子是很倔强的，样样事情都要自己去做。可是呢？爸爸又是个急脾气，看着孩子做不好就会说孩子，小剑当然不让了，就会和爸爸顶，爸爸又会生气，更不冷静，这爷俩就会经常为一些小事争吵。我和小剑聊的时候，小剑就说："不能怪我啊，爸爸也是个臭脾气……"我说："那爸爸的脾气不好啊，你不可以学他啊……"小剑却说："我妈妈都管不了他啊，我也不想学啊，没有办法，他和我吵，我就和他吵啊！"

分析：

孩子是会模仿父母的，生活中家长的言行，孩子看在眼里，记在心里，特别是家长遇事不冷静处理的态度，一定会使孩子产生不愉快的抗拒心理，同时会使孩子不由自主地"学习"家长的做法。

孩子的情绪不稳定，爱发火、倔强的表现，很多时候就是从家长那里学来的，因为孩子的自我调节能力很差，遇到事情就容易发脾气。家长如果再不冷静地处理，孩子就会在这种环境中耳濡目染，孩子的行为问题如果家长不积极给予纠正，就很容易使孩子情绪紧张，影响了脑神经的正常功能，出现一些情绪及行为方面的障碍。每个人都会有情绪，都会有遇事不冷静、发火的情况，孩子更会如此的，他们的喜怒哀乐有时候会直接表现出来，孩子的发火，有时候是"莫名其妙"的，有时候是有针对性的。

当孩子一发火，有的家长就会满足孩子的所有要求，为的是让孩子快速平静；还有的家长呢？孩子一发火，便让他去，不理不睬。两种做法都有弊端，家长如果一次次满足孩子的所有要求，孩子就会以发火来"威胁"家长，来满足他们的无理要求，家长自己就会变得被动，还会给孩子养成坏毛病；家长要是对孩子的发火不理不睬呢？孩子也许就会发更大的脾气，持续不良情绪的发展。孩子的情绪如果没有得到平复，也会阻碍孩子的心理健康发展，因此，家长要因人而异适时教育。因为孩子的情绪问题大多数不是一时性的，是日积月累的不愉快经历造成的。

面对孩子发火的小贴士：

1. 首先家长要冷静地了解孩子发火的原因；
2. 对孩子的发火表示"理解"、体谅，不去责怪孩子；
3. 孩子听不进去时，就不说了，等孩子火消了，再教育并且约定"下不为例"；
4. 家长平时也不要发火，一旦发火了，就要说"对不起"，这样孩子就会学有榜样而不乱发脾气；
5. 不要总是说孩子："就是爱发火，就是脾气不好……"等等的话；
6. 要教会孩子，应该怎样调节好自己的情绪；
7. 不要去说："人家孩子就不发火、脾气很好……你怎么……"等等；

8. 家庭成员的教育方式要统一;
9. 对经常发火的孩子可以适当地惩罚,让孩子明白不应该随便发火,随便发火是要"付出代价"的,但惩罚要有"度";
10. 如果孩子经常发脾气,家长教育不起作用,最好去看看心理医生。

75 面对孩子的"不坚强"

小叶是自己来找我咨询的,这是个25岁的年轻男孩。一直以来,小叶总是为工作的事情烦恼、困惑着,小叶说,他没有办法坚持工作一年,最短的工作只做了三个月,就做不下去了,他自己也很苦恼,他怀疑自己是"生病了"。

我在咨询中了解到,小叶是独生子,一直是娇生惯养的,到现在还是和父母住在一起,许多的工作都是自己做不下去的。小叶自己呢?往往认为是工作不适合自己,所以呢,就一次次找工作、换工作,再找新的工作,再换工作,为此他自己也很头疼。我问小叶:"目前的工作怎么不适合你呢?"小叶说:"工作五天休两天啊!太辛苦了,每天早上都起不来!"我又问:"那么上一次的工作呢?怎么不适合你呢?"小叶回答:"那个工作倒是不累,但是需要经常加班,我就是不愿意加班!"我又问:"那么,你觉得什么样的工作比较适合你呢?"小叶想都没有想就说:"做一天休一天,不要加班,最好早上十点再上班,工资待遇要高一些。"如此说,小叶能不烦恼吗?他能找到如他所愿的"理想工作"吗?

分析:

小叶没有吃苦的精神,这与他所受的家庭教育分不开的。他没有意识到应该锻炼自己的吃苦精神，更不明白锻炼自己的吃苦精神会对自己将来的生活有帮助。一个怕吃苦、不能适应社会环境的人自然是会有许多烦恼的。

我们给小叶做了近半年多的心理疏导，他终于认识到了自己的问题、端正了态度、调整好了心态，终于能够比较好地适应新的工作了。在和小叶父母亲的交流沟通中，我们时时感受到了老人家的悔恨，孩子需要具备的坚毅性格，是需要在孩子出生后家长在生活中一点一滴培养的。孩子有坚毅的性格，将来做什么事情都会坚持的，这对孩子来说是终身受益的。可是，有一些家长总觉得孩子还小，不要吃苦、不要累着，将来长大了，自然就会"坚强"起来，其实不然，坚毅的性格不是一两天就培养出来的。试想，一个娇生惯养的孩子，饭来张口，衣来伸手，好吃懒做，自己的事情都不愿意去做，他怎么会有坚毅的性格去努力拼搏，不怕吃苦，坚持去做辛苦的但是很有意义的事情呢？怎么可能会有担当呢？

培养孩子坚毅性格的小贴士：

1. 从孩子一出生，就不能娇惯孩子；
2. 生活中要有意识地让孩子学会等待、忍耐和坚持；
3. 要放手让孩子自己做自己的事情；
4. 锻炼孩子去"受累""吃苦"；
5. 引导孩子体验吃苦后的快乐，并与他人分享；
6. 尊重、鼓励孩子坚持做好每一件事情，"你是最棒的！""你一定能做好的！"
7. 经常带孩子（特别是胆小的孩子）去参加攀岩、爬山等各种"户外活动"，锻炼意志；
8. 生活中不强化孩子的懦弱性格，孩子做得不好时，不嘲笑、讥讽孩子；
9. 意志力的培养是需要在生活中一点一滴做起来的；
10. 不强迫孩子做他不愿意、没有准备好的事情。

 **忽视孩子的情绪问题**

我在门诊接待了一位14岁女孩的妈妈，说她女儿最近总是很不开心的样子，常常闹情绪，学习的积极性也不高。一聊才知道，原来是近期数学老师经常拖课，这件事情让孩子很不愉快，自己又没有办法，于是，为了发泄自己的情绪，女孩在本子上写下了"你（指老师）老是拖课，讨厌！你去死吧"的字样，并且，女孩还捂住耳朵不听老师拖课时讲的课。就这样，女孩的举动、女孩写的字样被同学发现了，告诉了老师，结果老师狠狠地批评了这个女孩，又通知了家长，说了家长一顿，女孩被叫到全班同学面前给老师道歉，承认错误，回家后女孩又被妈妈狠狠批评教育了一番。

我们可想而知，这个女孩的心情会是怎样？她以后该如何面对老师的拖课？开心地听课还是压抑地听课？

分析：

情绪的产生就是因为自己的情感在某些生活体验中没有得到很好的满足，或者说是被压抑了。女孩的情绪化我们是能理解、体谅的。孩子又处在青春期，就会更加加重"自我的感觉"了，那么，家长及时的教育和教育的方式方法就非常重要了。当我给这个女孩做心理疏导以后，女孩的情绪好了许多，相信女孩会自己作出正确的选择。其实每件事情的背后，我们都会有N个选择……如老师经常拖课，你可以选择A.生气，不听课；也可以选择 B. 生气，听课；还可以选择 C. 不生气，听课；又可以选择 D. 不生气，不听课。那么，我们选哪种呢？为什么要那样选择呢？每个人都有各自选择的理由，我们家长要做的就是把每个选择的利与弊清楚地告诉给孩子，充分地尊重、相信孩子，让她自己作出比较好的选择。

由于年龄及生长发育的特殊阶段，孩子的思维、经验是非常有限的，他们处理解决问题的能力也是很有限的，会考虑不周全，所以我们就要多引导孩子，少责备他们。

遇到孩子有情绪的小贴士：

1. 首先问清楚事情发生的原因，千万不要先责备孩子；
2. 问问孩子的想法，理解孩子的真实想法；
3. 帮孩子分析对待此事情的 N 个方法；
4. 分析每个方法的利与弊是什么；
5. 再问孩子的想法是什么；
6. 遇到孩子有情绪变化，首先要安慰；
7. 如果孩子想不通，容许孩子思考后再说，不要强迫孩子表态；
8. 许多的时候，不说对与错，要因事论事；
9. 不去理论孩子的情绪，要关心孩子产生情绪的原因；
10. 家长的做法要一致。

77 不许孩子"哭"

初见薛小建，我立刻被这个 9 岁的活泼男孩的言谈吸引住了，父母亲被他"总是不听话、不好好学习、总是乱说话、爱抠墙……"所困扰而找到我咨询的。小建在与我单独交流时，总是说："我认为那道数学题就是那样做的，可是老师却打叉了！真是想不通！""我觉得我们人类应该也长出一对翅膀，那样干什么就快多了！""我想我也许不是我爸妈生的，要不然他们为什么总是打我骂我呢？"

  我看到小建的头上、身上都有一些大大小小的伤疤，问他为什么会这样，他却理直气壮地对我说："我不听话呗，他们就打我！"我说："那么你就承认错了，不是就不挨打了吗？"小建说："我就是不认错！让他们打去吧！"我问他"那么你挨打不怕痛吗？你哭不哭？"小建说："疼啊，但是他们不让我哭啊，越哭越打，后来我就不哭了！"我又问他："那么你难受、不愉快怎么办呢？"这时，这个满脸稚气的男孩面带自豪的神情告诉我说："我有办法啊，我可以用手指头抠墙！"我的好奇由此而生："手指抠墙？那你不疼吗？"小建说："我不怕疼！这比起他们打我要轻多了！"这时我注意到小建的手指头，特别是食指已经发红，还磨出来了许多硬茧。

  我听到小建的父母介绍说："他就经常喜欢用手指头抠墙壁，也不知道他是哪里来的那么大的劲，把他自己房间的墙都抠通好几个洞了！都能够看到邻居家里了，人家找上门来，我们就只好给人家赔礼道歉，真是拿这孩子没办法！"我很惊讶，问小建的父母："你们知道孩子为什么要用手指头抠墙壁吗？"小建的父母亲几乎是异口同声地说："不知道啊！这孩子就是这么不懂事！就爱搞破坏嘛！"

  在我单独和小建交谈时，他不无"骄傲"地告诉我："他们不知道呢，在我的桌子下还有两个洞呢！"我的心情久久难以平静。

分析：

  这是非常典型的家庭暴力给孩子带来伤害的案例。父母亲简单粗暴的做法使孩子无法接受，受到了委屈，可是家长却不容许孩子哭。孩子虽小，也有喜怒哀乐，也知冷知暖。当有不愉快时，孩子也要释放情绪，也需要发泄，如果正常发泄的渠道不可以用，孩子当然就会去寻找一种他认为"合适"的"可行的"方法了。

家长对孩子的教育永远都是说教，甚至打骂，每一次的打骂都认为是应该的，这种做法是否带来了预想的效果呢？没有！孩子不反抗了，不是说明孩子懂道理了，乖了，而是家长的威严一时占了上风，表面上孩子是"听话"了，其实孩子的心里更加不满，这样孩子会越来越"不听话"。

小建是用这种"自残"的刺激来发泄心中的不满，他只有9岁，当他成年后，会采取什么方法呢？孩子的心理发育是需要我们家长随时引导的，当第一次发现小建用手指抠墙时，家长是否问过孩子为什么会这样做呢？是否想过当孩子用手指抠墙时那种疼痛孩子怎么会忍住呢？那是一种什么样的心态呢？是怎样的心理支配这个年纪轻轻的孩子有如此的行为呢？

当孩子受到伤害或者是感到委屈时，会以哭来发泄不满的情绪，这本是人之常情。可有的家长就不许孩子哭，他们简单地认为"哭"是孩子无能的表现，这实质上就是一种虐待倾向。哭是人们发泄情绪和感情的"窗口"之一，孩子的哭更是如此。有的家长片面地认为"哭"是孩子软弱的表现，所以，"最讨厌孩子哭了！"任何时候都不允许孩子哭，像小建家长的这种做法是极端错误的。伤害了孩子还不许孩子哭，长期这样会使孩子心理压抑，从而导致情绪障碍的。

这是典型的"标签效应"、家暴在小建身上的反应，小建的情况表面上看是"不听话！不懂事！""专门搞破坏，用手指抠墙壁"，但实际上反映了我们家长在教育孩子时的不良心态和错误的教育方式方法导致的后果。

让孩子正确表达的小贴士：

1. 当孩子有哭的"理由"时，就应该让孩子哭一会儿；
2. 孩子没有理由哭的时候，家长就要严肃而温和地告诉他："请你不要再哭了，哭也没有用！"
3. 家长不要总是逢人就说"这孩子就是爱哭……"；
4. 给孩子足够的自信，相信孩子；
5. 在宝宝哭闹的时候，可以用"转移法"分散孩子的情绪；
6. 不要长时间不理睬"哭"的孩子；
7. 设计一些与孩子一起做的游戏，引导孩子勇敢地表达自己的想法；
8. 如果孩子经常"莫名其妙"地哭，特别是无声地哭泣，那就要带孩子看儿童心理医生；
9. 家长要允许、理解孩子的哭。

78 总要孩子做到最好

我遇到一个胆小、纠结的 14 岁男孩，他患有多年的抽动障碍。这孩子原本已经好转了许多，但是，家长给予的学习压力又使旧病复发了，家长说孩子的学习成绩不理想。当我和孩子交流时，他告诉我"我这次考试又没有考好"（他实际分数 92 分呢），孩子说这话时羞愧地低下了头，就好像犯了天大的错误一样。当我仔细了解情况时，发现孩子语文、数学、英语竟然都是 90 分以上，可是家长却说："他还可以考更高的分数，因为他考过 100 分啊！"

分析：

家长要根据孩子自身的情况设定合理的期待值。一定要调整好自己的心态，不要强求孩子样样事情都"完美"，而更要注重孩子人格、自尊及自信心的培养，心理健康尤其重要。

学习并不是孩子生活中唯一的事情，家长在过于重视孩子学习成绩的同时，也需要关注孩子的心理、情绪的变化，重视孩子人格及心理素质的培养。生活中，家长会把对孩子的期望，通过不同的形式转变为"压力"带给孩子的，每个孩子都有他们的长处和特点，家长的期望值要符合孩子本身的个性特点。家长的期望值越高，对孩子的要求就会越高，无形中会给孩子心理造成很大的压力。

许多家长对孩子的期望值太高，样样事情都要求孩子做到最好，有时，孩子自己已经意识到自己的问题了，可是家长还会责怪孩子，而且还口口声声说"我们不给孩子压力……""考得不理想我们也没有打他……"，每个孩子的性格特点不同，再加上不同的家庭教育方式方法、环境等因素的影响不同，怎么可能要求孩子样样事情都做到最好呢？

当孩子表现的行为不符合大人愿望时，成人往往会表现出焦虑、急躁，他们往往会简单、粗暴地批评、指责孩子，甚至打骂，这是对孩子极大的不尊重。其实，只要耐心地倾听孩子的"心声"，就会发现自己的孩子其实是"最棒的"。

对孩子正确期望值的小贴士：

1. 每个孩子都有自己的性格和特点，不可能表现得都一样；
2. 家长要求孩子做任何事情时，首先要考虑孩子本身的情况是否适合，孩子是否能够完成；
3. 当孩子做不好的时候，家长首先不可责怪孩子，要体谅孩子，支持孩子；
4. 当看到其他同龄儿优先于自己的孩子时，要先了解其他家长的

教育过程,不要首先比结果;
5. 当孩子经过努力有进步时,哪怕是微小的,家长也应该看到,并鼓励孩子,孩子才会有信心做得更好;
6. 不与别人家的孩子作比较;
7. 体谅孩子,最重要的是关心孩子的心理、情绪问题;
8. 孩子只要努力了,就要鼓励孩子,给孩子自信;
9. 给孩子设定适合他自己实际情况的目标;
10. 要尊重孩子的意愿。

79 不能正确认识孩子的"说谎"

小庆是被父母带来看心理医生的,这个4岁上中班的男孩还有一个8岁的哥哥——大庆。最近妈妈发现小庆总是说谎,明明是小庆做的错事,可是孩子就是不承认,就说是别人干的,还会找出一些很牵强的理由解释,妈妈就在想,孩子到底怎么了?因为大庆也有说谎的"毛病",妈妈很苦恼,就担心小庆也有这种不好的习惯。

我单独和小庆聊的时候,小庆低着头不说话,看来孩子是意识到自己的行为是不对的了,我接着说:"我知道小庆是一个诚实的孩子!""你那样说(慌)一定有你的原因,对吧?"后来,小庆告诉我:"是哥哥教我那样说的……哥哥说说谎是没有关系的。"原来后面有"高人指点啊"!这里我们先不说大庆为什么要教弟弟说谎的事,我们来分析小庆说谎的原因:他如果不按照哥哥的说法去做,那他哥哥就不和他玩了,这对于一个不懂说谎后果的4岁孩子来说,当然是有哥哥陪着玩更重要些,毕竟孩子的思考能

力是有限的。那么,在小庆说谎的事情上,家长首先要教育好小庆的哥哥,就是一件不可忽略的事情。

分析:

小庆的说谎就是因为要履行对哥哥的承诺,他还不清楚说谎之后有什么样的后果。每个孩子说谎的背后都是有原因的,家长要善于分析缘由。孩子在生长发育的某个阶段都有可能会有"说谎"的情况发生,因为他们慢慢长大了,意识到自己的某些言行可能是"有问题"的,但是,又不是很清楚问题到底出在了哪里?他们会担心、害怕、想逃避惩罚,因此,他们就会自然而然地用语言来掩饰他们的某些言行,就会"说谎"。

年幼的孩子的说谎和年长孩子的说谎性质有时候是不一样的,家长一定要区别对待,年幼儿童多数是要掩盖自己的行为,年长儿童如果反复说谎,就会发展成品行问题,但是无论孩子是哪一种说谎,家长都要认真地分析一下孩子说谎的原因,家长要允许孩子解释、申辩,千万不要轻易就给孩子戴上"爱说谎"的"帽子"。

🙂 遇到孩子"说谎"的小贴士:

1. 遇到孩子说谎,首先要了解情况,问孩子是怎么想的,不打不骂,态度要和缓;
2. 肯定地告诉孩子"我知道你说谎一定有原因的……""不怪你";
3. 耐心与孩子讲明白无论什么原因都不应该说谎,"做一个诚实的孩子很重要";
4. 表示相信孩子以后不会再发生这样的事情了,"妈妈相信你";
5. 遇到年长的孩子说谎,家长更要耐心讲道理,尊重孩子,同时立下"规矩":下不为例;
6. 还可以给孩子们讲一些有关诚实的故事,让孩子自己认识到"说谎"的坏处;

7. 对经常说谎的孩子,要带去做综合检查评估。

 忽略家庭中"无声的语言"教育

我在门诊遇到这样四个孩子,让我很是痛心。

1. 一个5岁的男孩,以往各方面都很好,很活泼,但近段时间就是不爱言语,并且讨厌天空和小鸟,也不爱出去玩了。细细了解,原来因为有一次小鸟拉的粪便掉在了爸爸的自行车座位上,爸爸就大发雷霆,脾气急躁,并且取消了原来准备带孩子去游乐场的计划。就这样一件"小事",家长也没有在意,事后也没有和孩子解释,5岁的孩子伤心、失望不已。后来,他就凭自己幼稚的思维得出了一个"结论":是因为小鸟的粪便,爸爸才会取消了去游乐场的计划,我恨小鸟,小鸟又在天空,我恨天空,我就不出去玩。

2. 一个16岁的女孩对母亲不尊重,甚至发展到有暴力行为,母亲伤心欲绝。我追溯发现,女孩父母之间的关系,是不和谐不融洽的,夫妻经常不分场合地吵架,父亲常常动手打母亲,孩子是看在眼里,记在心里的:一方面女孩憎恨父亲,拒父亲于千里之外;另一方面她看不起自己软弱的母亲,导致女孩会不由自主地也动手"伤害"自己的亲生母亲。家庭成员中相互的关系很重要,孩子对自己的父母如此"敌意",怎么会听话呢?怎么可能很好地与父母相处呢?

3. 这是一个8岁的男孩,叫田田,一直以来,脾气很急躁,近来发展到经常和老师、同学发火,一点儿小事也不会忍让,有时争执后还会动手,在家里更是动不动就和妈妈发脾气。后来,

田田因为和老师同学关系相处不好,就不愿意上学了。妈妈着急了,就带着孩子来看心理门诊。我了解到田田的父亲是海员,长期在船上工作,半年到一年才回一次家,孩子的全部教育任务就由妈妈一个人来承担。

田田,永远面对的都是妈妈一个人的教育,家里几乎没有父亲的位置。我和田田聊的时候,田田就说:"我就好像没有爸爸一样……",妈妈伤心无奈地和我说:"儿子也挺可怜的"。

4. 这是一个不爱笑的孩子,但其实孩子和同学都会有说有笑的,就是面对父母的时候永远是绷着脸,不笑不说。家长越是着急,孩子就越是无动于衷。这是怎么回事呢?我和这个8岁的男孩聊的时候,孩子对我说:"他们老是骂我!说我这不好,那不好,他们也不对我笑啊!我就不和他们笑!"看看,孩子这是"学"来的啊,更像是在和父母亲赌气呢!

分析:

孩子成长过程中最重要的第一环境就是家庭,家庭中的每一个细微处,每一个"元素",都会时刻影响到孩子的身心健康发展;直接教育者的举止言行,有声或者是无声,更会熏陶孩子幼小的心灵。孩子所表现出的每一个问题,我们都可以在他生活的环境中找到有关的"影子"与"镜子"。

1. 家长的言语表情无意中伤害了孩子,孩子自己调节不了,就会压抑自己的想法,出现情绪问题,他们会"胡思乱想",做出自己认为是"合理的""正确的"的决定,就像故事一中的5岁男孩,他就是按照自己的想法去做了。

2. 孩子会在生活中发现、揣摩各种人之间的关系,大小孩子都会这样。这些各种各样的关系,他们看在眼里,也会记在心里,他们更会不由自主地去模仿,自我判定该如何对待哪一个人。尽管他们的判别是错误的,他们也会不由自主地去做,如他们会简单地认为，你可以那样，我也是可以的，有什么关系呢？

3. 8岁的男孩田田和另一个8岁的男孩子的状况，可以真实地反射家庭、父母的言行给孩子带来的结果。就好比是"种瓜得瓜，种豆得豆"，家长"种下"了冷漠，对家庭、对孩子漠不关心，自然就会"收获"孩子对家长的"无情无意"。

4. 家庭成员之间的关系是否和谐、是否融洽、是否紧张、是否互相歧视，等等，这种关系呈现在孩子面前，都会对孩子幼小的心灵产生很大的影响，如父亲对母亲的关心爱护，一句体贴的话语及表情，幼小的孩子都会看在眼里，记在心里，孩子学到的就是怎么样关心他人，学会了负起责任及担当；相反，夫妻整天争吵不断，孩子就学到了不尊重他人，不理智待人；夫妻之间的互相抱怨，虽然不是说孩子，但是，说话的语气、态度以及声音的高低，都给孩子"无声"的教育。幼小的孩子，他们的学习主要是靠视觉、听觉及触觉来观察感受事物的，你给他们什么样的刺激，他们就会记住什么样的东西，他们不会分辨，但他们会统统地接纳。

5. 每个人在家庭中，都有自己的位置，都有相互之间的关系，位置没有摆对，也会对孩子造成"伤害"，位置有时候是可以互换的，也就是说，爸爸有时候可以承担妈妈的角色，妈妈有时候也会履行爸爸的职责，但是，无论什么样的位置，自己都要努力做好自己。就怕自己没有做好，却常常抱怨他人，指责别人，这种状况就会给孩子心理造成极大的影响。孩子分不清楚谁对谁错，他搞不明白应该是怎么样的状况，就会错误地理解，认定"强势"的那一方是对的，可是往往看上去"强势"的那一方恰恰是错误的一方，如母亲常常在孩子面前抱怨晚回家的父亲，夫妻间常常不愉快的争吵，让孩子对父亲有看法，按照母亲的说法，父亲就是一个"不顾家庭""没有责任感"的人，真实的情况未必如此。如果妈妈常说"爸爸忙工作，努力工作为这个家……"孩子就会正面看待自己的父亲。

再者，母亲对父亲的意见不要当着孩子的面说，因为孩子的思考能力是有限的，他们的感受、学习、效仿大多是源自现实直观的表面现象，以及生活中的琐碎事情而体验得出自己的"结论"。孩子是不管是与非的，他们会统统接纳。

6. 表情。人与人之间的微妙关系，人的喜怒哀乐都可以从表情上看出来。家长对孩子的教育手段之一就是通过表情来完成的，同样一件事情，不同的表情会给孩子带来不同的感受，如：孩子在家里闯了祸，打翻了瓷瓶，家长看到了，不分青红皂白，首先是瞪眼睛大怒呢？还是微笑着温和地询问孩子呢？大怒，只会使孩子害怕、紧张、不敢说出真相；如果给孩子一个微笑，询问孩子"为什么会打翻了瓷瓶呢？"孩子一定会认真地告诉你为什么，这就是表情的作用。有时候家长的表情是坚定的、赞许的，孩子就会从中得到鼓励；家长的表情是嘲笑的、轻蔑的，孩子的自尊心就会受到伤害；家长的表情经常是"怨天尤人"的，那么孩子怎么会阳光起来呢？我们要经常给孩子笑脸，微笑着看着宝贝说话，那么孩子就会自信、坚定、情绪稳定。

7. 语调（语气）。孩子对家长说话的语调是很敏感的。家长经常讲话语调很高，孩子就会感觉烦躁，就会有莫名的"压力"感；家长讲话的语调平和，会给孩子以安全感，孩子的情绪就会稳定，不容易出现急躁等心理情绪问题。如孩子不好好吃饭，家长用很高的语调问"你怎么不好好吃饭呢？"孩子就会不知所措、害怕、紧张；如果家长问话的语调平和"你怎么不好好吃饭呢？为什么？告诉妈妈……"，孩子就会大胆地告诉妈妈"这个不好吃，我不喜欢吃……"或者"我不饿"等等。只有当孩子表达出他的真实想法时，家长才有可能及时了解、掌握孩子的心理，及时引导教育。家长在讲话时不能只考虑自己"一吐为快",一定要考虑到正在发育中的孩子的内心感受,家长讲话的语调及语气温和、平和、中肯,对孩子是一种良性熏陶,反之,就是一种不良刺激了。

8. 肢体语言(身体动作)。家庭中每个成员的手势、肢体语言对孩子的影响是很大的。我遇到一个患抽动症(有严重心理问题的)的孩子,对父亲的表现非常敏感,父亲上班时关门重了一点,都会影响到孩子的情绪,导致发病;父亲眼睛瞪一下孩子,孩子也会很紧张。很简单,对幼小的孩子,家长如果做出"打"的动作,孩子都会害怕地大哭。可见,家长的肢体语言会给孩子带来极大的影响,良好的肢体语言,如拥抱、竖起大拇指、ok指、抚摸孩子的头或者手、拍拍肩、合掌等都会给孩子带来积极向上的作用;反之,甩手、跺脚、反复地搓手、抖动、走来走去等等,都会给孩子带来不安定及焦虑的负面影响。

9. 环境语言。环境是无声的"语言",家庭环境的好坏直接影响到孩子的情绪和心理发展。试想,一个孩子在嘈杂、杂乱无章的环境中会是怎么样的感觉(感受)呢?衣物乱放,房间脏乱,人的心情会舒坦吗?如果房间里摆放整洁,有条不紊,会给孩子一种规范的、良性循环的感觉;如果很乱又不清洁,孩子的体验就是非常不舒服的感觉。玩具一地,东西乱放,想想孩子会有怎样的感受呢?杂乱的环境会使孩子焦虑、紧张、有压力,自然不会愉快的。

10. 不要小看家庭中这些无声的"语言",它们对孩子的教育影响虽然是无声无息的,但是潜移默化的作用是巨大的。

🌸 树立良好家庭氛围的小贴士:

1. 轻声讲话。家长平时要轻声讲话,好多家长经常大喊大叫,当

孩子做错了的时候,家长如果再大声喊叫,就会伤害到孩子,孩子就会学到这样的言行;
2. 经常微笑。家人之间,邻里之间,都要友好地微笑和睦相处,这样孩子就会学到微笑的礼节,有时候孩子见到陌生人,不一定要叫人才是礼貌啊——微笑也是一种礼貌表示;
3. 自检自律。家长自己保持良好的习惯,无声地给孩子看,让孩子看到、想到自己应该怎样做,这是最好的榜样教育;
4. 家人之间要互相关心、宽容、体谅和理解、支持,孩子就会感受到,就会学着关心、体贴他人;
5. 家长不要总是说、一直说孩子的问题,家长一定要少说多做;
6. 平时家长对待孩子的言行举止、一眸一笑都会影响孩子的心境,要注意;
7. 家庭中如果出现了问题,阻碍了孩子的身心发展,就要和心理老师一起做"家庭的重塑";
8. 互相尊重。这很重要!父亲尊重、爱护母亲,就是对孩子无声的最好教育;
9. 遇事要积极面对,不消极、不推诿、不抱怨;
10. 经常召开"家庭会",多尊重孩子的想法,民主处理各种事情。

 对孩子太严厉

刚上学的小虎,6岁,男孩,非常的顽皮,老师反映小虎在学校总是欺负其他同学,对同学很凶,还经常追打小动物,老师怎么说都没有用。小虎的父母也是"用尽了各种办法"都没有效果。我了解到,孩子从小就很顽皮,总是爱闯祸,父母很生气,

说了不听就会经常打骂小虎，按照父亲的话说："打过后，头几天表现还可以，过后就又不行了……"我看到小虎的身上有很多处的被打的印记，猜想这是"孩子不听话"时家长打的。我和家长说，是否尝试过不打孩子，好好地说教呢？家长说"有啊，但是没有用的，只有狠狠打一顿，才有效果，可却不能长久，真急人！"

分析：

好多的家长在教育孩子的时候总是很"厉害"，声音很大，对孩子很"凶"，显得他们"很强大"，他们认为那样孩子才会听，但其实孩子当时是"接受"了，同时却感觉受了伤害。那种中国传统的封建式的"棍棒底下出孝子"的观念已经被历史淘汰了。我们教育孩子的时候，以什么样的结果为标准呢？我们最终的目的是要孩子自己明白应该怎么样去做，不应该怎么样去做，只有孩子自己彻底领悟了，才会自觉自愿地去做。

家长只会用打骂的暴力强迫孩子服从，就像小虎那样，受到家庭的打骂，自然就会有暴力问题。教育孩子的方式方法会直接导致教育的结果，家长对孩子的尊重和理解、体谅会促使孩子的身心健康发展。如果家长平时对孩子的教育都表现得"很凶"，那么这个孩子有异常表现的可能性就会变大，孩子很有可能也会对小朋友很凶、对父母不尊重、很逆反，因为，孩子在生活中受到的教育就是不友好的，那么，他怎么能变得和别人友好相处呢？

对待孩子犯错的小贴士：

1. 面对错误，家长首先要理解孩子。6岁前的孩子无论做什么都会有盲目性的，孩子的目的不是很明确，这与他们的生理、心理发展的特点有很大关系；
2. 不要轻易责备孩子。要问问孩子是怎么想的？为什么会这样做？耐心听听孩子的想法；

3. 说教的方式以耐心讲道理为原则,让孩子自己意识到问题所在,家长的语气要温和,要微笑真诚,道理讲得合情合理;
4. 不要轻易给孩子戴上"不听话"的帽子;
5. 家庭成员的教育方法要统一;
6. 在孩子愿意和家长交流时再"说道理",当孩子不愿意接受时,就暂停教育。

 孩子在学校里被"孤立"

我遇到一个16岁的男孩,叫文琪,个性内向、腼腆,不是很爱说话,家长说:"不知为什么近期就是不肯上学了?"无奈,父亲带孩子来"看病"。孩子到底怎么了?我了解到,文琪在学校里经常被一些同学欺负,轻则推搡,重则拳打脚踢。可是孩子回到家里,不但得不到家长的安慰,反而会遭到父亲的打骂。父亲经常骂孩子:"胆小鬼,就是个挨打的命!""你怎么不会反抗啊?笨蛋!就知道哭,真是没出息啊"。

这个做父亲的有没有关心孩子为什会被同学打呢?孩子为什么不还手呢?孩子不肯上学的背后还有什么隐情呢?是否有想过,孩子在学校被同学欺负,回来后没有得到家长的安慰,反而得到了自己亲人的辱骂,孩子的心情会是怎样的呢?这是"雪上加霜"啊!

分析:

孩子厌学的背后都是有许多原因的,像文琪父亲不分青红皂白就指责孩子、打骂孩子的做法,一定是错误的。孩子在学校被同学欺负,心里的不愉快,自己承受了很多,可是家长却没有任何支持和关心，这是很不负责任的行为。

孩子的自我调节能力是不太完善的，有时候，他们的心理承受能力是很脆弱的。儿童不善于表达他们的不愉快，而是把不良的情绪深深地"埋在心里"，他们有时候表现出不高兴，有时候又会大发脾气，有时候则会闷闷不乐、不言不语，等等，这些都是孩子心理问题的表现，尤其是青春期的孩子，特别敏感，特别需要得到别人的尊重和肯定，有时候孩子心里的不愉快是无法言表的，这就需要家长做个有心人，要能及时发现孩子各方面的问题，积极帮助孩子去调整。孩子在学校被同学欺负、被"孤立"是什么原因呢？是孩子的性格问题？还是有什么特殊的情况？孩子的问题没有解决，让他安心读书自然是不可能的，只有了解到真实的原因，才会帮助到孩子。

安慰在外"受伤"孩子的小贴士：

1. 首先不能不问青红皂白责骂孩子，给孩子一个微笑和拥抱；
2. 家长首先要安慰孩子说"没有关系，我们不怪你"，"我们相信你，和我们说说看"，以便取得孩子的信任；
3. 无论孩子说出的事实是怎么样的，家长都要表示理解，"噢，原来是这样！明白了……"充分地体谅孩子；
4. 然后家长要问孩子"你现在是怎么想的呢"来引导孩子；
5. 如果孩子自己已经意识到了问题所在，家长强化一下就可以了："你能这样想就很好！"
6. 当孩子说不出时，或者还没有认识到问题的严重性时，家长要耐心地和孩子讲道理，然后问孩子："这样说，你明白了吗？"
7. 即便是老师不理解孩子，有什么过激的言行，家长也要首先安慰孩子；
8. 积极帮助孩子妥善处理好在学校遇到的"难题"；

9. 不因为孩子"受欺负"而去责怪、嘲讽孩子；
10. 更不要再因此打骂孩子，那只会是"雪上加霜"。

83 把孩子当"宠物"养

我遇到一对"老来得子"的父母，他们的孩子虫虫上中班了，全家人对孩子溺爱得不得了，妈妈对孩子更是宠爱有加，孩子要怎么样就怎么样。爷爷奶奶也不怎么带孩子出去玩，妈妈的口气是："他们老了，自己不爱出去，也不带孩子出去。"虫虫呢？这个4岁的男孩，没有规矩，无法无天，可是，却没有玩伴。用他自己的话说："他们高兴就会带我玩，不高兴就不带我玩了……"一副很委屈的样子。妈妈爸爸呢？也是整天忙工作，关心孩子的吃喝穿很多，但是，真正关心孩子内心的、情感上的需求则很少。

分析：

我在咨询中感觉到，孩子的内心还是很孤独寂寞的，孩子没有同龄孩子做朋友，不会和小朋友玩，社会性明显低下。孩子的成长需要心灵的沟通和呵护，孩子的社会性也是在生活中不断建立的。虫虫不经常出去玩，只和家里大人接触，就缺失了"伙伴关系"，只有"亲子关系"，那是不完整的，所以虫虫会感到寂寞。

孩子是家庭的希望，家长在辛苦培养孩子的同时，也会体验到孩子带给家庭的无比快乐。可是，有一些家长，会把自己的孩子当喜爱的宠物来养，给吃给喝，逗着玩，遇到事情时没有考虑到孩子的感受，不会顾及孩子的情绪及心理承受能力。如在人多的时候一定让孩子表演节目，也不管孩子是否愿意，孩子表演了，家长就会很开心，孩子没有表演，家长就会非常气恼，有的还会当众羞辱孩子"怎么这么没有出息啊?""你不表演,成心给妈妈难看,是吗?"等等。家长们有没有考虑到孩子的感受呢?家长做任何事情,都需要把孩子的感受放在第一位。让孩子不愉快地被动接受,不如让孩子开开心心地明白道理,愉快地去做,结果是大不一样的。

 关心孩子心理的小贴士:

1. 在孩子婴儿期就要带孩子出去,和各种人"交往"——打招呼;
2. 在孩子18个月后,就要带孩子到亲子中心,鼓励孩子和同龄的孩子玩,细细地教会他们怎么样和小朋友相处;
3. 当孩子不愿意和小朋友玩的时候,家长不要责骂孩子,更不要打骂,要积极引导孩子;
4. 耐心地鼓励孩子和小朋友在一起,建立良好的伙伴关系;
5. 多关心孩子的心理需求,了解孩子最喜欢什么、最想去的地方是哪里、最开心的事情是什么;
6. 最大限度地尊重孩子;
7. 关心孩子心理及情感的需求,了解孩子的喜怒哀乐;
8. 及时帮助孩子调整心里的不愉快。

84 经常训斥孩子没出息

朋友生了双胞胎,非常高兴,欣喜之余就决定把孩子分别托付给两家老人带养。几年过去了,该上小学了,两个孩子都回到了父母的身边。由于爷爷奶奶是在农村生活,对孩子也没有管教,小宝的生活规矩等做得不好;而大宝是外公外婆带的,在城市里,一些生活规矩等做得比较好。读书以后，大宝经常受到表扬和肯定，而小宝的不良习惯比较多，父母就会经常说他，指责他"你要向哥哥学习才会有出息啊""不然你将来就是没有出息的人"。可是从小没有养成良好习惯，让父母很头疼，小宝经常是挨骂受批评。时间久了，大宝是越来越好，小宝是越来越糟糕。后来发展成小宝出现了心理问题，三天两头不愿意读书，这让家长很着急，来看心理医生，一进门，小宝就低着头和我说："我就是没有出息的孩子。"我很诧异，只有二年级的孩子竟然说自己没有出息，不是父母一直这样说他，他怎么会这样呢？

分析：

家长经常说小宝"没有出息"，那么，小宝自己也就会觉得自己是"没有出息的"，时间久了，孩子的自信心就会大大降低。没有了自信的孩子，在生活中遇到了困难，自然就会后退、逃避的。每个孩子都是有自尊心的，家长是孩子最信赖的老师，如果这个老师都不尊重孩子，总在否定孩子，在教育孩子的时候不考虑孩子的感受，一定会影响孩子的情绪及心理发展。因为孩子小，他们的心智还没有发育成熟，他们的思维还很局限，他们不清楚自己的将来会发展成什么样子，也不知道会怎样发展，如果家长经常说孩子"没有出息"，孩子就会真的认为自己没有出息了，因为经常这样说自己的就是自己最信赖的父母，孩子会很自然地认为自己就是那样的，就会是像父母说的那个样子。孩子所处的环境及教育方式一定会影响他们的身心发展，这无可置疑。

教育孩子的小贴士：

家长教育孩子时以下的话最好不要说：

1. "你就是不懂事！"孩子虽然做了不懂事的事情，但也要问清楚原因，不要这样下结论；

2. "你就是没有出息!"就算孩子不争气,家长也不要放弃对孩子的教育,不要强化;
3. "你怎么这样没有用啊!"这话最伤孩子自尊心了,孩子也不想这样的啊;
4. "我一看到你头都大了!"家长就算是这样感觉,也不要说出来,说出来只会伤了孩子的心;
5. "完蛋,你算是没有用了!"家长这样说,就等于浇灭了孩子的希望;
6. "我真是后悔生了你!"家长怎么能这样说呢?您后悔,是孩子的错吗?
7. "你就是不如……"这样说,孩子一定很"受伤";
8. "我们都是为了你啊!"这会给孩子带来无形的压力;
9. 先接纳孩子、理解孩子,再说教;
10. 家里的和谐气氛、温馨的环境就是对孩子最好的无声教育。

85 家庭成员之间的正常关系

黄小伟,8岁,男孩,出现情绪问题已经有半年多了,孩子会无缘无故地发脾气,凡事都会和家长(妈妈)对着干,有时吵闹时间会达到一整天。妈妈焦虑万分,按照妈妈的话说:"我用尽了各种方法都没有用,不知该怎么样对待孩子了……"更多的时候,妈妈就是把小伟打一顿。在门诊,我和小伟的父母亲聊的时候,这对家长一直在争吵,互相埋怨、指责,小伟的妈妈还委屈地哭了起来,诉说着小伟的父亲对自己的不关心、少回家、不爱护家和孩子等等。

分析：

试想一下，妈妈那么大的怨气，那么多的不满意，怎么可以有好心情教育好孩子呢？当孩子出现一些问题时，妈妈就会想到小伟父亲对自己的态度，就会更加情绪化。这样教育的结果，孩子自然就会越来越差。

每个家庭成员都要在"自己的位置"上做好自己，家庭中父母亲应该是第一位的，孩子是重要的一部分，但是绝不应该是第一位，如果孩子觉得自己在家庭中是至高无上的，那么，这个孩子就会"无法无天"，不把家长放在眼里，在孩子情绪化的时候，家长怎么教育得了呢？孩子怎么会听得进去呢？

每个家庭就如同一个小社会，每个人都会有自己的位置，不同的人之间会有合理的正常的关系，这种关系相互制约着、相互扶持着、相互支持着。正常、合理的家庭关系是一个家庭能够正常生活在一起、教育好下一代的基础；相反，家庭关系不正常、出了问题就一定会影响到每一个人的情绪和心理，特别是处于生长发展中的孩子，更容易受到影响。在家庭中，每个人都有自己的位置和职责，相互之间也存在着一定的关系；每一个家庭成员都应该很好地维护好相互之间的关系；都应该努力做好自己。

在夫妻关系中，父亲对母亲的态度表情会让孩子感受到这样的关系是否正常，正常的关系就会让孩子感觉到温暖、安定、踏实，相反就会影响到孩子的情绪心理发展。孩子会因为看到父母的关系紧张，而着急、焦虑。再如兄长关系：如果是正常的关系，孩子看到的就是相互尊重、友好、互相帮助，孩子也会从中得到启发，继而会很好地对待同学、朋友等等。

☺ **家庭关系的小贴士：**

1. 相互尊重，每个人都应该尊重对方；

2. 相互理解,父亲要理解母亲的辛苦,母亲要理解父亲的辛苦;
3. 夫妻双方不在孩子面前争吵;
4. 互相关心,家庭成员之间都要互相关心,并且要让孩子有所体会,如和孩子说"爸爸加班,我们给他留好饭……""天冷了,你去给奶奶送件衣服……";
5. 互相包容,家庭中不可能没有矛盾,要学会包容;
6. 做好自己,相互不指责,每个人都努力做好自己的事情;
7. 多宽容、多谅解,有些事情,不要争论不休,要学会化解;
8. 家庭要统一教育方式方法。

86 男孩女孩不同的教育方式

小鹏的父母找到我时,小鹏已经14岁了,正是处在青春期的孩子。小鹏的姐姐已经17岁了。妈妈说,小鹏的姐姐样样都好,懂事、乖巧、学习也努力,可是小鹏就和姐姐不一样,小鹏叛逆、脾气大、不爱学习,还总是顶撞父母,真拿他没有办法。父亲说:"我们的教育方法是一样的啊,为什么孩子的表现会截然不同呢?"按照小鹏父母亲的说法是:"用尽了所有的办法,就是没有一点儿效果。"

分析:

男孩和女孩有许多的生理及心理的不同,教育的方式方法怎么能够一样呢?每个孩子的接受程度、自我调节能力、个性特点都是不一样的,如果用同一种方式教育,自然结果就不一样了,就像小鹏和姐姐的情况一样。说道理:生活中,家长对家庭中每一个孩子的教育方式有相同也要有所区别,特别是男孩和女孩有

诸多的生理及心理特点的不同,在教育中不能一概而论。

男孩和女孩有什么生理性的区别与不同呢?

(一)男孩血液中的多巴胺含量较多,流经小脑的血量更多(多巴胺可增加冲动和冒险行为的概率。而小脑是控制行为和身体行动的。流经小脑的血流量多,小脑就比较活跃,所以男孩就爱动)。这些因素导致男孩在静坐和久坐的过程中,学习能力总体上不如女孩。男孩更有可能从肢体运动中学习。

(二)男孩的胼胝体(连接两个半球的神经纤维束)与女孩的体积不同,女孩的胼胝体能容许两个大脑半球间进行更多的交叉信息处理,可以同时同质量地完成多项任务,而男孩同时只能做一件事。如男孩在做事情时,老师、家长叫他,他就像没有长耳朵似的,不理会。很多男孩为此遭到老师和家长的训斥。上幼儿园的时候,经常发生这样的情况,家长经常是大吼一声:"你听到没有?你没有长耳朵吗?"心情不好的时候会给他一脚或一巴掌。孩子经常被吓的一激灵,结果把孩子训练成:一叫他,他赶快回答"妈,我知道了",但是,这其实是家长打扰了孩子,破坏了他的注意力形成。

(三)女孩在颞叶中拥有更强大的神经连接,促进了更多复杂的感知记忆的存储,以及更好的听力,所以,女孩对声音的语调特别敏感。而男孩则较少听到回响在耳畔的声音,特别是当声音以语言的形式出现时更是如此。所以,用听的方法进行学习的时候,男孩就没有女孩的效果好。男孩需要更多的触觉型的体验,以便激发大脑学习的积极性。比如说,那种动手又动脑的学习方式就比较适合男孩。

(四)男孩与女孩大脑中的海马体(大脑中的一个记忆存储区)的工作方式也不同。男孩需要更多的时间才能记住课堂上的内容,特别是写出来的文字内容,这就是为什么背课文对男孩来说是件困难的事（男孩有背书的作业时，要背好长时间，很困难。家长想了很多办法，效果也不好。后来，家长就让他在动中背诵，他走着背，躺倒地上打着滚儿背，反正你愿意怎么动就怎么动，完全不必要老老实实地坐着背，效果就好了许多）。但是，因为男孩的海马更偏爱序列，在记忆大量序列和层次分类（如要点、子要点、子子要点等）的信息时就非常成功！如我们会发现男孩子写作文，经常是：一是什么什么，二是什么什么，三又怎么样怎么样……跟写总结似的。我想这就是男孩的特点。

（五）男孩的额叶没有女孩活跃也没有女孩发育得早，所以，男孩容易做出冲动的决定。这种冲动，会使男孩在进行户外独立学习时效果更好。而我们让很多孩子在一个狭小的教室里固定在座位上学习，男孩的学习效果就大打折扣了。

（六）女孩的语言中心，发育得更早更发达。女孩还拥有更多的雌激素和后叶催产素（这些化学物质直接影响语言的使用），男孩则具有更多的睾丸激素（一种与攻击性行为密切相关的激素）与后叶加压素（与地盘性和等级制度相关）。由于血液中的后叶催产素含量较少，大脑对语言的重视度不高，导致男孩在静坐或谈话时的学习效果不佳，这种学习方式自然也无法引起他们的兴趣（他们的脑中学习那个键，常常是通过行为反应、等级竞争和攻击性培养起来的）。

（七）在完成任务的休息时间里，男孩大脑会进入一种"睡眠状态"，使自己恢复、补充能量后为完成下一个任务做好准备。这种对男性大脑的活动至关重要的睡眠状态很可能在教室里"酿成大祸"。大部分未完成作业、在课堂上停止做笔记或睡觉，或者以摆弄铅笔（做小动作）或坐立不安等方式进行自我刺激的学生都是男孩，这样做的目的是为了保持清醒以便继续学习。而我们好多家长和老师都错怪了男孩，总以为他们是故意违纪的。

（八）男孩大脑处理血流的总量较女孩少15%，这种结构不利于同时进行多项任务的学习。因此，男孩在长时间专注于单一任务时成绩很好，此时深度学习在发挥作用。如果非常频繁地变换任务，他们的表现就会不佳。大脑同时完成多项任务的过度刺激的主要反应是挫折感，因此，男孩在课堂上容易发生更多的违纪问题。

（九）男孩主要的荷尔蒙是睾丸素，它在中学和高中期间达到很高的水平，处于青春期的男孩每天通过大脑接受5～7次该种激素的刺激。睾丸激素可以提高男孩空间—运动知觉的发育和右侧大脑中心的应用。男孩拥有的睾丸激素比同龄女孩高20倍。所以毫无疑问，处于青春期的男孩的大脑和女孩是不同的。此时，女孩的荷尔蒙雌性激素和后叶催产素正不断提高左额叶的语言发展，而男孩荷尔蒙正推动男性大脑的攻击性行为、空间—机械和肌肉运动知觉的身体体验（如邻居家的儿子，上高中的时候，突然特别喜欢打篮球。家长认为这是浪费时间，上高中了，要考大学，每一分钟都要用在学习上，结果和儿子爆发了激烈的矛盾。有段时间，我几乎每天都听到家长和孩子吵架的声音）。家长要了解，这个时期的孩子，就应该多让孩子参加体育锻炼，使男孩有机会发泄掉荷尔蒙激素给他带来的烦躁。

（十）女孩在阅读和写作上平均比男孩超前1～1.5年，而这一距离从童年早期就开始贯穿整个学习生涯。很多男孩的大脑天生不能很好地适应那些强调阅读、写作、复杂的组词造句的教学方式，尽管这些技能是学习所有文化不可缺的。与男孩相比，女孩大脑中有更多范围的区域专门负责语言功能、感知记忆、静坐、倾听、语调和神经交叉串话，因而复杂的阅读和写作对她们而言显得比较容易。但对男孩而言就成为比较困难的事情。

（十一）从遗传看，由于男性主要从事狩猎活动，因而他们需要培养出一种更具空间—运动知觉能力的大脑，他们需要良好的视觉，但又不需要像负责生儿育女的女性那样具有特别精细敏感的感知能力。男孩的大脑常是兴奋的，它是一个美丽的连接迷宫，正等待着连接数字、距离、大小、方位和方向。男孩的思维充满好奇，富于创造力。与女孩大脑相比，男孩血液更多地流过脑干，因此更适合身体运动，但不太适合语言的导入与输出。家长的教育就要掌握基于这些知识的方式方法，过多地说教会让男孩反感。

正是由于男孩的大脑趋向于空间——机械游戏和学习，和女孩的大脑相比，它总是要"占有更多的空间"。当男孩被限制在狭小的空间时，男孩就会像热锅上的蚂蚁般坐立不安，感到困惑和焦虑，随之便会出现许多违纪问题（包括男孩需要的桌子空间都要比女孩的更大。男孩的大脑时常喜欢把东西铺开，这是男孩大脑常见的学习方法之一。这就是为什么男孩学习的时候常把书本弄得一桌子的原因）。男孩喜欢把东西展开或拆开，然后再重新组合或重建，这也是男孩为什么喜欢搞破坏的原因。

有些家长总爱问："为什么我儿子不喜欢老师或家长给他推荐的书，喜欢看那些漫画、有关科学的书呢？"这正是由男孩的荷尔蒙、神经系统、心理特点和他们具有的空间、运动、机械的大脑所决定的，他们只喜欢他们感兴趣的书，因此，大多数男孩喜欢读的书是：

1. 充满空间运动知觉活动的书：如恐怖电影、科幻小说、体育传记，还有那种讲述令人兴奋、神秘、充满阴谋和在正义与邪恶之间最终决一死战的内容的书。

2. 技术或机械类的书，如科技类的书。

3. 图解或视觉类的书，如漫画书。

只有当男孩进入大学时，他们的大脑发育趋于完成，这种现象才会消失。如果想让男孩喜欢读书，就不要把书单强加给他们。家长要根据自己孩子的年龄、性别、特点因人而异地教育。

区别教育男孩和女孩的小贴士：

1. 家长要根据自己孩子的性别来培养孩子，不能采取千篇一律的教育模式；
2. 同样的事情，对男孩和女孩的要求是一样的，但是具体做法要有所区别，如要求会背书，他们采取的背书方式不同，这没有关系，不要要求孩子都只采用一个形式；
3. 全家人的教育方式要一致；
4. 不要把孩子反性别养育，如给男孩穿女孩衣服等；
5. 当发现孩子有别于性别的表现时，要及时干预纠正（不要强化）或者看心理医生。

 ## 87 孩子AQ（挫折商）的培养

遇到小江带孩子来看心理问题，我有些不敢相信，因为小江一直说儿子是很棒的。小江的儿子10岁了，上四年级，学习成绩等方面一直是很好的，就是近期发生的事情让小江不能理解。儿子的英语成绩没有考到班级第一名（以前都是班里的第一名），老师就问了一下，同学就说了一下，小江还没有说什么呢，儿子就自己气得不得了，回到了家里便不吃不喝，自己躲在房间里。后来竟然说自己以后不再学英语了，问他为什么呢？孩子却说："因为我学不好了。"这是什么话呢？就因为一次考试不理想就放弃学习？情绪就如此低落？那么将来再遇到其他的事情怎么办呢？

分析：

小江儿子以前表现出来的"好"是在没有遇到任何事情的前提下孩子表现出来的表面的"好"，一旦遇到了事情，是否能自我

调节好呢？这时候，我们就会看出孩子的抗挫能力了。一个人的成功与情商有极大的关系，而情商中重要的挫折商——AQ更是重要。试想，一个智商高，情商、挫折商却很低的人，在社会、工作、学习中怎么能够成功呢？遇到了困难和挫折怎么能够度过呢？有许多父母往往就忽略了孩子挫折商的培养，凡事都替孩子打理好，不让孩子受到一点点委屈，孩子一路顺利走过来，自然就不知道该如何对待挫折和困难了，因为以往遇到了挫折和困难都是家长全力帮助解决了，孩子就不知道自己该怎么做了。长久如此，孩子的AQ自然就会低下。要提高孩子的AQ就需要家长在生活中有意识地让孩子体验到"失败"和挫折，然后教会孩子、帮助孩子如何面对。

培养孩子的AQ的小贴士：

1. 根据自己孩子的年龄特点，设计适合孩子的游戏，并且在游戏中让孩子体验到"失败"，再教育；
2. 鼓励孩子，教会孩子如何很好地应对"失败"；
3. 让孩子看到、体会到家长乐观对待"失败"的态度；
4. 相信孩子自己能比较好地处理好"失败"，且常对孩子说"你能行的"；
5. 有时候，家长要有意识地让孩子体验"失败"；
6. 当孩子处理不好"失败"，焦急、难过时，家长要理解孩子，不能打骂孩子，要耐心帮助孩子；
7. 家长不需怕孩子遇到"困难"，遇到了，孩子自己或者在家长的帮助下解决了就好；
8. 有时候，要设计游戏，让孩子体验"失败"，之后家长再教育孩子，适时引导孩子；
9. 家长要作出榜样，对待生活中的困难、挫折，积极面对。

88 立刻满足孩子的要求

小虎子是个快要到读书年纪的6岁多的男孩，很聪明，家长经常说："这孩子要什么就非要立刻给他，不给就哭，真是一点办法都没有！"小虎的脾气很大，性格很急躁，要什么就要立刻得到，慢一点就会大哭大闹，如果不满足那就哭个没完没了。家长都不知道该怎么教育，很着急，孩子这样下去怎么办呢？怎么和老师、同学相处呢？我了解到，小虎子是很要强、很要面子的一个孩子，从小爷爷奶奶带着，那是把小虎当成一个宝，要什么就给什么，要什么就立刻满足！爷爷奶奶还会因为小虎的事情经常起争执，这是什么原因呢？如小虎要吃水果，奶奶给小虎拿水果动作慢些，爷爷就会批评奶奶："你不会快一些吗？那么慢！"奶奶呢，又会说："干嘛要那么快呢？又不是很着急的事情……"就这样，爷爷奶奶就会吵一下，小虎呢？潜意识里就会觉得，就应该很快给我拿来水果的啊！所以也会说奶奶："你怎么慢吞吞的……"奶奶还因此不高兴呢。

分析：

在大多数的情况下，小虎都会立刻得到"满足"，长期这样，小虎没有学会耐心等待。孩子长大了，自然就不会耐心地做事，也会脾气急躁的。孩子幼小，他们随时都对家长有许多的要求，合理的、不合理的都会有的。家长要能够理解、体谅、包容孩子的各种要求，不要要求孩子一定要提什么样的要求，也不要责备孩子的"无理"要求，更不要立刻就满足孩子的所有（合理）要求，这对孩子是一个心理承受度的锻炼过程。因为，如果每次家长都不加思索地立刻满足孩子的要求，那么，在孩子的潜意识中会感觉"就应该是这样的……"，实际上呢？孩子的各种要求不可能每次都立刻得到满足，如果养成了每次都必须得到满足的心理，那么，偶尔有一次得不到满足，孩子就会感觉到很受伤。孩子的意志力是需要家长在生活中一点一滴培养起来的。当孩子把一切事情都当作"理所应当"的了，那么孩子就不会感恩了。

对待"性急"孩子的小贴士：

1. 在孩子有需求的时候，不要立刻就满足他，要问问他："你为什么要这样东西呢？""你是怎么想的呢？"
2. 当孩子着急要做什么事情时，可以先答应他，然后说："好的，不要着急啊，等一下哦……"
3. 平时在孩子愿意听故事的时候，讲一个关于性子急躁的故事，让孩子自己意识到凡事不能着急；
4. 家长不要总是说孩子："你就是个急性子！总是着急！"
5. 家长也不要逢人就说："我们这孩子就是急脾气……"
6. 家长要随时鼓励孩子："你表现得很好啊！遇事不要着急！"
7. 全家人的教育方式都要统一，不能在教育孩子的问题上分歧很大；
8. 遇到孩子"不合理"的要求，要耐心地讲道理。

89 事后也要"诸葛亮"

有个5岁的男孩，在他过生日的当天，发生了一件事情给他留下了难忘的记忆——他被妈妈狠狠地打了一顿！事情是这样的，妈妈为了儿子的生日，给他买了其最喜欢的玩具小熊。妈妈开开心心地带着小熊去幼儿园接儿子回家，儿子也很高兴，但是到家门口了,下车的时候不知道是谁不小心把小熊碰到了地上。这时候,妈妈说儿子,儿子说妈妈,就这样争执着回到了家里,儿子也不去捡回小熊,妈妈也不去捡回来。到最后,妈妈打了儿子,儿子哭着睡着了,妈妈又把小熊捡回来。次日,一切照旧。妈妈也没有再说起小熊的事情,儿子也没有再问起这件事情,不了了之。

分析:

妈妈的做法,一是没有考虑到孩子的感受;二是孩子会不由自主地学习家长的样子。家长的坚持行为会让孩子自然而然地觉得可以这样和妈妈一样"犟下去"的;孩子的情绪也受到了影响,自然会不开心;孩子还要承受妈妈的情绪带来的不愉快,结果就会更糟糕。

在这件事情中,妈妈的责任大一些,无论是谁把小熊碰到了地上,妈妈都应该教育儿子主动捡起来,不应该为这事情去打骂孩子,更不应该事后不与孩子进行沟通。孩子在这个事件发生后学到了什么?孩子学到了怎么样犟,没有担当,学会了不谦让、不谅解、不体谅。妈妈事后的不教育,使孩子更会认为自己"学到的"东西是对的,其实不是这样的。

孩子幼小,在生活中会有许多的问题(麻烦)出现,有时候家长的教育让孩子很无助、无奈,也有的时候让孩子很受伤。有的时候事情发生的突然,家长来不及教育孩子,那么,事情过后的教育也是很必要的。可是,有的家长会说:"事情都过去了,还教育有什么用呢?"所以,当事情过去了,也不和孩子说什么,更不要说教育孩子、讲道理了。殊不知,事后教育更重要,因为事情虽然过去了,但是事情本身对孩子的影响却仍然存在,在孩子幼小的心里会留下深刻的记忆,他们的思维能力有限,逻辑思维能力更是缺乏,就自然会"胡思乱想",结果就会出现一些问题,影响了孩子的情绪与心理的发展。

事后教育孩子的小贴士：

1. 在孩子情绪平稳后和孩子聊聊，首先要耐心、平和地问孩子："你是怎么想的呢？"
2. 无论孩子说什么，家长都应该抱着理解的态度，包容孩子；
3. 耐心给孩子分析事情的本质，利弊都分析到，让孩子自己选择应该怎么样做；
4. 如果是家长的耐心不够好，使孩子"受伤"了，那么家长就需要诚恳地向孩子道歉；
5. 当孩子认识到问题，但是又不好意思去道歉时，家长可以陪着孩子去认错；
6. 当孩子还没有想通的时候，家长不要硬逼着孩子去做自己不愿意做的事情，容许孩子晚一两天再做；
7. 鼓励孩子，相信孩子，可以说："我们相信你以后不会这样了……"
8. 家长更多的是教孩子如何去做，而不是责怪孩子。

 家长的"分工教育"过于清楚

铁牛这个10岁的男孩，总是"不听话、发脾气"，近来影响到了学习。我看铁牛是个比较聪明的孩子，一直以来家庭的教育还是挺严厉的，妈妈说，孩子对爸爸的话还是听的，就是对妈妈的话不以为然，如果爸爸在家，孩子就会好一些，如果爸爸不在，妈妈的管教就很困难了。由于父亲工作比较忙，所以妈妈管教得

比较多，因此妈妈很着急。铁牛妈妈说："我们家的教育是分工的，周六周日的学习是他爸爸管，平时都是我在管，英语和语文是我管，数学是他爸爸管……"所以啊，平时孩子的学习是妈妈管，妈妈的话，孩子是可听可不听的，铁牛说，就算爸爸平时回来得早，也不会管我的，周六周日爸爸才管呢。

分析：

这种分散的管理方法、分工如此明确的教育，对孩子有什么影响呢？每一个家庭都会有不同的教育方式和方法，什么样的教育方式方法是最好的呢？适应自己孩子的方法，能让孩子在不同的教育中得到最大收获的教育方法，就是最好的。对孩子的教育，好多家庭都会是"一个白脸，一个黑脸"，但是，家庭的分工是为了更好的合作，千万不能够给孩子造成一种印象："这事妈妈不管……那件事一定要爸爸说了算……"不可以做的事情，在妈妈这里不行，在爸爸那里同样也是不可以的。因为家庭要统一教育孩子，一致的方法，同一个目标，如果家长有分歧一定要事先沟通好。如果父母的教育不能够统一，就会给孩子带来困惑，到底应该听哪个的呢？又会让孩子"钻了空子"，因为这件事情妈妈管不了，妈妈说了不算，久而久之，势必养成孩子很多的不良习惯。因为父母的不统一，孩子就会存侥幸心理，觉得自己做的是对的（实际上是错的）。

"分工合作"的小贴士：

1. 按照孩子的性格特点，按照父母的擅长，制定父母的主要负责范围，但是，告诉孩子，这不是绝对的；
2. 如果家长一方有事情，就委托另一方做，让孩子明确父母亲都是可以教育管理自己的；
3. 家长最好不要随随便便就不履行自己的"分工责任"，让孩子也

感受到"责任"的重要;
4. 在孩子遇到要解决的问题时,父母亲要一致积极帮助,绝不要相互推脱;
5. 遇到孩子有心事,不愿意和一方说时,另一方要积极地帮助沟通;
6. 遇到孩子对父母一方有意见时,大家要坦诚相对,积极解决;
7. 父母一方做得不对时,也不要在孩子面前指责另一方的过错;
8. 父母的矛盾不要在孩子面前暴露,不要在孩子面前争吵。

91 言行过分地"引逗孩子"

我接待了一个5岁的男孩,他已经3天不吃饭了,寸步不离开妈妈,害怕一个人睡觉,也不敢去上幼儿园。原因是隔壁的张大叔,经常引逗、恐吓孩子:"快跑啊,有坏人要来抓你啊!"每每此时,孩子就吓得快速跑开,有几次还吓得大哭呢!尽管妈妈不断安慰孩子:"张叔叔说着玩呢!是和你开玩笑呢……"可是孩子还是害怕得要命,后来张叔叔的玩笑已经不开了,但是,孩子内心的恐惧还是没有消除,影响到了饮食及睡眠,一见到那个张叔叔,孩子就紧张万分。终于有一天,孩子发病了,由于经常性的恐吓,孩子出现了情绪、心理问题。为了治疗孩子的病,家长选择了搬家,但是孩子的恐惧依然没有去除,孩子依然会战战兢兢地问家长:"张叔叔还会来吗?新家里有张叔叔吗?"

分析:

孩子每一次的被惊吓,心里都会留下受伤的痕迹,但是每一次的恐惧又没有消除,孩子会简单地认为,就是有坏人要来抓我——日积月累，孩子终于出状况了。人的各种情绪是在生活中情感的体验没有得到满足时发生的。如果调整不好，这种情绪就会发展恶化。成人是这样，孩子就更是如此了，孩子是家庭中的"开心果"，成人们都会很喜欢引逗孩子，这是无可非议的。但是，当孩子似懂非懂的时候，当他们还难以分辨是非的时候，成人们的引逗就要注意了。因为，我们成人的思想已经成熟，思维逻辑性是完整的，而孩子不同，他们会单纯、片面地想问题。如有的想生二胎的家长笑着对3岁的孩子说"等我们生了弟弟就不要你喽"，虽然家长是笑着说的，但是，孩子就会认为那是"真的"，孩子就会很伤心、很难过、很受伤，还会迁怒于没有出生的弟弟，会很恨他！所以说成人们的"玩笑话"不要轻易说，引逗孩子的话要有度，一定要掌握好这个"度"。

和孩子开玩笑的小贴士：

1. 成人要注意和不同年龄的孩子开不同的"玩笑"，要开善意的、积极向上的、不伤害孩子的玩笑；
2. 家长的玩笑，不能是孩子最担心、最害怕的事情；
3. 家长要和孩子说什么，最好直接告诉孩子，不拐弯抹角，不以"玩笑"的形式说；
4. 对外人的"玩笑"，只要是让孩子感觉到不愉快、不开心了，家长要尽快和孩子沟通，尽最大努力抹平可能给孩子造成的伤害；
5. 不要只看孩子的表面，要看孩子的实际表现，受到伤害的孩子会表现得胆怯、依赖，其饮食、睡眠等都会受一些影响；
6. 大人之间开的一些"玩笑"话，如果可能伤害到孩子，也要避免在孩子面前开；
7. 如果不经意开了伤害孩子的玩笑，"当事人"最好要和孩子及时说清楚，尽快化解；

8. 每个孩子的性格特点不一样，家长开"玩笑"要有分寸；
9. 当"玩笑"开得过头了，要尽快消除孩子心里的疑虑和恐惧，多陪伴，多安慰孩子。

92 孩子胆子小

倩倩的妈妈找到我时，倩倩已经8岁，是二年级的小学生了。倩倩妈妈说，孩子的胆子一直很小，以为是她的性格生来如此，考虑她长大后会好一些。可是都二年级了，还是很胆小，不敢一个人出门，不敢问老师作业，不敢一个人睡觉，就连写作业都不愿意一个人完成，这可是急坏了妈妈，孩子这样下去将来怎么办呢？我在咨询中了解到，倩倩小时候就是个特别胆小的孩子，家里人也没有重视，没有积极地引导，没有主动地让她和小朋友接触，也没有上亲子课堂，更没有上完幼儿园。因为孩子不愿意和小朋友交流，家里人怕孩子被欺负了，在家里安全啊，孩子和爷爷奶奶玩得还是比较好的。

分析：

倩倩是一个个性偏内向的孩子，生活中又没有得到锻炼"胆量"的机会，孩子的问题就会显现得越来越严重，因为如果缺乏了家长的正确引导，或者再有无意识地不断强化，孩子自己就不会觉得自己的胆怯是个问题，反而会认为原本就是那个样子的。

家庭要重视对孩子认识自然和社会环境的教育，注意从小培养孩子的自立自主精神，并注重培养孩子的交往能力和在各种环境中的自我保护能力，要培养孩子独立自主、敢于探索的精神。对于"胆子小"的孩子，家长就更需要在生活中锻炼孩子的"胆量"、给孩子自信,而我们有些家长恰恰相反:孩子胆小,那就不要孩子做"胆大"的事情,孩子怕,那就不要带孩子出去了,孩子会因此失去了很多可以锻炼得机会和时间。孩子在家里和家里人"相处得好"那不算数的,要孩子能够和同龄的小朋友相处比较好才可以,首先是不胆怯和小朋友交往,然后是发生了问题能比较好地面对。

锻炼孩子不胆小的小贴士:

1. 自立训练从幼儿开始

要培养孩子从幼儿时期(1~3岁)就独立处理自己的"事情"。如吃饭、睡觉、如厕,孩子长到三四岁,有了害怕、恐惧的心理,家长就给孩子买一种很小很暗的灯,睡觉前可以亮着,以驱逐孩子对黑夜的恐怖。鼓励孩子自己睡觉,以增加孩子的安全感。

2. 绝不总是围着孩子转

爱孩子,但不会总是抱着、盯着孩子。六七个月的孩子就要锻炼自己抱着瓶子喝水、喝奶,大一点就要自己学着吃饭。孩子会常常把食物撒在桌上、地上,但是父母也绝不喂,要耐心地讲道理,锻炼孩子自己吃。

孩子做游戏也是自己一个人做或跟小朋友一块做。父母外出旅游,把很小的孩子交给祖父母或花钱寄放别人家,请人带几天。家里办晚会或去参加别人的宴会,家长也不要总牵着自己的孩子。

3. 让孩子接受锻炼

有个工程师带着3岁的儿子到城外10千米的乡下看望父母。吃过晚饭,天已黑,进城的公共汽车已经停发。如果住下,明天再回城也合乎情理,而杰姆斯却带着儿子步行回城。为什么这么做?杰姆斯说:为了儿子从小熟悉黑暗和吃一点儿苦。家长吃苦了,孩子就会看到,就会学习。

4. 教孩子使用工具

家长要教会孩子从小认识和使用各种工具及电器。工具包括手锯、刨子、锉刀、螺丝刀、钳子等。父母教给孩子这些工具的用途、性能，让孩子掌握操作要领，并鼓励孩子在日常生活中使用它们。五六岁的孩子，父母还要教其懂得家电常识，教会他们使用煤气灶、电炉和洗衣机。家里东西无论哪里出了毛病，父母都鼓励孩子大胆尝试自己修理。

5. 教孩子适应环境

有对夫妇假日里常带着8岁的儿子与5岁的女儿到山区旅游。每遇山涧须渡过时就叫儿子观察水势，寻找最浅、水流较缓的涉水点，然后由父母决定是否可行。如果选择不当，就讲明道理，并教孩子怎样识别水深及流速。上山时，他们从不乘坐缆车，而由孩子选择登山路线。途中遇到陡崖峭壁，让孩子判断决定有无危险，是否攀登，并问孩子该怎样保证安全。经过多次跋山涉水的实践，孩子自然不怕山高水急，也敢冒险了。

6. 进行自我保护训练

家长带孩子们上街时，就要随时随地教给孩子交通规则并嘱咐其他注意事项，说明怎样走危险，怎样才安全。家长还要叮嘱孩子必须记住的电话号码，如父母单位的电话、警察局电话、消防电话、医院电话等。

7. 全家人都不去说"这孩子就是胆小"

8. 有的孩子生性就比较内向，家长就更应该鼓励孩子大胆去尝试一些东西，而不是说"孩子还小""这孩子就是胆子小"等等，不给孩子贴"标签"强化。

9. 教会孩子尝试"失败"，逐渐坚强起来

家长明明知道孩子做这件事情会失败，但是还是要鼓励孩子去做，目的是要教会孩子体验到"失败"，并且勇敢地面对失败。如

教 3 岁的宝宝做"风筝",孩子当然做不好了,让他感觉到失败,家长再帮助孩子学会调整心情。

93 不经常让孩子独处

14 岁的朝晖,是个帅气的男孩,父母来带他看心理问题,原因是因为他"太不独立了,样样事情都要依赖别人……""很不成熟""自己的事情都不能自己做,这将来怎么办呢?"。我和家长谈话后了解到,朝晖是独生子,父母年龄都不小了才生了他,所以就格外的宝贝,孩子从小到大一直就没有离开过父母,样样事情都必须经过父母的同意才可以做。我问父母"孩子长大了,都到了青春期,应该有自己的空间、自己的想法啊。""你们怎么不给他独立空间呢?",妈妈说:"他怎么能自己处理好事情呢?他一直是处理不好的,他都没有一个人出去过啊!"我很诧异,孩子这么大了,竟然没有自己独立的空间?当我和孩子聊的时候,朝晖说:"他们就是不放心我,我做什么他们都要管,我的房间他们也经常随便就进来!很烦的!"看看,家长没有给孩子独立的空间,没有充分地信任孩子,孩子怎么能够长大呢?

分析:

像朝晖这样的独生子女在我们的身边还有很多,总是集宠爱于一身,家长总是"寸步不离"地跟在孩子身边,同时也很自然地帮孩子把所有的事情都做了,但等孩子长大了,家长又会希望孩子能够自己独立处理一些事情,但孩子一时间却无法适应,更无法做到,于是,这样的矛盾总是不断出现。在孩子没有长大时期,家长时刻呵护着孩子,这是无可非议的。但是有许多的家长,在孩子长大以后,还是像孩子小的时候一样百般照顾、关爱、呵护着孩子,总是围在孩子的左右,让孩子一刻都离不开家长的视线,孩子都没有自己的"独立空间"。当孩子没有自己的完整的"独立空间"时,孩子所有的一切都是不独立、不自主、不自由的,家长会时刻看护着孩子的一举一动,一言一行。家长对孩子常常是:不能累着、不能冻着、不能热着、不能饿着等等。孩子的想法必须要大人们同意才可以做,孩子几乎不可能有自己的思维及行动,这样的孩子怎么能够成熟呢?怎么能够长大呢?

☺ 锻炼孩子独处的小贴士:

1. 充分地相信孩子,能够自己管理好自己;
2. 放手、鼓励孩子自己独立做事情;
3. 给孩子创造属于他自己的"独立空间";
4. 尊重孩子的想法,经常以商量的口吻和孩子交谈;
5. 不随意地指责孩子、进入他的"空间";
6. 要给孩子独立支配自己事情的自由;
7. 孩子的事情鼓励他自己完成,不替代;
8. 越是害怕独处的孩子就越没有安全感,更需要锻炼;
9. 不要强迫孩子一定要去他不愿意去的"小房子"。

孩子的"完整教育"

9岁的林林是个聪明、可爱的小女孩,一直都是和外公外婆、父母亲、13岁的姐姐生活在一起的。近一年多来,林林总是莫名其妙的乱发脾气,对外公更是不尊重了,父母的话也经常听不进去，还经常和姐姐争吵。我了解到，孩子上学的接送、做功课及很多的事情，如沟通及教育的工作等都是由外公外婆来承担的。父母亲整天忙工作，下班回来已经很晚了，帮孩子洗漱完就休息啦。在林林的眼里，"都是外公外婆管我啦！我就听外婆的，最讨厌外公了！""爸爸妈妈没有时间管我啦……"，这话听起来好像是很理所当然的，其实问题很多，外婆能管孩子一辈子吗？父母的责任是什么呢？

分析：

孩子会有这样的想法，是长期以来家庭的生活习惯、教育模式使然，再加上大人经常的说道，就会更加固了孩子的这种思想。林林的教育问题，一是位置的错乱。外公外婆年龄已经很大了，时间、精力、体力等都不适合再每天承担小孩子的学习功课等，他们无法履行教育下一代的职责。二是责任转嫁。教育的责任、家长的价值观体现在哪里呢？教育孩子的事情本应该由父母亲来完成，这是他们必须要履行的职责。三是价值观的分歧。这种"错位"、替代管理教育模式及不同的价值观分歧问题，对孩子来说均不正常，潜意识里都会影响孩子的情绪及心理健康发展，这种家庭教育的错位，如父母亲的不能担当及缺乏责任心等等，孩子就没有了感恩之心的培养，没有了敬畏生命的培养，没有了正常格局的培养，孩子认为"对的"，实际是"不对的！"。系统紊乱了，一切问题都会出现。只有回归生命原本的韵律，一切问题才会无影无踪。什么是完整教育？这也可以称作是"完整疗愈体系"中的重要部分。什么是完整疗愈？这是关于探索生命韵律而活着的范畴，只要是与生命有关联的都可以在完整观里体现。在完整疗愈的体系中，无形决定了有形，它是用生命在影响着、尊重着每一个生命体。那么在家庭的教育中，完整的教育就很重要。也就是说，每一个家庭成员都应该各就各位，各司其职，缺一不可,共同协调。如一个家庭,有爷爷奶奶、父母亲、两个孩子这六人组成,那么,每个人的职责都是不一样的,不能越位、错位,不可替代;如果在教育孩子的过程中,无形之间破坏了这些"完整性",教育的恶果就一定会出问题。

对孩子进行"完整教育"的小贴士:

1. 生活中,要让孩子清楚每一个家庭成员的主要职责是什么?如告诉孩子:"爸爸主要在外面忙工作,妈妈则要把家里的事情做好,你要努力读书";
2. 强调孩子在家里的作用,使孩子有责任感,常常对孩子说:"你是我们家重要的成员之一!"
3. 明确告诉孩子,一家人应该团结协作,分工不分家;
4. 生活中,教会孩子懂得感恩,不能让孩子认为别人的付出是"理所当然"的;
5. 由长辈带领、抚养,也要告诉孩子,要怎样尊重长辈;
6. 生活细节中,教会孩子要时刻想到别人;
7. 不要在孩子面前过于强调某一个人在家庭中的作用;
8. 不要说:"家里最好的都是给你啊!"那样会使孩子养成惰性;
9. 不要说:"我们给你准备好了房子、车子,放心吧!"那样会使孩子失去奋斗的动力;
10. 要告诉孩子:"你只有努力奋斗,什么都才会创造出来!"

结束语

　　我的"故事"讲完了,希望家长们在看故事的时候认真思考自己该如何教育、培养好自己的孩子,从生活中的细节着手,使他们成为有德、有才、有健康的身体和健康的心理、有健全的人格、有一颗感恩的心的人。

　　教育孩子远远比生养他们重要得多!我们今天的教育就是为了他们今后更好地健康的学习、工作和生活。

　　培养孩子成功的标准是什么呢?我个人认为:不是孩子一定要考上什么名牌大学、取得什么学位,而是无论何时何地,当您的孩子离开了父母、离开家以后,家长们都会放心、安心、开心,您的孩子呢?也会怀着一颗感恩的心,开心、愉快、地学习与生活与工作!这,就是成功了!

　　养育孩子是一份很辛苦又十分愉快的事业。您想啊,父母不厌其烦地教孩子各种技能,教孩子认字、看书、写字,教孩子礼仪、规矩,就好似"播种、耕耘"一般,这其中的酸甜苦辣是无法形容的,当历尽千辛万苦迎来"收获"的时候,心情自然是无比愉快和欣慰的!什么苦和累都会统统抛到九霄云外了。当我们把养育孩子当成一个伟大的事业来完成的时候,我们就会用"心"来陪伴孩子,就会无怨无悔……

　　这里我要感谢我的父母一直以来给我的谆谆教导。

感谢我的家人、我的先生及女儿一路的相依陪伴及默默的支持。

感谢我的大哥、大姐及小妹的理解及默默的鼓励，特别是小妹，一直给予我许多十分有价值、有意义的建议，不厌其烦地帮我修正文稿。

感谢戴耀华主任的多次指导与信任，她的渊博学识、敬业精神及信任给了我很大的动力。

感谢导师黄娇英女士的不断激励，这是我写此书的动力源泉。

感谢认真负责的责任编辑丽萍老师，她的敬业精神时时在鞭策、鼓励着我。

同时更要感谢上海六一儿童医院的各位领导及同仁给予我的大力帮助和积极支持。

感谢我的助理及学生美玲、丽君、艳萍、王蓉等辛苦加班，帮忙认真校对及整理文稿。

感谢我的朋友碧云、玉兰、戴鲁琴主任及李淑敏经理一路的信任及关心。

还有许多默默无闻的家长朋友们的殷切希望与信任，是他们给了我完成、坚持写好这本书的信心，感谢他们的无私奉献和默默的支持，由于本人时间、精力有限，才疏学浅，一定还有许多没有写到之处，在这里敬请大家多多谅解！感恩所有直接、间接帮助过我的朋友、家长和小朋友们！感恩所有我认识或认识我的朋友！感恩我生命中遇见的每一个朋友！

希望此书能对孩子的教育成长有一些帮助，那就是我最大最大的欣慰了。让我们一起用心来陪伴孩子成长，给孩子们有质量、有价值、有意义、真诚的关爱！

衷心地祝愿各位家长朋友愉快地"播种、耕耘"，相信你们会

有很多的收获,并且成功!

祝福你们!感恩你们!

南　方
于上海新静安区

读后感

感想1

　　仔细读完南主任的《儿童教养中的细节》一书，受益匪浅。此书从儿童的生理和心理两大部分阐述了儿童成长过程中可能出现的诸多细小问题及父母存在的教养误区，作者通过陈述真实的案例再进行专业的分析与建议的方式，有理有据地指导家长在日常生活中需注意的教养细节，值得家长们认真阅读。

国家二级心理咨询师、治疗师吴美玲

感想2

　　有幸拜读了南主任的《儿童教养中的细节》一书，翻开目录就吸引了我的眼球，一口气读下去，爱不释手，受益匪浅。经南教授生动鲜活的案例讲述及科学的分析，看似很不起眼的儿童生理、心理问题的细节，原来有如此多的学问！真是脑洞大开啊！我也是一名医生，多年来一直关注各种儿童生理、心理教养的方式和文章，总感觉要么太过局限、要么表述不清、要么太过专业，始终没有找到理想的答案。我也曾对中国与西方教育理念作比对，结果也差强人意。看了南教授的书终于有了答案，除了现代育儿理念的延伸，中国是文化底蕴丰厚的国家，历史传承的所谓经验、习俗等不断左右着家长的育儿方式，加之家长无从系统地知晓儿童生理发展规律，更无从认知儿童心理的变化规律，造成了国外输入的理论和专业知识水土不服，国内本土的各圆其说，家长始终迷茫，孩子始终躺枪。南教授集一生心血撰写的《儿童教养中的细节》一书成为了范本和参照，为家长以及准父母们带来了福音，从此彻底摆脱了儿童教养带给大家的困惑，因此，强力推荐所有家长以及准父母把《儿童教养中的细节》一书作为育儿工具书及育儿宝典珍藏。

感谢南教授！

楠楠父亲（医务工作者）

感想3

与其说这本书是南主任三十多年的从医精华集锦，不如说是一本从细处入微的育儿宝典。作者从专业的儿保、心理医生的角度，用大量真实鲜活的案例，让家长们在阅读中"对号入座"，发现自己在育儿过程中的问题。以他人为镜，从细节入手，做最称职的父母。这本书的问世，可以成为诸多年轻家长的手头书，随时随地供大家翻阅、学习。感谢南主任的倾心奉献，为众多困惑中的家长们带来一剂清新良药。

国家二级心理咨询师林君

感想4

南主任的书，真是一本通俗易懂又实用的易趣育儿宝典！孩子成长的不同阶段会遇到各类问题，而由于我们年轻，缺少育儿经验，更别提对孩子心理方面的辅导了。读南主任的书，与南主任的接触，让我增加了这样的知识和意识，好多生活中经常会忽略的细节，看似小问题，如果不重视，也许将来就会成为影响孩子一生的大问题！孩子成长是不可逆的，这些现在就要注意到啊！很庆幸，生活中好多的细节问题，南主任的书都涉及了！真的很受用！的确，孩子的心理健康是要比身体健康重要很多……

十分感恩南主任！

Eric（5岁）的妈妈碧云

感想5

南主任的书使人爱不释手：真实的"案例"陈述、专业又通俗易懂的"分析"说道理、针对性的实用"小贴士"建议，为家长们解决了儿童成长中的许多困惑、不解、无奈和误区，也为我们如何正确关爱孩子、注重孩子成长中的细节培养，做了科学性的点拨。深深感谢南主任！为她点赞！

国际美容健康管理师 NanCy

感想6

认识南主任是一个美丽的夏天，她善良而热心、睿智而豁达。作为一名儿科尤其在儿童保健领域著名的儿童心理医生，南主任给我最大的感触是她富有爱心的人格魅力、在专业领域严谨的工作作风以及持之以恒默默的耕耘与坚守，她对事业的追求与热爱几十年如一日，她将一生的全部心血都倾注在对儿童青少年成长的实践研究和预防与治疗之中。

有幸阅读本书，内心充满激动与喜悦，读后情不自禁的要与大家分享：本书取材非常好，案例丰富多彩，内容充实。南主任从儿童生理与心理方面以案例的形式做了大量细致的叙说，对预防儿童青少年时期出现的各类身心问题给出了有实际意义的指导和建议，是一本难得的维护儿童身心健康的好书。是一部实用、操作性强的儿童成长发展的宝典，内容包涵从医学的解读到身心发展的关注，既具有科学性又易于推广普及，对于教养儿童成长

具有不可低估的作用。

感叹南教授如此用心,将30多年的临床经验,通过案例的方式,从医学及生理、心理学角度进行简明扼要的分析,让人一目了然,即学即用,解决年轻父母对孩子养育的烦恼,教会他们科学的养育方式,对儿童青少年的身心健康的维护起到不可估量的作用。这本书易学好用,实用广泛,书中以一个个生动鲜活的案例为主轴,把儿童从出生到成长每个不同阶段发生的问题做详尽的描述,内容丰富,以深厚扎实的医学、心理学理论功底凸显了本书的特色,使读者一目了然,非常适合作为儿童心理学领域的研究者、学生以及教师和家长的参考读物。

正如南主任所言:"能够用我的专业知识,解除家长和孩子的问题,就是我最大的快乐!"相信这份纯净的心,会使南主任在儿童青少年心理健康发展预防领域再创辉煌!快乐前行!受益更多大众!

感恩南主任!

呼和浩特市兰心语健康管理中心总经理段玉兰

感想7

我是年轻的家长,又是儿保工作者,职业因素吧,我满怀着期待与学习的心情认真拜读完南主任的书,真让我受益匪浅,深深地感到,它并不是充满专业术语的"医学论著",而更像是贴近生活的"育儿宝典"。

育儿过程中,初为人母的我也曾手足无措,此书就作者几十年的丰富临床经验,用生动鲜活的案例讲述了育儿过程中的许多细节问题,最精妙之处就在于用通俗易懂的道理将科学育儿的理论与指导都融入对案例分析与建议中,教会了家长如何面对与解决问题并帮助孩子,字里行间深感其医者的用心。

本书用深入浅出的语句娓娓道来……仿佛像一位挚友在耳边轻声教导，抚慰心灵……感恩南主任的辛苦付出，分享南主任送我的一句话来和各位读者共勉：当孩子出现问题时，不要怕，勇敢的面对问题、认真解决问题就行。

感谢恩师！

1岁多宝宝家长汤丽君

感想8

作为年轻家长，看了南主任的书启发很多，受益匪浅！现在孩子娇生惯养的很多；老人带的不少，问题也很多！老人们还是用以前带我们的方式带我们的孩子，看见了也不能说，只能自己忍着。

南主任书中说道"不能样样都依着孩子"，我觉得说得非常有道理；我家的宝宝现在都2岁多了，和我们出去，自己就肯走路，家里老人带出去，自己就一步都不肯走。我和老人说了利弊，一来他们岁数大了，抱不动了；二来对孩子身心健康不利，可是他们根本听不进去！我们只有努力自己带好孩子，真的不能依赖老人了！

感恩南主任！

2岁宝宝（85后）妈妈彦萍

感想9

非常感谢南主任把多年的宝贵经验总结整理成这样一本特殊的"育儿宝典"分享给我们，书中用通俗易懂的语言，由浅入深地分析讲道理。作为新手妈妈，太喜欢这本书了，太有共鸣了，书中很多都是我正在经历的。例如：宝宝一哭闹就给吃（奶）、过多或过少地抱宝宝、不许孩子吃手、用多种方言（语言）和孩子讲话、宝宝的过敏，等等。80后的妈妈或许正和我一样在育儿上面临着和长辈的冲突，南主任的这本书里基本上都列举了，而且有理有据，说得非常清楚！我要和长辈们一起学习！

半月前，我宝宝过敏备受煎熬，全身严重湿疹，去了几家中西医医院，可是宝宝湿疹还是反复发作。自己又网上搜索……上淘宝淘湿疹膏，最后还纠结给不给孩子用，怕有什么副作用等等。看了南主任的书，按照南老师的建议：确认了过敏体质，查了过敏原而且还在积极排查过敏物质，在生活中尽量避免接触，饮食调整了，同时，给宝宝辅助性用了针对性药膏，一下就缓解皮肤症状，好高兴啊！为了实现每一位妈妈和南主任的"让孩子少生病"的理想，相信书里一定有你想看到的、对你养育孩子有用的分析和建议。南主任的书还教会了我，一定要接纳、尊重、理解、体谅孩子，我们给孩子最宝贵的礼物莫过于把他（她）培养成为一个独立的、身心健康的人。

感谢南老师！

3个月宝宝（80后）妈妈王蓉

感想10

这是一本集南主任三十多年工作经验的总结和爱护孩子的精华之作，是家长在养育孩子中都需要的保健必备之书，细节决定品质，品质决定命运。本书通过从孩子成长中点点滴滴的"细节"入手，引导家长如何科学地养育孩子，从生理到心理健康、从细节到全局，娓娓道来，发人深思。愿天下父母都能用爱陪伴孩子，做用心的优质父母。感谢南主任的专著！感恩南主任多次越洋电话的指点！

澳洲墨尔本的苏菲（5岁女孩）母亲 RanRan

感想 11

我是新手妈妈,从什么都不懂、手忙脚乱,到现在能自如地照顾宝宝,真的很感谢南主任!在照顾宝宝过程中,我总有问题,就不断地咨询南主任,如宝宝腹泻啦、吃手啦等问题,南主任总是很认真、细致地指导我。当我拜读了南方主任的新书,更是受益匪浅。我发现教育宝宝的过程中,碰到的很多问题,南主任的书上都有,更有很好的解答,我不用一再地去麻烦南主任了。我曾看过其他育儿书籍,多是关注生理及疾病方面,但是南主任的书不同其他育儿书,在关注儿童生理方面的同时,更多地是儿童心理方面,我非常喜欢!因为我也很认同宝宝的心理健康和生理健康同样重要。

再者,南主任的书的形式我很喜欢,先通过陈述真实的案例,再通过分析来说道理,最后通过小贴士来提出温馨的建议。阅读案例就知道小孩的症状,通过分析说道理就知道什么原因,再通过小贴士就知道如何解决问题。作为一个新手妈妈,这样我就看得特别地清楚明白、一目了然,感觉就像咨询南主任本人一样。

我好爱这本书,我把它作为我的枕边书,时常翻翻;把它作为我的育儿宝典,在照顾宝宝的过程中遇到问题,时常查查。

谢谢南主任!

5 个月宝宝母亲徐惠

感想 12

认识南方主任是一个非常偶然的机会,可这个偶遇成就了我跟随在南主任身边学习儿童保健的契机。从儿童生理到心理健康南主任都可以娓娓道来,可见她专业领域的用心及对孩子们的那份挚爱。南主任从儿童心理和生理两个方面诠释了家庭教育的重要性,也非常详细的罗列了很多生活中我们可能遇到的育儿细节

问题,此书集南主任多年的临床经验,科学地指导家长在教育孩子的过程中如何做到高品质的陪伴,如何懂孩子,走进孩子的心灵,使家庭更和谐,孩子更快乐健康地成长。

感恩南方主任把多年的临床经验分享给读者,收获颇多。

南京童心缘发展指导培训学校校长湛悦